本书为国家社会科学基金项目
(项目号:13CZZ030)的最终成果

中国青年政治学人
Younger Scholars of Chinese Politics

房权政治
中国城市社区的业主维权

Politics of Housing Rights
Homeowners United Right-Protecting Action in Urban China

吴晓林 著

中央编译出版社
Central Compilation & Translation Press

推荐序一

俞可平

总能在社会上听到这样一种似是而非的观点：普通民众只关心衣食住行等民生问题，而不关心民主自由等政治问题；只有那些吃饱了撑的知识分子才关心自由民主等问题。一些媒体还常常佐之以各种"问卷调查"，以所谓的"数据事实"来证明这种观点。我毫不怀疑，社会现实生活中确实存在着普通民众更关心民生问题、知识分子更关心民主问题这样的现象。然而，我们需要追问的是，比起民生问题来，为什么许多知识分子会更加关心民主、自由、平等、公正、法治等政治问题？稍加追究，答案便很清楚，是因为知识分子出于职业的习惯，会更多地思考民生问题背后的政治原因。

当居民的房屋遭遇强拆时，知识分子会想到要限制政府的权力；当食品缺乏安全保障时，知识分子会追究政府监管部门的责任；当城市上空雾霾驱之不散时，知识分子会责备政府对环境保护的失职。民生的背后有政治，政治的要害是权力，权力的掌控在官员，官员授权限权的关键在民主。这就是生活政治的逻辑，也是民生与民主的逻辑。在我看来，吴晓林博士的这部《房权政治：中国城市社区的业主维权》，是对这一逻辑的最好注解。

民生问题，荦荦之大者，无非衣食住行。住所是安身之地，自是民生之基本。住房制度的改革，使众多中国城市居民拥有自己的房产，从而使中国民众的权利清单中增加了一项重要内容：房产权。正如作者在本书的开篇中所说，随着自有房权时代的到来，城市居民不仅拥有了真正的自主空间，而且拥有了相应的经济权益，滋长了居民的产权意识。自有居住空间，奠定了业主维护权益的基础。在自有房权的基础上，业主们又衍生出知情权、参与权、自治权、监督权等权利。宪法规定，国家依法保护公民的合法权益，当然也包括保护居民的合法房产权。因此，依据宪法，维护业主的合法权益应当是政府的法定责任。按照这样的逻辑，作者进而指出，在权利受侵的情况下，业主们可以理直气壮地依法维护自己的正当权益。从作者论述的"房权政治"中，我们不难发现：民生的背后是民权，没有民权，民生就得不到保障。

城市社区的业主维权，与工人维权和农民维权一起，并称为21世纪中国社会的三大维权运动。这些维权运动不仅直接关系到中国公民的基本权利，也深刻地影响了当今中国的社会治理格局。处理不好这些维权运动，不仅无法充分保障广大居民的合法权益，而且也势必严重影响社会的安定团结。晓林博士在繁重的教学工作之余，花如此大的精力对城市社区的业主维权进行深入的专题研究，在大量调研和问卷的基础上，形成这份沉甸甸的研究成果，不仅体现了他对推动我国社会治理和城市治理研究的学术责任，同样也体现了他对维护公民合法权益，推进社区治理现代化的社会责任。我一直认为，任何学者，只要他真正带着学术责任和社会责任去从事研究工作，凝聚其心血的成果就应当受到充分的尊重。我也因此相信，正如我很赞赏晓林的这部新著一样，也应当会有众多的读者喜欢和赞赏此书。

2016年7月18日于方圆阁

推荐序二

唐亚林

"衣食住行"是中国人千百年来四大日常生活需求。如果说,"衣"关涉人的穿着,事关一个人的"面子",乃至一个人的"身份"(所谓"锦衣");"食"关涉人的生存,事关一个人的"活法"(所谓"玉食");那么,"住"关涉人的"遮风挡雨",事关一个人的"生活质量"(所谓"活命"),而"行"则关涉人的"视野",事关一个人的"生命质量"(所谓"行有多远,心就有多远")。

在中国人四大日常生活需求中,"住"肩负着连接"衣""食""行"的重任,往往把个体的命运与家人的命运、家族的命运紧密地联系在一起,并转化为中国人辛苦劳作之余的"休息之地"、疗养心情获得再出发力量的"心灵港湾"以及开创美好生活的"心安之所"。因此,两千多年前,孟子在答问滕文公治国理政的奥秘时,特别强调"民事不可缓也","民之为道也,有恒产者有恒心,无恒产者无恒心。苟无恒心,放辟邪侈,无不为己。及陷乎罪,然后从而刑之,是罔民也。焉有仁人在位罔民而可为也?是故贤君必恭俭礼下,取于民有制"①。孟子一句"有恒产者有恒心，无恒产者无恒心"，道尽了"仓廪实而知礼节，衣食足而知荣辱"背后的"恒产恒心"之"住"的真谛！

是否有"住"的地方（有恒产与否），"住"的大小情况（几代同堂与居室宽敞状况），"住"的环境如何（是否安居），"住"的矛盾之解决方式（社会与国家的制度安排状况），直接关涉一个个个体在家庭、社会中的地位与作用，关涉一个人的生产、生活、生存与生命质量，更关涉一个社会的人际关系和一个国家的和谐发展程度。

因此，将千百年来中国人魂萦梦牵的"住"及由"住"而引发的"安居"质量、"人心工程"，作为课题研究的对象，不仅直指中国人日常生活需求的要害所在，而且直面国家和社会和谐有序运行的人心基础。本着这样的"初心"，本书《房权政治：中国城市社区的业主维权》通过深入的实证调查和比较分析，系统地揭示了当代中国城市社区业主维权冲突的基本特征，剖析了其内在运作机理，并在此基础上提出了一系列有针对性、有前瞻性的对策思考，充分展示了作者本人的家国情怀。

一、"有恒产者有恒心"：全面开启中国人的"物权时代"

1998 年 7 月 3 日，一个事关当代中国城市人"住"的命运的关键性行政规章——国务院《关于进一步深化城镇住房制度改革加快住房建设的通知》——正式发布了。该"通知"不仅终结了延续半个世纪的福利分房制度，而且开创了中国城市住宅的"商品化"时代，赢来了当代中

---

① 杨伯峻译注：《孟子译注》，中华书局 2008 年版，第 89 页。杨伯峻翻译为："人民有一个基本情况：有一定的产业收入的人才有一定的道德观念和行为准则，没有一定的产业收入的人便不会有一定的道德观念和行为准则。假若没有一定的道德观念和行为准则，就会胡作非为违法乱纪，什么事都干得出来。等到他们犯了罪，然后去加以处罚，这等于陷害。哪有仁爱的人坐了朝廷却做出陷害老百姓的事情的呢？所有贤明之君一定认真办事，节省用度，有礼貌地对待臣下，尤其是征收赋税要有一定的制度。"

国城市人"全民买房时代",并成功地创造了实现千百年来中国人拥有自己房产的"恒产恒心梦想"的政策环境。更为重要的是,城镇住房制度改革,掀起了当代中国城市化发展的新篇章,全面开启了中国人个体和家庭财富急速增值的"物权时代"。

然而,因当代中国的地区发展水平差异性很大、行业与部门政策分割以及各地城镇化推进的程度不一等复杂国情的制约,由住房制度改革而全面开启的中国人"物权时代",在实践中遭遇了"物权分离""物权破碎""物权矛盾"等"物权不完整"状况比比皆是。其根本原因在于"停止住房实物分配,逐步实行住房分配货币化,具体时间、步骤由各省、自治区、直辖市人民政府根据本地实际确定"以及"坚持新房新制度、老房老办法"等政策规定,在各地各部门的实施进展程度与力度不一,且出现了任意解释、任意取舍的非公平正义状况。① 时至今日,中央有关国家机关因为各种原因还在实行福利分房政策。此外,在各地各部门推进住房制度改革过程中,因为售后公房、商品房、回迁房、老洋房、租赁房等复杂产权类型问题,甚至因为公积金缴存制度的实施时间与进程不一,导致在一些地方即使实行了住房制度改革,但各类住房小区的治理问题呈现复杂化、多样化的特征。

由复杂产权所型构的住房小区治理问题,相较于完全商品化住宅小区的治理问题,如果撇开集体行动方面的困境问题(售后公房、回迁房等房客的同质化程度,要高于商品化住宅小区,如更多地源自同一单位或者同一熟人社会共同体),其他方面都要容易得多,其规律性认识也更容易把握。正是基于这样的考虑,作者选择了以陌生人为主的商品房作为"住房政治"的主要研究类型,重点考察完全市场化的商品房住宅小区业主群体日常维权行为,比较各地区各类业主委员会在推进业主自治过程中的地位、作用与运行机制,试图剖析因"恒产"而引发的"物权

---

① 参见国务院《关于进一步深化城镇住房制度改革加快住房建设的通知》(国发〔1998〕23号)。

纠纷""业主自治"等问题的内在产生机理,从而将"住房政治"的研究引向更加深入的境地。

二、"天下熙熙皆为利来":全面发现中国人日常物权纠纷的"真奥秘"

对城市商品房住宅小区的研究,既可从城市规划视角研究城市空间布局与阶级再生产状况,又可从社区服务视角研究城市社区各类服务提供状况与绩效,还可从社区组织视角研究城市社区各类自治主体的行为及其互动关系,进而考察国家治理的城市政治与社会结构动态性变迁基础。不论是哪种研究视角或者哪种研究内容,立基于中国人的日常居住场景与生活实践,探寻中国城市人的真实日常生活需求与情感诉求,建构符合中国人心灵秩序的分析框架,创建基于中国经验的基础理论体系,是此类课题研究是否体现"求真意识""求善情怀"的根本评价标准。

正是基于这样的使命和关怀,本书突破了简单地移植基于西方社会个体权利为本位的实践而建构的"国家—社会"二分理论,并简单地套用基于西方社会经验的"社会抗争运动"或者"社会政治行动理论"之解释理论桎梏,遵循"利益分化—利益冲突—社会整合—社会发展"的利益考察路线,将定性分析与定量分析结合,通过对上海、厦门、深圳、长沙、武汉、太原、成都、重庆、昆明等九大城市的实地调研,分析商品房住宅小区业主及业主委员会在由物业纠纷和房产质量而引发的各类维权活动过程中,包括业主、业主委员会、物业管理公司、开发商、居民委员会以及以街道办事处为主的政府部门等各行动主体所采取的态度、行动策略等之异同,并将重点放在商品房住宅小区业主与物业管理公司的"一阶冲突",以及由此衍生的"二阶冲突"(业主群体与居民委员会、街道办事处和政府部门的外溢性冲突)的类型学比较,剖析不同地区物业管理问题、业主维权类型冲突的程度,并考察人口结构、阶层结构、政府行为等影响因素对业主维权冲突的产生、控制、化解与整合的不同影响。

通过实证比较研究，本书如下调查结论看上去"很不外国"实际上"很中国"（以下引文均出自本书，不一一注明出处），却能自圆其说，且真切符合千百年来中国人所有维权活动的"真正奥秘"——"天下熙熙皆为利来，天下攘攘皆为利往！"

首先，城市社区物业纠纷往往是社区业主维权冲突的起因。调查发现，有85.4%的业主遭遇过各种物业纠纷，因此，商品房住宅小区的物业纠纷问题具有普遍性。就全国九大城市的调研情况看，业主群体遭遇的物业纠纷问题排在前三位的分别是：物业费高、物业服务质量差，公用场所缺乏或者被侵占，水电、网络、电梯等问题。

其次，城市社区业主同市场组织的冲突最严重，同社区内组织的冲突次之，同政府部门的冲突程度不大。其中，业主群体同物业公司的冲突最突出，同业委会、居委会之间的冲突程度次之，且与这二者的各自冲突程度大体一致。

其三，上访和游行可以被视为业主维权冲突激化行动的方式，可能引发业主维权方式从"一阶冲突"向"二阶冲突"的转化，即社区内业主同市场组织主体的冲突，升级为业主同政府部门的冲突，以达到业主希望迫使政府对社区内冲突进行干预之目的。

其四，业主维权冲突具有普遍性，但并非"价值性冲突"，且这种业主维权冲突尚处于个体、松散联合而非高度组织化整合阶段，多半是在既有法律范围内活动或者"体制内行动"，不会冲击既有体制。只有在矛盾激化、问题久拖不决或政府不当干预的情况下，业主维权活动才有可能从社区内部冲突升级为"街头冲突"（如堵路、越级上访等），原有的业主群体同市场组织主体的矛盾才有可能升级为业主群体同政府的矛盾。因此，当代中国城市社区业主维权活动基本上是温和可控的。

最后，尽管有学者将业主维权活动和业主委员会视为中国公民社会建设的"先声",但是本书通过深入的实证比较分析,发现从业主维权组织和行动的属性来看,城市社区业主维权行动是很难催生出类似以个体权利为本位的西式"公民社会",其根本原因在于业主的集体行动往往难以超越个人利益与部分人共同利益的窠臼,业主组织维权活动很少涉及重塑国家与社会关系的诉求,业主的维权参与具有偶发性特征,难以形成积极的、可持续的公共参与的动力与机制。

三、"心有所寄心有所安":全面开创中国人的"居住政治学"

当代中国正处于"三千年未有之大变局"时代。由经济体制、社会体制双重转型所推动的社会变迁进程,不仅让权力所主导的资源分配以前所未有的广度与深度介入到中国人日常生活的深处,而且因城市化(城镇化)进程所建构的"城市让中国人生活更美好"神话所隐藏的"中国式恒产恒心"之福祉取向,成为中国人日常生活需求的哲学基础,更成为当代中国国家与社会健康有序运行的"人心"基础工程。也就是说,当代中国人的日常生活,前所未有地沾染上了政治的"印痕",而这种"政治印痕"对于当代中国人的日常生活价值来说,又是以"衣食住行"四大日常生活需求为根本出发点的。恰恰这一点,导致当代中国的民主政治建设进程被深深地打上"民生烙印"。不理解这一点,是无法理解中国人"住房政治"背后的真谛的,更无法洞察中国人的人生真谛!

当代中国人的人生往往由工作人生、生活人生与交往人生三大部分构成,而连接中国人人生这三大组成部分的桥梁就是居住场所,它打通了工作场所、生活场所、交往场所的边界,让三者自然而然地融为一体。当然,这三者的结合程度,体现在居住场所的重要性,会因为不同的地区、不同年龄的群体、不同职业的人群而呈现鲜明的差异特色。譬如,退休后回到社区的老年人群体,居住场所的质量问题就成为人生的头等大事。再譬如,小公司的从业者将公司场所与居住场所合二为一时,其交往场所也呈现鲜明的地域特色。尤其是在网络化时代,"泛在式从业方式"将彻底改变中国人的工作人生、生活人生与交往人生等诸多活动方式,让"居住政治"成为中国人日常生活政治的重要组成部分,即"居住政治"将成为主宰中国人生活质量的一大新型衡量标准。

以往的中国政治研究,过于侧重国家、政党、政府、中央与地方关系、族群关系这些宏大命题的叙事,而忽视日常生活实践的政治考察。就是如今得到重视并被普遍强调的公民权利研究,如果离开了公民权利的日常生活基础建设,也只能变为一种空中楼阁式"梦呓式想象"。有鉴于此,因"居住政治"而开启的中国人的"物权时代",不仅为开创中国人的"权利时代"奠定中国式物权基础,而且为开创中国式"居住政治学"奠定日常生活实践基础,进而为最终开创中国人"心有所寄心有所安"的"美好城市生活时代"奠定物质、制度与价值基础。

本书敏锐地抓住了"居住政治"所开启的"物权时代"以及由此而肇发的"居住政治学",不仅实证分析城市社区业主维权活动所呈现的从"冲突意识"到"冲突激化认知"再到"冲突激化行动"的影响因素与转化条件,而且还创造性地"跳出社区范畴看社区生活",初步建构了一个分析商品房住宅小区业主维权的"上下游因素关联"与"历时性共时性因素共振"的解释框架体系。

按照笔者的理解,这种"居住政治学"还可进一步"跳出社区生活范畴看中国人的日常生活价值",将中国人的日常生活价值分为两个层次:第一个层次就是将"丰衣足食"与"安居"连接,进而将"安居"与"乐业"结合,最终落脚在"出入相友""国泰民安"之上;第二个层次就是将"丰衣足食""安居乐业""出入相友""国泰民安"这些中国人日常生活价值,有机地统一在中国人日常生活所建构的评价体系之中,这种评价体系内在地包括"绩"(业绩)、"法"(法律)、"理"(道理)、"情"(人情)、"势"(大势)这五大评判标准,五者缺一不可。唯如此,一门基于中国人的日常生活需求、基于中国人的日常生活场景、基于中国人的生活实践、基于中国人的心灵秩序、基于中国人日常生活的制度安排之"居住政治学",方能闪亮地登场于中国人的日常生活政治之时空中!

＊ ＊ ＊ ＊ ＊ ＊ ＊ ＊ ＊ ＊ ＊ ＊

走笔如此,略微交代一下我与青年才俊吴晓林副教授也就是本书作者的交往故事。大约三年前,吴晓林从南开大学博士毕业,到中南大学任教,他将当年度国家社会科学基金青年项目申请书发到我的复旦电子邮箱,请我提提修改建议(这本书就是当初国家社科基金项目的最终结项成果)。彼时,我还不认识他。对于青年才俊的求助申请,我一向奉行"多行举手之劳"的理念,更兼对晓林的课题选题与论证设计的高度赞赏,很快回复了一些修改建议。后来,在一次会议上,算正式认识了晓林,并得知他是南开大学朱光磊教授的高足,而我和光磊教授以前就认识,还有过合作,便很自然地建立了比较亲密的情感。再后来,我和晓林一起开会,一起给一个杂志写文章,一起在一个微信群里交流,交往日渐增多。遵晓林的请求,给他的这本书《房权政治:中国城市社区的业主维权》写个序。认真地通读了他的这本具有开创性价值的研究,思考再三,反复斟酌,写成了这篇读后感——《"房权政治"开启中国人"心有所安"的新时代》,期待对作者晓林和广大的读者能有所裨益!更期待晓林在今后的研究中不断开创基于中国人日常生活与情感的理论研究方式,为当代中国人文社会科学研究的振兴贡献自己更大的力量!

2016 年 7 月 13 日

目 录
Contents

第一章
导 论 / 1
第一节 研究缘起 / 1
　一、城市住房商品化改革开启了自有房权的时代 / 1
　二、基于住房权利的业主维权冲突逐渐扩散 / 2
　三、业主维权引起城市社会政治结构重大变化 / 6
　四、本书重点解释社区业主维权冲突的几个问题 / 7
第二节 研究意义 / 9
　一、理论上形成基于"房权政治"的社区研究新视角 / 9
　二、实践上构建基于业主维权运动的社会管理新路径 / 10
第三节 研究述评 / 11
　一、国内相关研究的现状 / 11
　二、国外相关研究的现状 / 25
　三、评价与展望 / 38
第四节 研究方法 / 43
　一、问卷调查 / 44
　二、个案分析 / 45
　三、比较分析 / 45

第二章
分析框架的引入:"冲突—整合"/ 46
第一节　社会冲突的视角 / 46
第二节　社会整合的视角 / 49
　　一、社会整合的概念 / 49
　　二、社会整合的实现机制 / 52
第三节　基于"冲突—整合"逻辑的问卷调查设计 / 57
　　一、研究假设 / 57
　　二、问卷设计 / 59
第四节　基于"冲突—整合"逻辑的定性研究设计 / 61

第三章
中国城市社区业主维权冲突的现状 / 63
第一节　调研人群的人口学特征 / 63
　　一、样本分布 / 63
　　二、人口学特征 / 64
第二节　调研人群的住房情况 / 68
　　一、住房小区类型分布 / 68
　　二、人均住房面积情况 / 69
　　三、小区入住时间情况 / 70
　　四、业主住房贷款情况 / 70

五、阶层地位与住房情况的相关性 / 71
第三节　城市社区业主维权冲突的现状及阶层差异 / 74
　　一、城市社区的物业纠纷问题具有普遍性 / 74
　　二、城市社区业主冲突的类型与程度 / 76
　　三、城市社区业主冲突的阶层差异 / 78
第四节　城市社区业主维权冲突的困境与路径 / 82
　　一、城市社区业主维权的"三重"困境 / 82
　　二、城市社区业主维权的路径偏好及其评价 / 89
本章小结 / 90

第四章
城市社区业主维权冲突激化的可能 / 91
第一节　城市社区业主维权冲突激化的认知 / 91
　　一、城市社区业主同物业公司的冲突最容易激化 / 91
　　二、城市社区业主维权冲突激化认知的影响因素 / 92
第二节　城市社区业主维权冲突行动的激化 / 96
　　一、城市社区业主维权冲突激化行动的可能 / 96
　　二、什么样的业主愿意参加上访或游行？ / 97
　　三、城市社区业主维权冲突激化的条件 / 107
本章小结 / 114

第五章
城市社区业委会的社会整合测量 / 116
第一节 业主委员会的基本情况 / 116
一、成立业主委员会的必要性 / 116

二、成立业主委员会的诉求凸显出价值诉求 / 117

三、城市社区业委会成员的人员分析 / 118

四、城市社区业委会成员的影响因素分析 / 124

第二节 业主委员会的社会整合度分析 / 132
一、业主委员会对业主的整合度不高 / 132

二、整合机制与业委会整合度的关系模型 / 136

本章小结 / 139

第六章
城市社区业主的社会整合与冲突治理关系 / 141
第一节 问题与方法 / 141
第二节 案例导入 / 143
一、案例选取 / 143

二、案例经过 / 144

第三节 两个小区业主整合的过程 / 148
一、A 小区业主整合过程 / 148

二、B 小区业主整合过程 / 155

第四节　业主整合差异下的冲突治理机制比较 / 161
　　一、业主整合度低，业主维权冲突难以得到治理 / 161
　　二、业主整合度高，业主维权冲突更易得到治理 / 164
　　三、业主整合程度与冲突治理作用机制的比较 / 166
本章小结 / 168

第七章
中国城市社区业主维权冲突的总体形势 / 170
第一节　业主维权冲突具有普遍性，但是并非"价值性冲突" / 170
　　一、商品房区域面临结构性、系统性和全面性的矛盾冲突 / 170
　　二、城市社区业主更多是以合法手段维护个人利益 / 171
第二节　业主维权处于个体、松散联合阶段，不会冲击现有体制 / 173
　　一、城市社区业委会成立比例和社会整合度均较低 / 173
　　二、跨小区业主联合组织数量少，且在法律范围内活动 / 175
　　三、各地小区普遍建立了用于沟通交流的网络平台 / 189
　　四、全国跨小区业主联合组织的特点 / 190
第三节　从"社区内冲突"走向"街头冲突"有一定的可能 / 192
第四节　城市社区业主维权行动难以发育为成熟的"公民社会" / 197
　　一、业主集体行动难以超越"个益与共益" / 198
　　二、业主组织维权很少涉及重塑国家与社会关系的诉求 / 199
　　三、业主维权参与具有偶发性，难以积极参与其他公共议题 / 200

本章小结 / 201

第八章
中国城市社区业主维权冲突形势的成因 / 202

第一节　商住小区内的"权责失衡"是业主维权的深层因素 / 202
　　一、业主的市场权利受到其他主体的挤压和干预 / 203
　　二、法律制度层面对业主的市场权利有诸多限制 / 207

第二节　业主特性和组织权利受限制约了业主的组织化水平 / 209
　　一、大多业主属于中产阶层，是社会发展的稳定器 / 209
　　二、业主自组织的权利受到限制 / 211

第三节　权利救济长期受阻和权利意识觉醒容易引发维权冲突升级 / 221
　　一、权利受损是业主群体伸张合法权利的起点 / 221
　　二、专家和律师的介入有助于催化业主权利意识 / 222
　　三、现代信息技术有利于业主权利意识的扩展 / 222
　　四、权利救济受阻最易使业主维权冲突升级 / 222

第四节　房地产与物业服务市场结构与业主需求存在张力 / 223
　　一、房产市场结构及监管缺乏容易留下业主维权冲突隐患 / 223
　　二、"少子化"与"老龄化"叠加，加剧住房空置率和物管困境 / 227
　　三、物业市场发育不完善容易引发业主同物业方的冲突 / 231

本章小结 / 232

第九章
中国城市社区业主维权冲突的整合机制 / 234

第一节 总体原则：对城市业主群体要进行积极的体制整合 / 235

第二节 赋权社会组织，促使业主群体与市场组织对等协商 / 236
  一、要建立健全相关法律法规，明确业主组织的法律地位 / 236
  二、要支持和鼓励业主组织、业主组织联合体的发展 / 237
  三、立足我国房产小区的现实，降低业委会成立和运行的门槛 / 238

第三节 健全市场体制，确保业主群体与市场组织利益增进 / 239
  一、要对房产供需市场进行动态预警 / 239
  二、要加快培育和健全市场组织体系 / 240
  三、支持和培育高资质物业企业的发展 / 240
  四、保护业主和物业企业的合法权益 / 240

第四节 提升法律意识，推动城市社区的共同治理 / 242
  一、培育业主依法自治的意识 / 242
  二、依法形成无缝隙的政府管理体系 / 243
  三、提高企业依法履约水平 / 244

第五节 引入大数据技术，推进小区治理现代化 / 245

参考文献 / 246
  英文 / 246
  中文 / 252

附录1
部分调研录音／259
附录2
"城市业主群体维权问题"调查（问卷）／276

后　记／281

第一章

导 论

第一节 研究缘起

1998年,中国城市住宅商品化改革的大幕拉开,自此,城市商品房住宅小区迅速扩展。与此相伴随,一个规模庞大的"住房阶级"在城市空间形成并逐步壮大。同时,由房产质量和物业纠纷引发的业主维权运动也迅速蔓延开来。各地的业主维权活动愈演愈烈,逐渐演变为一种新的、席卷全国的抗争运动。无论从规模还是从频率来看,城市社区业主维权已成为中国继工人维权、农民维权之后的第三大维权现象。这种以城市中产阶级为主体的运动,不但改变了城市社区治理的权力结构,而且也推动公民积极参与规制创制和民主意识的扩展。业主以其在居住空间的"日常生活",直观地感受城市化给"每个人"带来的"阵痛",他们因利益受损而发起的业主维权行动,客观上向城市基层治理转型发出预警信号。研究业主维权问题不但事关业主日常的生活权益,对于把握城市中国的转型、建构以"住房权利"为主线的社区政治学具有十分强烈的现实意义。

一、城市住房商品化改革开启了自有房权的时代

1980年,深圳东湖丽苑以补偿贸易的形式进行土地批租,首开先河,

建成全国第一个商品房小区。① 1998年7月3日，国务院发布《关于进一步深化城镇住房制度改革加快住房建设的通知》，终结了延续半个世纪的福利分房制度，中国城市住宅开始进入"商品化"时代。此后，房地产热一波一波袭来，人们在高房价压力下追逐着私有住房。

以1998年为界，房改前的福利分房时代逐步终结，中国城市也迎来了自有房产的时代。根据建设部专家的说法，"全国个人购买商品房占商品房销售额的比重由1997年的54.5%，提高到2005年的95%以上。商品住房销售面积中，个人购买比例由2000年的87%增加到2005年的近97%。到2005年居民私有住房的比例已经达到72.8%"②。按照国家统计局住户调查办公室在2011年3月公布的数据，至2010年底，我国城镇居民家庭自有住房率为89.3%③。

根据住建部副部长齐骥的介绍，中国城市居民自有住房中，"约12%是祖上传下来的，是原来的私有住房；有40%多一点是计划经济时代建的宿舍，最后通过住房制度改革变成职工个人的房产；其他不到40%一点是居民通过市场购买的商品住房"④。

人们在经历住房条件改善的同时，也逐渐习惯"贷款买房"的生活。大多数购房者倾尽所有或大半收入购得房产，进而以更深重的"成本—收益"观念，切入随后的社区生活，对于发生在小区的以房权为核心的权益关系的认知更加敏感。

二、基于住房权利的业主维权冲突逐渐扩散

自有房权时代的到来，不但扩充了城市居民的自主空间，还增强了

---

① 朱文策：《中国商品房编年史第一批商品房业主从深圳走出》，载《南方都市报》，2005年7月18日第3版。
② 杜宇：《2005年我国居民住房消费达1.42万亿元》，新华网，2006年4月25日。
③ 《"家庭自有住房率九成"并非九成人都有房子住》，中国经济网，2012年5月17日。
④ 《中国城市居民89%拥有住房其中约40%通过市场购买商品房》，新华网，2011年3月9日。

老百姓相应的经济权利意识。原来受制于"领导审批权"的住房制度被住房改革击破,老百姓的住房不再与单位制捆绑在一起,继而公共产权与私有产权的界线清晰地分野了。"越是公共的越少有人负责",反之,越是私人的越容易受到个人保护,自有居住空间恰恰给了业主们维护权益的基础。因而,在权利受侵的情况下,业主们可以理直气壮地从产权关系的"委托—代理"的源头上寻求权益保护的法理依据。

人们看到"业主之所以关心社区公共事务、积极参与各种活动,正在于他们的利益第一次与其居住的社区紧密结合起来,业主们也第一次真正将社区看做自己要努力爱护的家园"①。在自有房权的基础上,业主们又衍生出知情权、参与权、自治权、监督权等等权利,一个以房权为核心的社区政治(见图1-1)图景由此建构出来。以房权为核心,可以生成以物权利益冲突与中心的社区内政治,这里面涉及业主、市场主体及居委会之间的关系,一旦社区内政治运转不灵,就会升级为社区外政治,业主会突破物权的伸张范畴,转而触碰甚至伸张,原有冲突上升为同政府主体的冲突,面对这两类冲突,现有体制是有机整合还是硬性压制,会物成房权政治的结构张力。

近年来,围绕权利受侵的物业管理纠纷与冲突越来越多,与城市社区居民权利意识的增长不无关系。2012年8月3日,根据对"百度"和"Google"两个搜索引擎的搜索,以"物业管理纠纷"为关键词的搜索结果分别为529万个和75.8万个,以"物业管理冲突"为关键词的搜索结果分别为286万个和175万个,以"业主维权"为关键词显示的搜索结果分别为537万个和381万个②,到2015年11月14日,"百度"搜索引擎,以"物业管理纠纷"和"业主维权"为关键词的搜索结果,分别达到745万个(增加216万个)、和643万个(增加262万个)。以"业主维权"为关键词进行百度指数搜索,从2011年到2015年11月,"业主

---

① 夏建中:《中国公民社会的先声——以业主委员会为例》,载《文史哲》,2003年第3期。
② 访问时间:2012年8月3日。

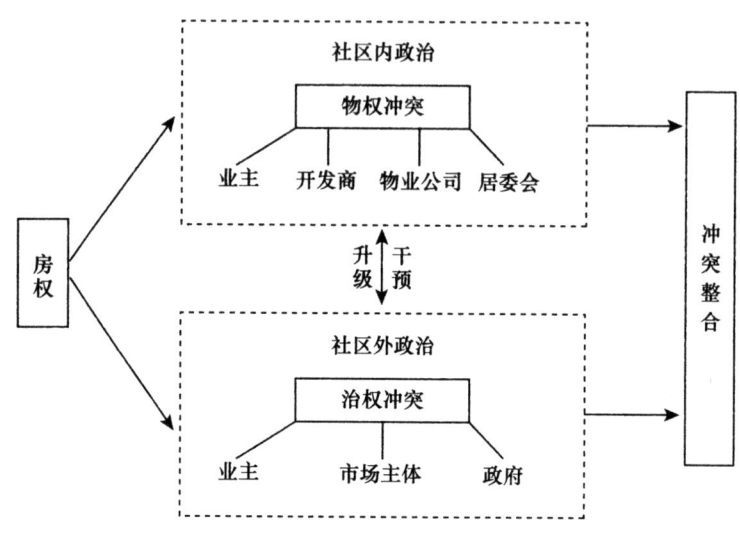

图 1-1 房权政治图示

维权"的新闻指数总体呈现出上升趋势,平均每周有 108 次的"新闻头条",峰值达到每周 230 次(见图 1-2),如图所示,除了每年春节期间"新闻头条"数量有所下降以外,"业主维权"的指数一直呈现上升态势。这在一定程度上代表了业主维权现象的增加和社会关注度的提升。

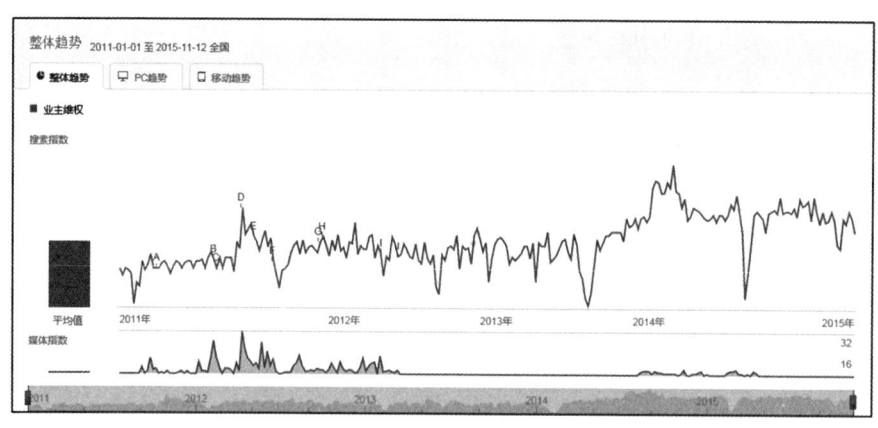

图 1-2 以"业主维权"为关键词的百度指数搜索结果

网络上以"业主论坛"、"业主维权论坛"、"业主维权网"等形式的站点不胜其数。根据中国社会调查事务所2002年对北京、上海和广州三地的一项专门调查,"有近90%的居民对物业管理不满意"①。国家统计局哈尔滨调查队2011年8月9日发布的数据显示,哈尔滨市居民对物业管理总体满意率仅占26%②。《瞭望》新闻周刊联合专业民意调查机构,发布的《2012年中国社区管理调查》显示,30%以上的居民表示物业管理问题严重。其中,认为物业公司人员素质低的受访者高达56.84%。③

在《物业管理条例》颁布之后,全国各地物业诉讼案件大幅增长。例如,北京市HD区2004年物业管理类案件数量比2003年激增了七倍多,CY区法院增幅近三倍(见图1-3)④。来自上海各区县法院的数据显示,近年来受理的物业服务纠纷呈明显上升趋势。仅以青浦区法院为例,2010年共受理此类案件2326件,到了2011年则激增至3884件,增幅达66.98%。⑤由物业纠纷引起的业主维权活动"愈演愈烈,在诸多力量的推动下,逐渐演变为一场席卷全国的运动"⑥。

---

① 李浩明:《京沪穗三地调查:九成公众不满物业管理》,载《文汇报》,2002年2月28日。
② 《调查显示:哈尔滨居民对物业管理满意率低》,载《黑龙江日报》,2011年8月10日。
③ 李松:《你住得满意吗?30%以上受访者对物业"不满意"》,载《瞭望》,2012年8月6日。
④ 刘子曦:《激励与扩展:B市业主维权运动中的法律与社会关系》,载《社会学研究》,2010年第5期。
⑤ 顾一琼、夏芸:《物业服务纠纷激增》,载《文汇报》,2012年8月9日。
⑥ 邹树彬:《城市业主维权运动:特点及其影响》,载《深圳大学学报(人文社科版)》,2005年第5期。

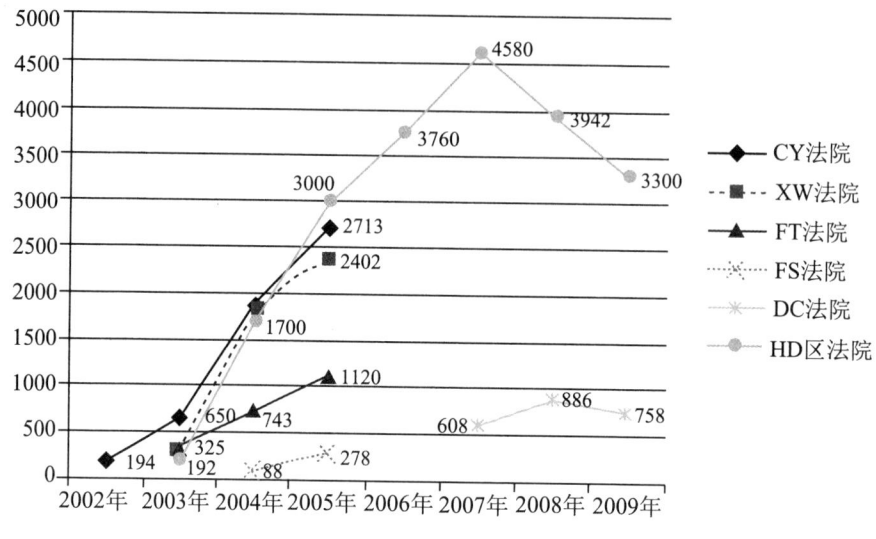

图1-3 北京市物业管理案件数量（件）

三、业主维权引起城市社会政治结构重大变化

由"房权"而衍生出来的人权、自治权等既是业主权利扩充的结果，又为基层治理带来了异质性要素。业主在权利伸张过程中遭遇的各种困境，又转而增强其发起维权行动的意识。间接来看，业主私人维权的能力是极为有限的，因而大多情况下，业主委员会和维权小组在集体行动中发挥着核心作用。这些组织化的维权行动直接推动了城市基层社会政治结构的变化。

从大环境来讲，"房改后的物业管理领域已经不是一种单纯的行政运作，而是一种涉及市场、法律、行政和利益集团复合式的'政治经济'运作"①，因而，它对于整个利益结构必然带来各种新的影响，引发城市社会政治结构的重大变化。

一方面，业主维权运动冲击了基层治理的基本结构，"对中国城市政

---

① 郭于华、沈原：《居住的政治》，载《开放时代》，2012年第2期。

治发展与治理模式的走向和演变，具有标本意义"①，随着业主民主权利意识的逐渐增强，市民社会在城市中产阶级社区中逐渐成为一股社区管治的重要力量，这将为基于社会公平和空间公正的社区基层自治模式的建立打下良好的基础。②

另一方面，业主维权和业委会的出现"可能意味着一种社会基础关系结构的根本转型和一个'新公共空间'的出现"③。正如孟伟所言，"业主维权行动对于推动新政治关系的形成、推动公民参与权威规则创制、为城市政治发展注入公民精神"④ 具有积极意义。

四、本书重点解释社区业主维权冲突的几个问题

由此，本书主要引入"冲突—整合"的分析框架，借助调查研究和案例分析等方法来回答以下几个主要问题：

1. 中国城市社区业主维权的现状如何？

包括引发社区业主维权的原因分布如何、业主维权冲突的程度如何、业主维权的主要工具及其评价如何、业主维权冲突升级的可能性与条件为何，特别是引入阶层地位因素，来回答阶层在不同种类维权冲突上的认知差异，以及在"从冲突意识走向冲突升级"中的实际影响为何。

2. 城市社区业主的社会整合与冲突治理有何关系？

总体判断中国城市社区业主的社会整合程度如何，分析什么样的整合机制有利于业主社会整合？进而解释业主的社会整合是否有助于解决维权冲突，什么样的情况下，政府更愿意对业主维权冲突进行干预？什么情况下，业主维权冲突能够得到较好的治理？

---

① 邹树彬：《城市业主维权运动：特点及其影响》，载《深圳大学学报（人文社科版）》，2005年第5期。
② 李立勋等：《从业主维权刍议中国城市社区管治重构》，载《人文地理》，2007年第6期。
③ 张静：《公共空间的社会基础》，见中国青少年发展基金会非营利组织研究委员会编：《扩展中的公共空间》，天津人民出版社2002年版，第16页。
④ 孟伟：《日常生活视野下的业主维权与城市政治》，载《理论探讨》，2007年第4期。

3. 中国城市社区业主维权的总体形势与走向如何？

业主维权究竟是工具性还是价值性冲突，是否真的如一些基层政府所忌惮的"不稳定因素"，是冲击现有体制或破坏社会稳定的"乱源"吗？从社区内冲突走向街头冲突的可能性有多大？全国各地社区业主既有本小区内的联合，也有跨小区的联合，甚至有跨城市的交流，这是否可以证明一些学者所认为的"业主组织是中国公民社会的先声"，中国城市社区业主的集体行动真的能够形成西式的"公民社会"吗？

4. 中国城市社区业主维权总体形势的产生原因和整合策略为何？

从共时性因素来看，业主维权冲突仅仅是"业主群体与市场主体"的矛盾吗，还是涉及其他因素？业主维权的形成以及业主群体的"弱势"，是市场主导的结果还是政府限制的结果，还是多方博弈的结果？从历时性因素来看，业主维权冲突的形成仅仅是当下要素的集中发酵，还是时间纵轴遗留因素的积聚？其结构性的因素究竟为何？回答了这些问题，才能找出对业主维权冲突进行整合的出路。由此，对于业主维权冲突这个较为普遍的问题，是"局限在商品房小区内找原因、找出路"，还是要跳出小区进行全方位的整体反思，基于当下还是着眼未来，基于单方责任还是多方共治？可能因为视角不同，产出的政策思路也不尽相同。

基于上述问题，本书的研究架构如表1-1，为了回应上述问题，本书的前半部分主要应用定量分析即问卷统计的方法，后半部分应用定性分析方法。

表1-1　本文的研究架构

问题	方法	对应章节
中国城市社区业主维权的现状如何？	定量（问卷调查）	第二章、第三章、第四章
城市社区业主的社会整合与冲突治理有何关系？	定量+定性	第五章、第六章
中国城市社区业主维权的总体形势与走向如何？	定性	第七章
中国城市社区业主维权的总体形势的产生原因和整合策略为何？	定性	第八章、第九章

第二节 研究意义

城市社区业主组织及其业主运动是伴随住房权利明晰化出现的"新事物",研究这个主题,大致有两重意义。

一、理论上形成基于"房权政治"的社区研究新视角

国内外学界大都重视社区研究,将社区视为基层行政组织建设和公民社会的基本载体。在国内,对社区建设研究的重视始于"单位制"的解体。20世纪50年代以后形成的城市社会是以"单位制"为主体的,各个企事业单位从属于各级政府,城市成员从属于各个单位。单位自成一体,包揽其成员的所有事务。[①] 单位作为城市社会的基层组织,既发挥着社会整合的作用,又高度依附于政治体制,成为政权组织的延伸。因而,政治社会组织高度重合,城市社会自我发育的空间十分狭小。随着改革开放的启动,人们更多地依靠市场机制改变和确定社会经济地位,即使生活在单位中的人也接受着市场机制的刺激。单位制的许多社会功能被剥离,国家统一管理和分配资源的格局被打破,人们的需求越来越多地由多种服务主体和形式来实现,因而,对单位的依赖性逐渐下降。

与此同时,在单位组织以外,产生了大量的市场组织和社会组织,人们可以自由地选择职业,"单位人"的数量越来越少,单位的覆盖面日益萎缩。这也就意味着城市居民的"生产单位"和"生活单位"相分离,"生产单位"日益"纯化"为人们追求利益的场所,但是离开生产单位

[①] 徐勇:《绿色崛起与都市突破——中国城市社区自治与农村村民自治比较》,载《学习与探索》,2002年第4期。

后，人们又被分散化了。① 人们担心，面对重新"原子化"的个体，"分散的单位组织并不能担负起进行利益整合的功能"②，因而开始思考"社会再组织化"的课题。社区无疑成为重构城市基层组织网络的最重要选择。

大多社区研究重视对社区既有权力主体的分析，对"街道办"、"社区居委会"和"社区党支部"等的研究较为集中，在具体研究中比较重视抽象化的"组织层面"的研究。要么将社区视为基层治理的基础单元，要么为中国社区建设的"社会性"进行论证和呼号。在这些学者的眼里，社区建设就是在国家与社会分离的视野中，寻找一个社会自我发育和社会自治的空间，主张构筑人际关系和谐的、互助合作的新的社会共同体③，乐观地认为社区建设正为中国带来一个"与国家相分离"的公民社会④或公共领域。

从"国家与社会关系"视角出发的社区研究占了大多数，但是，对于微观层面社区内部的"日常生活的政治"却缺乏关注。本书就将抽象的研究拉回日常生活，研究业主在利益表达与整合过程中，与现实政治的相互塑造和影响，对于形成"房权政治"或"居住政治"具有一定的理论意义。这将打破过往社区治理中"街道办与社区居委会唱二人转"的结构视域，以现实生活为场景，构建一个生动的扎根"商品房小区"的"房权政治"图景。

二、实践上构建基于业主维权运动的社会管理新路径

中共十八大报告指出要"建立健全党和政府主导的维护群众权益机

---

① 吴晓林：《"后单位制"时代中国城市社区建设和社区整合的困境——一个框架性的分析》，载《当代中国政治研究报告》，社会科学文献出版社2013年版。
② 庞玉珍：《中国社会结构变迁与新型整合机制的建构》，载《社会科学战线》，1999年第3期。
③ 郑杭生：《破解在陌生人世界中建设和谐社区的难题》，载《学习与实践》，2008年第7期。
④ 李骏：《社区建设：构建中国的市民社会》，载《人文杂志》，2003年第3期。

制,完善信访制度,完善人民调解、行政调解、司法调解联动的工作体系,畅通和规范群众诉求表达、利益协调、权益保障渠道"。十八届三中全会提出"国家治理体系与国家治理能力现代化"的战略部署。社区治理是国家治理的基础环节。

1998年肇始的住房商品化改革,促使城市商品房小区急剧增加,成为与传统单位社区、自管社区不同的社区单位。这种更加倚重市场契约关系的小区,更多体现市场与社会力量的互动,国家如何调整、吸纳新兴的业主群体,如何整合业主利益,化解基层冲突,事关城市基层治理现代化大局。

与传统老旧社区不同,新兴商品房住宅小区往往面临"业主成分复杂、居住隔离、突破行政化控制"等特点,以城市中产阶级为主的这个群体对产权关系更加敏感,文化素质、收入水平、行动能力更高。因而,在城市社区治理中呈现出崭新的面貌。这就决定了城市基层治理一定要反映新情况,面对新兴格局,发育出新的社会治理途径。

由此,拓宽业主利益表达渠道,构建一种基于业主利益的自我表达与整合机制的新型路径,成为维护城市社会稳定、推动城市基层治理格局更新的现实需求。

第三节 研究述评

国内外对业主组织及其业主维权的研究时间并不长,国外的研究始于20世纪80年代,国内的研究始于本世纪之初,为了廓清国内外研究的现状,这里分别作出述评。

一、国内相关研究的现状

"业主"一词主要指称"有房一族"是近20年才有的事情。业主维权进入中国学界研究视野则更晚一些。从中国期刊全文数据库（CNKI）收录的文章来看，1996年以前的业主概念大多是指大型建筑物的所有人或个体工商户，1996年底"业主"一词开始被用来指称"住宅置业者"①。2002年，《社区》杂志发表了第一篇关于业主维权的文章，描述并评论了"广西南宁市业主与物业之间的纠纷"，有些人士认为"2002年是物业管理纠纷年"②。自此，研究业主维权的文章开始多起来，并且呈现出增长的趋势（见图1-4）。

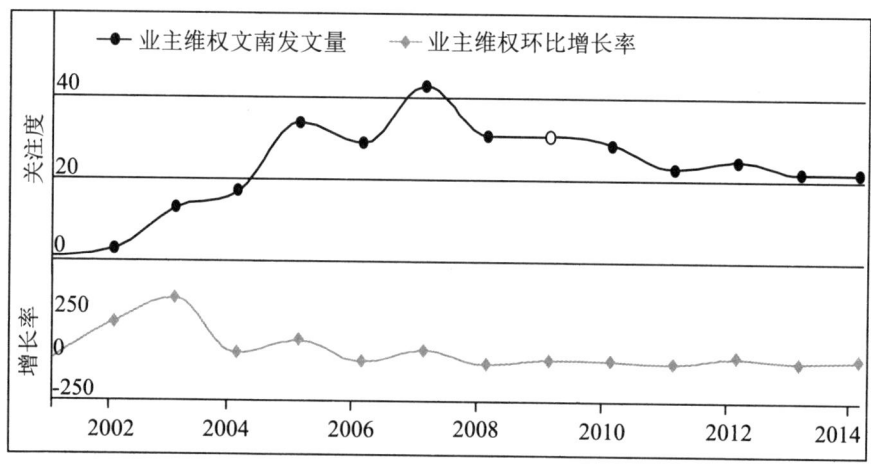

图1-4　CNKI收录的"业主维权"文章情况（查询时间：2015年5月2日）

从中国社会科学索引（CSSCI）收录的文章来看，1998年，《税务与经济》杂志刊发了第一篇以房屋"业主"为标题的文章，文章将业主自治视为消费者民主管理的一种模式③，此后五年，这方面的研究几乎"断

---

① 谭成策、聂洪达：《业主管委会成立前的物业管理》，载《住宅科技》，1996年第11期；林国强：《浅谈业主委员会的性质地位与权利义务》，载《中国房地产》，1996年第11期。
② 木泉、肖树伟：《业主维权怎一个"难"字了得》，载《社区》，2002年第9期。
③ 赵连山：《论城市住宅小区业主自治》，载《税务与经济》，1998年第4期。

档"。但是,自 2003 年开始,对业主维权和业委会的研究开始增多起来。① 因为业主维权基本上是依靠业主委员会这种自治组织,因而在进行文献统计时,本文选定了以"业主维权"、"业主委员会"和"业委会"为题目的论文,统计显示,自 2003 年到 2015 年,CSSCI 检索库共收录相关主题文章 61 篇(见图 1-5)。

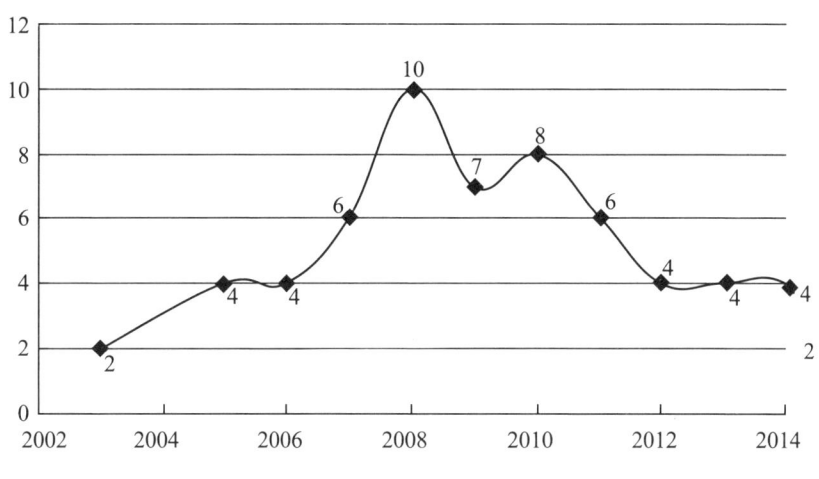

图 1-5 CSCI 检索收录的情况(查询时间:2015 年 5 月 2 日)

伴随住宅商品化的改革,越来越多的人成为拥有房屋所有权的业主,一个以中产阶层为主体的"有房阶级"渐成规模。在以私有住宅和公共空间权利受到侵害的情况下,业主阶层开始发起各种各样的维权行动。新世纪以来,对业主维权的研究吸引了公共管理学界、社会学界、法学界和政治学界的关注,并且取得了相应的成果。这里主要针对国内学界的研究,以 CSSCI 来源期刊收录的论文为主要研究对象,辅之以相关文献,对相关研究进行系统梳理和评价。

---

① 可能的原因是 2003 年我国出台了第一部关于物业管理的行政法规《物业管理条例》推动了学界的相关研究。

（一）城市业主维权运动的主要研究论域

根据所掌握的研究文献，可以看出，国内学界对业主维权运动的关注主要集中于以下几个内容。

1. 业主维权的法理依据与维权方式

有学者总结了业主维权表现出的几个特征变化："第一，社区业主维权已经从个别'单打独斗'走向群体性有组织的行为；第二，维权对象逐渐走向多元化，业主维权的对象已经从传统的物业公司或者开发商转向政府甚至多元对象；第三，维权手段的多样化和逐渐理性化。"① 那么业主维权的依据和动机到底为何？国内学界代表性的解释是将业主维权划分为三种类型的"权利标的"，即："作为物业产权所有人的业主拥有专有部分的专有所有权、共有部分的持分权以及成员权，也就是建筑物区分所有权（'物'权）；社区自治权（'治'权），主要是指'业主自治'即业主的自我管理权，并且是由业主的建筑物区分所有权衍生而来并以之为基础②；公民权（'人'权），主要包括人身自由、言论、信仰自由、占有财产和缔结契约的权利以及诉诸司法审判的权利等，选举权和被选举权等"③。陈文对业主维权的动机也做了类似的划分，他将业主维权分为"经济权益性维权、自治权利性维权、政治权利性维权"④ 三类，二者的划分大体重合。

明确了业主维权的动机和依据，那么业主维权主要依靠什么样的手段？学界对这个问题的回答给出了不同角度的解读。黄卫平和陈家喜以博弈双方的关系为准绳将其划分为"合作型业主维权、技术型业主维权、

---

① 李立勋等：《从业主维权刍议中国城市社区管治重构》，载《人文地理》，2007年第6期。
② 陈鑫：《业主自治：以建筑物区分所有权为基础》，北京大学出版社2007年版，第1—3页。
③ 陈鹏：《从"产权"走向"公民权"——当前中国城市业主维权研究》，载《开放时代》，2009年第4期。
④ 陈文：《城市社区业主维权：类型与特点探析》，载《贵州社会科学》，2010年第4期。

对抗型业主维权"三类①；陈文从维权手段出发将维权方式列为"行政式维权、司法式维权、技术式维权、商业式维权、职业式维权、政治参与式维权"六类②；陈鹏则基于对城市业主维权抗争实践的观察和研究，在"法权抗争"这一分析范畴内，将之具体化为"上访维权"、"诉讼维权"和"立法维权"三个基本类型③。

2. 业主维权遭遇困境的原因：政策滞后与结构失衡

到目前为止，国内学界对业主维权遭遇的困境的原因分析，从社会转型④、法律制度、城市发展模式⑤等层面给出了不同答案，大体而言集中在"政策滞后"与"结构失衡"两方面。

（1）"政策滞后阻碍业主维权"是学者们特别是法学学者达成的共识。在他们看来，法律制度的滞后和漏洞加剧了业主同资方、政府之间的冲突，"已构成市民组织化表达行动和社会发育的制度瓶颈"⑥。

一是，总体上《物业管理条例》赋予业委会和业主的权利是有限的，却给了房管行政部门、物管企业等诸多干预的机会，"例如房地产行政主管部门获得了控制和影响业委会的权力、关于物业纠纷的诉讼条款有利于物业公司，业主不缴物业管理费，物业公司可以向法院起诉业主，但如果物业公司没有提供相应的服务，或服务不达标，《条例》却没有对等

---

① 黄卫平、陈家喜：《城市运动中的地方政府与社会——基于N区业主维权案例的分析》，载《东南学术》，2008年第6期。
② 陈文：《城市社区业主维权：类型与特点探析》，载《贵州社会科学》，2010年第4期。
③ 陈鹏：《当代中国城市业主的法权抗争——关于业主维权活动的一个分析框架》，载《社会学研究》，2010年第1期。
④ 曾文慧：《社区自治：冲突与回应——一个业主委员会的成长历程》，载《城市问题》，2002年第4期。
⑤ 张磊：《业主维权运动：产生原因及动员机制——对北京市几个小区个案的考查》，载《社会学研究》，2005年第6期；朱光磊：《小区业主维权难的多维分析》，载《城市问题》，2010年第12期；经纶：《"城市开发"名义下的业主维权障碍解析》，载《南京社会科学》，2011年第8期。
⑥ 陈映芳：《行动力与制度限制：都市运动中的中产阶层》，载《社会学研究》，2006年第4期。

地规定业主和业委会可以向法院起诉物业公司。这显然不利于业主维护自己的合法权益"①。

二是，对于业主自治组织的权限给了诸多约束，影响了集体维权的效度，"业主委员会应该享有独立诉讼主体地位，但是我国业主委员会尚不具有独立民事主体资格。由于制度设计上的模糊，导致实践中形成许多认识上的误区，使得业主、业主组织及物业管理企业维护其权益时产生不便"②，特别是因为"不具备法人资格，不是独立的民事主体，因而业主组织难以'执行'公共物业管理事务、与物业管理公司签订民事合同"③。

三是，缺乏对业委会组织"侵权倾向"的监督与制约，容易危及业主维权的组织基础。"现有法律对业主委员会只有权利的规定，却没有规定应该承担的责任，导致现实中业主委员会滥用权利，侵害业主利益"④，目前在不同地区已经陆续出现业主委员会欺瞒业主、自主决策和谋私的行为。

（2）结构失衡是业主维权困境的深层次原因，这个原因可以从外部和内部两个向度来解释。

从外部来看，业主群体与市场组织力量不均。业主维权面向的最主要对象是房产商和物业管理公司，个体业主的力量是极为有限的，而维权对象在组织、资源、时间上占据优势，与此同时，业主委员会的成立却遭遇重重阻碍。业主需要直面更强大的房地产分利集团的挤压与对抗，在一些学者看来"业委会的监督使物业公司难以懈怠和随意谋取暴利，基层政府机构也因为无法操控这些市民组织而感到不

---

① 张磊：《业主维权运动：产生原因及动员机制——对北京市几个小区个案的考查》，载《社会学研究》，2005年第6期。
② 彭建军：《业主委员会的法律地位分析》，载《中南民族大学学报》，2006年第5期。
③ 陈玉珍：《物业管理与业主自治：物业管理业主委员会资格探析》，载《社会主义研究》，2007年第3期。
④ 严红：《业主委员会监督机制之法律思考》，载《政治与法律》，2006年第1期。

安，这些既得利益者不愿意有新的、能够代表业主利益的社区组织发育并动摇现有的权力格局"①，因而这些组织在对待业委会的问题上可以达成一定"共谋"，形成"一个具有分利性质的、包括房管局小区办、地方法院和街道办事处等相关政府部门和政府官员在内的强势房地产商利益集团，使开发商和物业公司敢于普遍而广泛地侵害广大业主的合法权益"②。

从业主内部来看，一方面是业主参与度不高，"业主群体呈现这样一种状况：一盘散沙无组织、一无所有无经费、一门心思搭便车、一无所知易受骗"③，根据对一个小区的调查，"真正关心维权的积极分子不到5%，20%的人是中间派，更多的人是漠不关心"④，显示出业主群体的高度分化；另一方面，业委会又缺乏基本的整合能力，"松散的社会力量在与组织严密的国家博弈过程中主动性不足，并且在可以借用的经验、正式手段、代理人体系等资源方面处于相对劣势"⑤，一些地方还出现了"一部分人动辄以'全体'的名义维护自己的利益，而大部分人却对自己的利益'置若罔闻'"⑥的现象。

归根结底，业主维权之所以兴起，就是在"市场"和"社会运动"建构公民权利空间的过程中，市场和权力共同"反向压制"的结果。其背后深层次的原因就是"处于中心位置的政府权力、借助于政府权力无限延伸的市场权力，共同压缩着原本就很狭小的社会权利空间（市民权

---

① 石发勇：《业主委员会、准派系政治与基层治理——以一个上海街区为例》，载《社会学研究》，2010年第3期。
② 张磊：《业主维权运动：产生原因及动员机制——对北京市几个小区个案的考查》，载《社会学研究》，2005年第6期。
③ 周玉忠、景剑峰、孙威力：《业主梦业主魂》，广州经济出版社2007年版，第1页。
④ 倪正茂：《小区维权：民主政治的实验场》，载《三联生活周刊》，2003年第52期。
⑤ 白杨：《选举的仪式化功能——从业委会选举来看城市基层民主实践中的博弈》，载《社会科学》，2003年第5期。
⑥ 张紧跟、庄文嘉：《非正式政治：一个草根NGO的行动策略——以广州业主委员会联谊会筹备委员会为例》，载《社会学研究》，2008年第2期。

3. 业主维权的性质与过程：城市社会运动的公民权建构

在一些学者看来，城市业主维权其实就是一场"代表了中国市民社会的中间阶层的社会运动"②。业主维权是以市场主体侵权为前提的，因而这种运动本身就是一种社会举证、争取权利的过程，在这个过程中核心的博弈关系是"业主与房产商或物业公司"，业主在博弈过程中的权利如果不能得到伸张，就会动员各种资源，"寻求和挖掘体制内的活动空间进行权利维护，其利益博弈能力与集体行动水平日渐提升"③，在寻求社区、政府力量介入进而调节失衡的权利关系时，如果社区和基层政府单位也消极怠工，这时业主就会将他们作为"对立面"一同拉入维权的博弈圈中。这个过程，"不是对自利动机的修正，恰恰是使自利诉求得以实现的有效策略，实际是私有产权人在新制度背景下，对日常真实生活处境中所遭遇的问题和产生的要求进行的行动性表达，是私有物业产权人在城市公共政治舞台上'粗陋'但有生命力的'登场'"④。也即，业主维权不管能否成功，都伴随了一种权利意识增长或更改权利规则的结果。

在一些学者看来，业主维权是公民权构建的过程。在面对不同的"维权壁垒"时，业主也会逐步改换维权策略，因而使得整个过程展现出复杂的博弈图景。虽然其业主们的主要矛头是"房地产商利益集团"，但是他们还是在具体的行动中主动引入或者被动面对着各类行动

---

① 徐琴：《转型社会的权力再分配——对城市业主维权困境的解读》，载《学海》，2007年第2期；杨爱兵：《业委会生存处境的法社会学分析——从一则案例说起》，载《郑州大学学报》，2008年第2期。
② 张磊：《业主维权运动：产生原因及动员机制——对北京市几个小区个案的考查》，载《社会学研究》，2005年第6期。
③ 陈文、黄卫平：《城市社区业主维权：现状、成因与对策》，载《中州学刊》，2009年第3期。
④ 孟伟：《日常生活视野下的业主维权与城市政治》，载《理论探讨》，2007年第4期。

主体。除了观察"业主精英的产生以及动员等等集体行动的基础"①之外,地方政府在业主维权中的角色也引起了学者们的重视,有学者认为,"一方面,它们作为地方利益的维护者,必须对业主反映强烈的正义性议题,作出积极的回应;另一方面,为了维持社会秩序的稳定和避免维权行动的升级,它们也必须对那些激进的维权行动采取强力举措"②,但是能够促使维权成功的"行动力"和"资源"绝大多数并不来自于既有的法律和制度框架③,有学者的调查就表明:"得不到政府部门的支持是小区维权失败的重要原因。"④ 因而,尽管业主维权具有"依法和以法"的特征,但是面对强大的对手,他们必须在法律之外动员更多的资源,张紧跟和庄文嘉就研究了业主集体行动的策略,将其归纳为"在体制内寻找代言人、拜老师,以行为合理性谋求身份合法性、为相关人士拉选票,提交民间立法草案,寻求媒体支持"⑤等等,还有学者研究了网络在业主维权中的作用,认为"维权行动的各个环节都要倚重网络媒介"⑥,"在线业主论坛确实有助于集体抗争事件的发生"⑦。由此可以较为清晰地理清学界对业主维权的过程的解释(见图1-6),那就是,大多学者将关注点放在"策略"、"动员"两个方面来解释"集体行动如何形成,公民权利如何建构"。

---

① 石发勇:《关系网络与当代中国基层社会运动——以一个街区环保运动个案为例》,载《学海》,2005年第3期。
② 黄卫平、陈家喜:《城市运动中的地方政府与社会——基于N区业主维权案例的分析》,载《东南学术》,2008年第6期。
③ 徐琴:《转型社会的权力再分配——对城市业主维权困境的解读》,载《学海》,2007年第2期。
④ 张磊:《业主维权运动:产生原因及动员机制——对北京市几个小区个案的考查》,载《社会学研究》,2005年第6期。
⑤ 张紧跟、庄文嘉:《非正式政治:一个草根NGO的行动策略——以广州业主委员会联谊会筹备委员会为例》,载《社会学研究》,2008年第2期。
⑥ 郑坚:《网络媒介在城市业主维权行动中的作用》,载《当代传播》,2011年第3期。
⑦ 黄荣贵、桂勇:《互联网与业主集体抗争》,载《社会学研究》,2009年第5期。

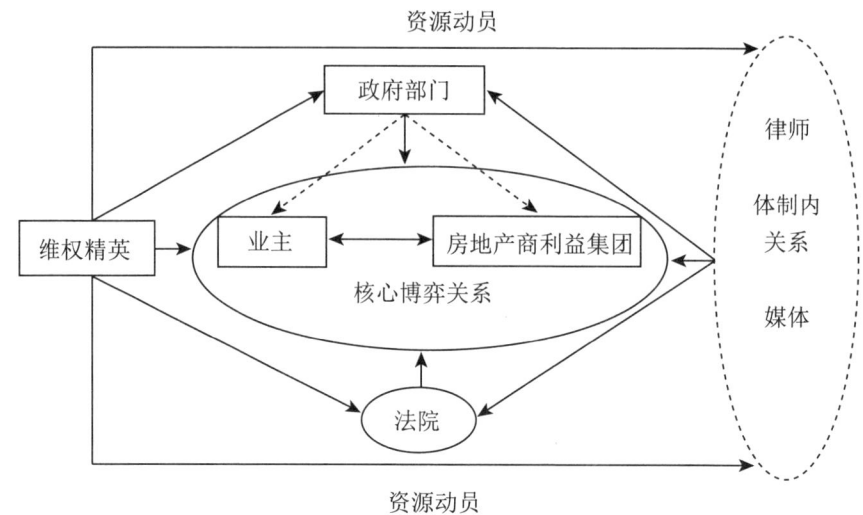

图 1-6 业主维权的过程与博弈关系

4. 业主维权的治理对策：赋权与合作

学界基于业主维权深刻反映了"社会、市场与国家权力的不平衡"这一判断，提出了维护权利平衡的治理原则。徐琴认为"国家领域在权力让渡与权力维续之间的权衡和取舍，很大程度上将决定着权力分布合理化的进程和市民社会发育的空间"[①]，李立勋等就提出"需要政府和开发商、业主组织之间构建一个基于社区管治的权力平衡体系，共同解决和谐社区建设中的各种问题"[②]。法学界是对于"赋权"与"解限"尤其积极，他们呼吁要"建立由全体业主组成的业主团体的自治组织机构"[③]，赋予"业主团体原被告资格"[④]，及其"一定的决策权限"[⑤]，并且主张对

[①] 徐琴：《转型社会的权力再分配——对城市业主维权困境的解读》，载《学海》，2007年第2期。
[②] 李立勋等：《从业主维权刍议中国城市社区管治重构》，载《人文地理》，2007年第6期。
[③] 陈玉珍：《物业管理与业主自治：物业管理业主委员会资格探析》，载《社会主义研究》，2007年第3期。
[④] 刘保玉、孙超：《论业主委员会的法律地位——从实体法与程序法的双重视角》，载《政治与法律》，2009年第2期；刘宇：《业主委员会法律地位之思考》，载《法学杂志》，2009年第9期。
[⑤] 卢海燕：《业主委员会制度的缘起、现实困境与制度选择》，载《城市问题》，2007年第2期。

业主团体"怠于行使权利"须作出明确界定。

正视业主自治的要求和能力，实现社区合作共治是学界对业主维权运动的基本政策倡议。张磊关注到，要建立物业管理的基本秩序，关键是国家要"站到一个公正的立场上去协调和仲裁物业纠纷，解决物业领域中存在的问题，同时让市场机制而不是房地产商利益集团有效地运作起来"①，这呼应了有学者对"当前的制度空间内，党和政府在社会事务管理中发挥着主导作用，成功的业主维权显然离不开地方政府的默许与支持"②的判断。孙荣等提出要构建"基于制度式伙伴关系的社区共治"框架，其路径分为三个部分，分别为"以业主委员会为核心，建立治理主体间的协商会议制度；培养并加强业主民主意识；提升业主委员会成员本身的管理能力"③。

（二）业主维权的理论视角与研究方法

从 CSSCI 收录的相关文献来看，最早关注业委会的是社会学学者，而最早关注业主维权的则是政治学学者。这些研究文献在学科分布上，社会学领域的论文占全部文献的 38.5%，政治学与行政管理学占 30.8%，法学占 28.2%。这里主要对研究文献进行理论视角和研究方法的梳理与归纳。

1. 业主维权的三类主要研究视角

一是公民社会的视角，主要是观察业主委员会组织和社会运动本身的"自组织性质与意义"。一些学者以公民社会是自愿主义的逻辑为依据，认为"业主和业委会的抗议活动，初步体现了公民社会的主

---

① 张磊：《业主维权运动：产生原因及动员机制——对北京市几个小区个案的考查》，载《社会学研究》，2005 年第 6 期。
② 黄卫平、陈家喜：《城市运动中的地方政府与社会——基于 N 区业主维权案例的分析》，载《东南学术》，2008 年第 6 期。
③ 孙荣、范志雯：《社区共治：合作主义视野下业主委员会的治理》，载《中国行政管理》，2007 年第 12 期。

要属性",因而,乐观地将其称为"中国城市公民社会的先声"①,并且将其视为"新型社区中真正的居民自治组织"②。石发勇一方面肯定了业委会自组织的社会意义,认为其能扩大社区自主权,另一方面看到了这种新兴组织"所面临的各种局限和制约,尤其是相关各方对关系网络的过度利用,又可能导致和加剧少数既得利益业主精英排斥大众参与的寡头统治和准派系政治,进而有损于基层治理和社区民主"③。

二是国家与社会关系的视角,主要是研究业主组织及其维权运动对国家和社会关系的影响。正如经纶所言,"维权业主的互动对象已不再仅仅是社区中的居委会、物业公司和发展商,而是更符合国家意义的城市政府,维权互动再一次体现出国家与社会的意义"④。在具体的研究中,有学者从政府行为的角度出发,认为政府对业委会有"塑造成类似居委会的组织的意图",因而"在如何对待公民及民间组织的问题上,政府试图通过组织实行社会控制的管制路径并没有改变"⑤,得出政府不但干预控制新兴社会组织,而且还"通过一系列政策干预业委会同居委会的关系"⑥ 等结论;张紧跟等则从社会的角度出发,观察了业主组织及其运动对国家的影响,发现社会组织利用种种手段来尝试改变它们与国家的关系,使之朝着有利于自己发展的方向变化。⑦ 也有不少学者

---

① 夏建中:《中国公民社会的先声——以业主委员会为例》,载《文史哲》,2003年第3期。
② 夏建中:《北京城市新型社区自治组织研究》,载《北京社会科学》,2003年第2期;刘娅:《居委会自治性质的重新探讨——居民委员会与业主委员会的自治性比较》,载《中国行政管理》,2005年第5期。
③ 石发勇:《业委员会、准派系政治与基层治理——以一个上海街区为例》,载《社会学研究》,2010年第3期。
④ 经纶:《"城市开发"名义下的业主维权障碍解析》,载《南京社会科学》,2011年第8期。
⑤ 姜朋:《游移与错位——透过和业主大会、业主委员会的关系看居委会的法律角色》,载《浙江社会科学》,2006年第1期。
⑥ 翟校义:《社区居民委员会与业主委员会的权利结构及其在北京市政策执行中的演化》,载《北京行政学院学报》,2008年第6期。
⑦ 张紧跟、庄文嘉:《非正式政治:一个草根NGO的行动策略——以广州业主委员会联谊会筹备委员会为例》,载《社会学研究》,2008年第2期。

从"法与社会"的关系,切入对业主维权的研究,例如,刘子曦就从"组织、制度、身份"三个维度向业主维权行动扩展的观察,指出扩展中的社会行动重建了"法律与社会"的关系并推动着公民社会的生长;[1] 张磊在业主维权研究中发现"在法律改变社会的同时,社会对法律也有着极大影响"[2]。

三是社会运动的视角,主要是将业主维权视为一种社会运动,观察其问题产生、社会动员、目标实现等等一系列过程。张磊采用资源动员和政治过程理论并结合利益集团理论来研究北京几个小区的业主维权运动[3],被一些学者总结为"动员论";而孟伟则讨论城市业主如何通过集体行动的策略,分析了"问题产生—成立组织—动员—策略—正当权益合法化"[4] 的业主维权过程,是为基于业主维权的"策略论"。除此以外,陈映芳则在都市运动的谱系下分析了"市民组织化、行动化的主要影响因素"和行动条件[5],施芸卿则在一种都市运动的视角下,"从行动社会学的立场出发,着力于探讨作为行动者的业主在抗争的实践过程中是如何在宏观的社会结构背景下营造出其抗争的空间"[6],刘子曦在 B 市业主维权研究中,回答业主维权为何呈现多样化的发展轨迹,并且提出业主维权出现的三种扩展,即"组织的扩展、身份的扩展和制度的扩展"[7],扩展了业主维权的研究视野。除了对业主运动本身的观察以外,

---

[1] 刘子曦:《激励与扩展:B 市业主维权运动中的法律与社会关系》,载《社会学研究》,2010 年第 5 期。
[2] 张磊:《业主维权运动:产生原因及动员机制——对北京市几个小区个案的考查》,载《社会学研究》,2005 年第 6 期。
[3] 张磊:《业主维权运动:产生原因及动员机制——对北京市几个小区个案的考查》,载《社会学研究》,2005 年第 6 期。
[4] 孟伟:《建构公民政治:业主集体行动策略及其逻辑——以深圳市宝安区滢水山庄业主维权行动为例》,载《华中师范大学学报》,2005 年第 3 期。
[5] 陈映芳:《行动力与制度限制——都市运动中的中产阶层》,载《社会学研究》,2006 年第 4 期。
[6] 施芸卿:《机会空间的营造——以 B 市被拆迁居民集团行政诉讼为例》,载《社会学研究》,2007 年第 2 期。
[7] 刘子曦:《激励与扩展:B 市业主维权运动中的法律与社会关系》,载《社会学研究》,2010 年第 5 期。

学者们还将其延伸到对权利扩展的视野，例如孟伟发现了业主维权行动"从利益诉求到主张权利进而自主创制规则延展逻辑"①，沈原等将业主维权视为"从维护产权走向要求实现公民权"②的过程。

2. 业主维权的研究方法：以定性分析为主导

从掌握的文献来看，国内对业主维权的研究几乎全部是定性分析，其中个案研究为主流。统计结果显示，案例分析占了所有研究的51.3%，单纯的理论分析占了48.7%，比较分析仅占了7.7%。

采用案例分析的研究，大多是针对某一地区或者某一小区的业主维权进行分析，重在对业主委员的性质、选举博弈过程、行动逻辑、博弈关系、动员策略等等进行"动态化"的研究。这种研究方法，大部分是截取业主维权的某一个环节，分析业主集体行动的某一过程，进而深入挖掘业主维权的相关理论。此外，即使是案例分析也并非完全遵循案例研究方法，一些研究仅仅是将案例作为导言，这就失去了案例分析的方法意义。

其他定性研究以法学学者为主，他们大多研究《物业管理条例》和《业主大会和业主委员会指导规则》的相关条款，发现其中的缺陷和漏洞，并在此基础上提出相关修缮意见；另有一些政治学、公共管理学的学者，则基于一般性的业主维权运动，从面上研究业主维权的性质、意义和类型等，为业主维权提供了理论上的支撑。

比较分析是业主维权研究中最少出现的方法，它甚至是与作为案例分析的一部分一起出现在一些文献中。这种方法基本上是被拿来比较业主自治与社区自治的关系、比较政府对待新兴业主委员会和居委会的态度，进而指出了对业主维权运动的影响。

---

① 孟伟：《日常生活视野下的业主维权与城市政治》，载《理论探讨》，2007年第4期。
② 沈原：《走向公民权：业主维权作为一种公民运动》，见沈原：《市场、阶级与社会——转型社会学的关键议题》，社会科学文献出版社2007年版，第342—348页；郭于华、沈原：《居住的政治——B市业主维权与社区建设的实证研究》，载《开放时代》，2012年第2期。

总体来看,国内对业主维权的研究还处于理论推演与案例分析为主的定性分析阶段。

二、国外相关研究的现状

自 20 世纪 80 年代起,英文学界开始形成对业主组织(主要是业主协会 Homeowner Association)及其行为研究的领域。为了摸清国外相关研究的现状,为国内的研究和实践提供借鉴启示,这里以 SAGE 及 Springer 两个英文文献数据库所收录的相关文献为研究对象,对国外相关研究进行述评。

(一)国外业主组织及行动研究的背景

国外对业主组织的研究并不局限于我们平常理解的"业主委员会"。业主组织也依据不同的住宅类型形成相应的组织体系。在国外文献中,业主组织一般可以被囊括在居民社区协会(Residential Community Associations,RCAs)或业主共益组织(Common Interest Developments)的概念里。居民社区协会可以被分为三类[1]:公寓式协会(Condominium Associations)、业主协会(Homeowner Associations,HOAs)、业主合作协会(Cooperative Associations)。公寓式协会的一般情况是,业主拥有自己的居住权并且拥有诸如运动场所、停车场等共同权利,协会不拥有却管理共同财产。业主协会则代表业主拥有住房和所在地基,协会拥有且管理共同财产,例如街道和健身设施。业主合作协会的成员则不拥有完整的居住单元,只是分享协会所拥有的建筑和公共场地。

20 世纪 80 年代前,城市社区业主组织还并未引起学界的重视。但

---

[1] Hawkins B. W., Percy S. L., "Residential Community Associations and the American Intergovernmental System", *Publius*: *The Journal of Federalism*, Vol. 27, No. 3, 1997, pp. 61 – 74.

是，美国门禁社区和围墙社区（Gated and Walled Community）数量持续增长，法律已经不能阻止和矫正人们基于私有财产权利的主张和抱怨了；[①] 与此相应，美国业主组织数量激增，2012年，美国由"协会—治理"（包括业主协会和其他共有权组织）的社区达到323600个，覆盖居民6340万（见表1-2）[②]。与1970年相比，此类社区增长了30倍。到21世纪初，美国业主协会甚至治理了美国18%的人口[③]。到2014年，则是治理了美国20.3%的人口。业主利益群体进行自我治理并且行使投票选举权，影响地方政府的财政限制和开发商的土地经济。在这种情况下，对业主组织的研究也不断增多。30多年来，对美国业主组织的研究占了本研究领域文献的近九成（见表1-3）。

表1-2 美国业主组织覆盖情况

年份	社区数（个）	居民数（百万）
1970	10000	2.1
1980	36000	9.6
1990	130000	29.6
2000	222500	45.2
2010	309600	62.0
2012	323600	63.4
2014	330000	65

[①] David J. Kennedy, "Residential Associations as State Actors", *The Yale Law Journal*, Vol. 3, 1995, pp. 761 - 793.
[②] http://www.caionline.org/info/research/Pages/default.aspx.
[③] Evan McKenzie, "Planning Through Residential Clubs: Homeowners' Associations", *Institute of Economic Affairs*, 2005, pp. 28 - 31.

表1-3 国外业主组织研究情况

年份	世界城市化率（%）	文献数量（篇）	美国城市化率（%）	美国文献数量（篇）
1979	39.04	1	73.72	1
1985	41.2	1	74.49	1
1998	45.91	3	78.35	3
1999	46.29	1	78.72	1
2001	47.18	2	79.42	2
2002	47.67	3	79.75	3
2003	48.15	1	80.07	1
2004	48.64	3	80.4	2
2005	49.13	7	80.73	5
2008	50.62	1	81.58	0
2010	51.6	3	82.14	2
2011	52.08	6	82.38	5
2012	52.55	3	82.63	2
2013	—	5	—	4

进入21世纪以来，中国的城市化飞速发展，业主组织及其业主维权也成为城市领域急剧增长的现象。2005年开始，中国业主组织开始进入国外学界的研究视野。至2013年，相关研究文献达到6篇（见表1-4）。学者们发现，"始于20世纪80年代的住房体制改革和单位制解体"[①]，驱动了业主维权这一现象。其中，北上广等一线城市成为学者们研究业主组织的集中地点。

表1-4 中国城市化率与国外业主组织研究情况

年份	2005	2008	2011	2012	2013
中国城市化率（%）	42.52	46.54	50.50	51.78	53.70
中国业主组织研究文献数量（篇）	2	1	1	1	1

---

① Yongshun Cai, "China's Moderate Middle Class: The Case of Homeowners' Resistance", *Asian Survey*, Vol. 5, 2005, pp. 777-799。

根据检索，以业主协会（Homeowner Association）和业主共益组织（Common Interest Developments）为标题的英文文章首次出现在1979年[1]，该文主要研究了湖区"业主协会"在环境管理中的作用。此后，国外学界对业主组织的研究有所增长。2000年以后，相关研究迅速增长。2000年到2013年，文献数量分别在2005年和2011年达到峰值（见表1-2）。从表1-2可见，城市业主组织的研究数量的增长，与同期全球城市化率的增长同时处于上升的趋势。经过30多年的发展，伴随城市化的推进和业主组织的增多，国外对业主组织及其行为的研究领域已经初步形成。

（二）业主组织研究的主要内容

经过30多年的发展，国外学界形成了以"社区政治行为、社会政治行动和治理能力的影响因素"为主要内容的"业主组织及行动"的研究图谱。

1. 业主组织的"社区政治行为"研究

业主组织自一诞生起，就是社区治理的重要主体，这类组织的生存和发展，冲击或影响了现有的社区治理结构，形成了基于房权及其附属权利的"社区政治"。

在国外学者看来，业主组织具有"类政府"的组织特性，他们在社区"征收费用、提供服务以及制定对居民有约束力的规则"[2]，对公共利益份额进行私人化分割[3]，为保障业主权利和敦促其履行责任提供框架[4]，

---

[1] Glenn R. Harris, Alison Grover, Betsy Hale, Robert Hedin, "The Role of Lakeshore Homeowner Associations in Environmental Management", *Environmental Management*, Vol. 3, 1979, pp. 195 – 203.

[2] Hawkins B. W., Percy S. L., "Residential Community Associations and the American Intergovernmental System", *Publius: The Journal of Federalism*, Vol. 27, No. 3, 1997, pp. 61 – 74.

[3] Kasper Roerup, "Homeowners' Associations—A New Framework for Housing in Lithuania", *Facilities*, Vol. 16, No. 11, 1998, pp. 302 – 307.

[4] George C. Hemmens, "Reviews: At Home in The CID Privatopia: Homeowner Associations and the Rise of Residential", *Journal of Planning Education and Research*, Vol. 14, 1995, pp. 230 – 232.

勾勒出决策的民主程序蓝图。相当于自发形成的志愿型小区域政府，这就意味着权力来源于选民，选票数根据住房单位得出。① 因而，业主组织的地位不可忽视，以至于迫使市政部门在私产开发问题上与之达成一致。② 业主组织的能力和影响突破了原来的社区治理框架，显示出以房权向自治权和治理权伸张的崭新图景。

此外，业主组织的兴起促使社区内部产生"邻里政治"的新领域。学者们关注到，在业主之间，通过租金和共同居住等关联，邻里间民主得以产生。③ 在此基础上，学者们业主组织在调和社区利益上发挥了两个向度的作用。一方面，业主组织会在规范和完善邻里间民主政治程序，如成立筹备委员会、定期举行会议、推选委员候选人这样的关键程序上起到作用④，也为维权行动提供实际的组织保障。另一方面，既有的业主组织可能会对非成员实施言论、迁徙上的限制，甚至会进行种族歧视。⑤ 这些情况显然对邻里关系处理、邻里政治运行产生了重要影响。

2. 业主组织的"社会政治行动"研究

业主组织的行为对于社区外的治理同样产生影响，因而其社会政治行动引起了学者们的重视。综合现有的研究来看，中国等发展中国家业

---

① Evan McKenzie, "Homeowner Associations and California Politics: An Exploratory Analysis", *Urban Affairs Review*, Vol. 34, No. 1, 1998, pp. 52 – 75; Laura Langbein, "Efficiency, Accountability, and Private Government: The Impact of Residential Community Associations on Residential Property Values", *Social Science Quaterly*, Vol. 85, No. 3, 2004, pp. 640 – 659.
② Evan McKenzie, "Planning Through Residential Clubs: Homeowners' Associations", *Institute of Economic Affairs*, 2005, pp. 28 – 31.
③ Kevin Lo, "Approaching Neighborhood Democracy from a Longitudinal Perspective: An Eighteen-Year Case Study of a Homeowner Association in Beijing", *Urban Studies Research*, Volume 2013, 2013, pp. 1 – 10.
④ Kevin Lo, "Approaching Neighborhood Democracy from a Longitudinal Perspective: An Eighteen-Year Case Study of a Homeowner Association in Beijing", *Urban Studies Research*, Volume 2013, 2013, pp. 1 – 10.
⑤ David J. Kennedy, "Residential Associations as State Actors", *The Yale Law Journal*, Vol. 3, 1995, pp. 761 – 793.

主组织的"社会政治行动",集中在对自身房权及其附属权利的抗争上,而发达国家同类组织的社会政治行动则超越了"维护私产权益"的第一层次,主要是围绕本区域环境、免税、房价等权益展开的行动。业主组织及其成员通过各种途径与政府互动,因而催生了大量政府间(Intergovernmental)的问题。[1] 例如,Susannah 等人研究了业主自治以不同的方式在社区周围生态环境保护中扮演的角色,探索了业委会为保护"本土生物多样性"[2] 和在沙漠地区鸟类保护中[3]发挥的作用;Harris 发现湖区业主组织"针对湖区水污染和环境保护开展的活动远多于街道维护和社会事务"[4];McKenzie 研究加州业主组织政治活动时发现,业主普遍不满自己每月要为享有的公共服务向政府和业主组织分别交纳税金,业主组织因而发起"主张改革不合理税制而非声援或自己退出服务市场"[5] 的行动。有学者还研究了美国业主组织在地方决策输出方面扮演的重要角色,发现他们加强了在州政府层面的游说工作[6],已经成为影响地方政府土地使用的最潜在政治力量;还有一些业主组织的主要目标是劝说法律制定者立法,要求地方政府退还业主组织成员的物业税,因为业主组织已经自己提供了这部分业务;[7] 业主组织强有力的行动还能够激起政府对自己

---

[1] U. S. Advisory Commission on Intergovernmental Relations (ACIR), *Residential Community Associations: Private Governments in the Intergovernmental System*, Washington, D. C.: United States. Advisory Commission on Intergovernmental Relations. U. S, 1989, p. 7.

[2] Susannah B. Lerman, "Victoria Kelly Turner, Christofer Bang. Homeowner Associations as a Vehicle for Promoting Native Urban Biodiversity", *Ecology and Society*, Vol. 17, No. 4, 2012, pp. 45 – 57.

[3] H. B. Fokidis, "Homeowners Associations: Friend or Foe to Native Desert Avifauna? Conservation Concerns and Opportunities for Research", *Journal of Arid Environments*, Vol. 75, No. 4, 2011, pp. 394 – 396.

[4] Glenn R. Harris, Alison Grover, Betsy Hale, Robert Hedin, "The Role of Lakeshore Homeowner Associations in Environmental Management", *Environmental Management*, Vol. 3, 1979, pp. 195 – 203.

[5] Evan McKenzie, "Homeowner Associations and California Politics: An Exploratory Analysis", *Urban Affairs Review*, Vol. 34, No. 1, 1998, pp. 52 – 75.

[6] Dilger, Robert-Jay, "Residential Community Associations: Their Impact on Local Government Finance and Politics", *Public Management*, Vol. 76, 1994, pp. 16 – 21.

[7] Dilger, Robert-Jay, "Residential Community Associations: Their Impact on Local Government Finance and Politics", *Public Management*, Vol. 76, 1994, pp. 16 – 21.

司法干预角色失效的反思，从而作出改革。①

3. 业主组织治理因素的研究

业主组织的行为是否有效，与其治理能力紧密相关。基于对这个问题的回应，国外学界主要是从组织内部领导能力和与外部环境的互动，来研究了影响业主组织治理的因素。

Read 在比较几个小区业委会的基础上，得出三个与业主组织治理相关的因素，即"自我组织程度、成员参与程度与质量、运用权力的能力"②；McKenzie 在对美国业委会发展的历史回顾后，提出业委会是地方民主发展和高效提供公共物品的俱乐部经济发展的高级形式，但未经培训以及缺乏牺牲精神的业委会志愿者却可能形成与预期相反的现实——当地业委会成为不自由、无能和贪腐等不良示范。③ Stirling 提出"是否有随情境转变方式风格的权变型领导"④ 是衡量业主委员会自治力的核心指标，追随者的准备程度是影响领导成功与否的决定性因素。Laura 提出业主组织"社区参与程度"和"专业化管理"可以减轻提高房产价格所带来的影响；⑤ Sandra 研究社区委员会对社区安全和犯罪的治理时，提出"对当前犯罪情况控制能力和对未来犯罪预防能力"以及在此方面"与政

---

① Sandra O'brein, Gordon Bazemore, "A New Era in Governmental Reform: Realizing Community", *Public Organization Review*, Vol. 4, 2004, pp. 205 – 219.
② Benjamin L. Read, "Assessing Variation in Civil Society Organizations: China's Homeowner Associations in Comparative Perspective", *Comparative Political Studies*, Vol. 41, 2008, pp. 1240 – 1265.
③ Evan McKenzie, "Planning Through Residential Clubs: Homeowners' Associations", *Institute of Economic Affairs*, 2005, pp. 28 – 31.
④ James Byron Stirling II, "The Role of Leadership in Condominium and Homeowner Associations", *Journal of Leadership & Organizational Studies*, Vol. 5, No. 1, 1998, pp. 148 – 155.
⑤ Laura Langbein, "Efficiency, Accountability, and Private Government: The Impact of Residential Community Associations on Residential Property Values", *Social Science Quaterly*, Vol. 85, No. 3, 2004, pp. 640 – 659.

府之间的相互补充与合作"① 是治理社区犯罪的影响因素。

总体来讲,国外对业主组织治理的影响因素大致集中在三个方面:与业主互动及业主参与情况、与政府关系及业主组织独立程度、业主组织自身治理能力(见图1-7)。

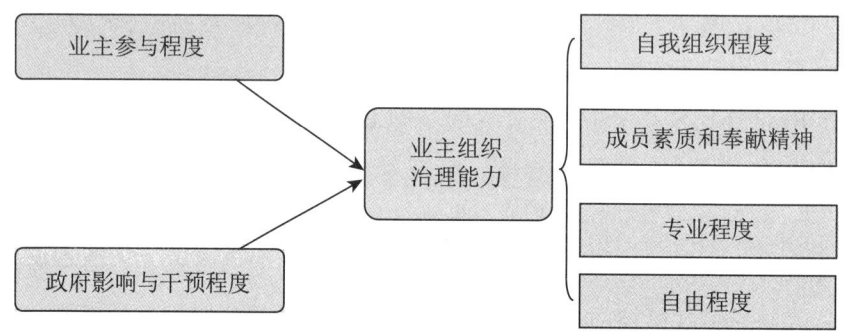

图1-7 影响业主组织治理能力的因素

(三)研究视角与方法

国外学界对业主组织的研究,主要采用了公民权利、国家与社会关系、中产阶级理论、政治参与等视角,定量分析、案例比较与个案分析占据了研究方法的主流。

1. 研究视角

国外对业主组织的研究,主要采用以下几种视角。

第一,公民权利的视角。多位学者研究业主权利的建构及其组织行动过程,他们发现:邻里关系的私人化开始带动业主个体意识和权利意

---

① Sandra O'brein, Gordon Bazemore, "A New Era in Governmental Reform: Realizing Community", *Public Organization Review*, Vol. 4, 2004, pp. 205–219.

识的觉醒①,业主组织在政治上的重要性受到业主对自身权利认知的影响②。Tomba 从公民权与产权切入,得出业主组织成长得益于法定产权支撑的结论③,指出"新业主对自己的房屋能否长期保值增值怀有疑虑,发起了争取政府认同的行动",因而"政府为保障业主房屋价值不受损,加强了公共设施建设和服务提供",满足业主共同利益诉求。蔡永顺在其发表的英文文章中指出业主组织的维权行为聚焦在以下三类问题:"房屋本身问题、房屋拆迁和社区居住环境问题"④。Hemmens 则强调业主利用业主组织为实现共同利益的发展管理共有财产和私有财产。⑤ 业主组织及其行动是建立在产权清晰基础上的,进而指向于其他公民权利。因而,以公民权利观察业主组织及其行动是一个很重要的视角。

第二,国家与社会关系的视角。业主组织及其行为本身是对既有治理结构的突破,它涉及国家与社会关系的调整,因而,国家与社会关系是研究业主组织的又一重要视角。一批学者关注业主组织与政府的互相影响,例如,McCabe 对菲尼克斯业主组织的研究发现,业主组织的私人服务提供直接影响政府改革,进步时代的市政改革体现了对业主组织价值观多样化和选择个体化的尊重;⑥ Tomba 研究了北京业主组织的维权行

---

① Kevin Lo, "Approaching Neighborhood Democracy from a Longitudinal Perspective: An Eighteen-Year Case Study of a Homeowner Association in Beijing", *Urban Studies Research*, Vol. 2013, 2013, pp. 1 – 10; Yongshun Cai, "China's Moderate Middle Class: The Case of Homeowners' Resistance", *Asian Survey*, Vol. 5, 2005, pp. 777 – 799.
② Evan McKenzie, "Homeowner Associations and California Politics: An Exploratory Analysis", *Urban Affairs Review*, Vol. 34, No. 1, 1998, pp. 52 – 75.
③ Tomba L., "Residential Space and Collective Interest Formation in Beijing's Housing Disputes", *The China Quarterly*, Vol. 1, 2005, pp. 934 – 951.
④ Yongshun Cai, "China's Moderate Middle Class: The Case of Homeowners' Resistance", *Asian Survey*, Vol. 5, 2005, pp. 777 – 799.
⑤ George C. Hemmens, "Reviews: At Home in the CID Privatopia: Homeowner Associations and the Rise of Residential", *Journal of Planning Education and Research*, Vol. 14, 1995, pp. 230 – 232.
⑥ Barbara Coyle McCabe, "Privatizing Urban Services Through Homeowners Associations: The Potential and Practice in Phoenix", *International Journal of Public Administration*, Vol. 29, Nos. 10 – 11, 2006, pp. 837 – 847.

动，认为：非正式组织和对抗性谈判表明，相对宽松的社会化组织和有限行动自治空间被发展和开拓出来，这些都得益于产权支撑和社区利益推动。① 另一批学者关注业主组织治理与政府管理的关系，得出的大致结论是，业主组织承担了部分治理功能，例如，Roerup 研究了业主组织在征税、社区治安等公共事务领域发挥作用，认为业主组织辅助政府发挥提供公共服务的职能；② O'brein 等研究发现业委会在地方治理中发挥作用，逐步成为承接一部分政府公共服务的"私人政府"，并且，政府为适应业主自治发展而进行"组织改革"③。综上所述，业主组织在部分服务领域有效补充了地方政府管理，改变了政府与社会边界，甚至成为推动政府改革的契机。

第三，中产阶级理论。蔡永顺研究中国业主组织发展中中产阶级力量的表现和作用，认为"中产阶级并不具有与农民群体相似的革命性，更容易妥协"，"中产阶级由于受惠于改革较多，在业主组织发展中成为了一股有节制非激进的力量"④；Tomba 和 Kingston 认为业主阶层以中产阶级为主，更多地被整合到现有的经济社会中，能够从现有的产权中受益⑤，具有维持现有政治秩序的意图，使得业主维权的冲突具有有限性⑥，

---

① Tomba L., "Residential Space and Collective Interest Formation in Beijing's Housing Disputes", *The China Quarterly*, Vol. 1, 2005, pp. 934 – 951.
② Kasper Roerup, "Homeowners' Associations—A New Framework for Housing in Lithuania", *Facilities*, Vol. 16, No. 11, 1998, pp. 302 – 307; Jill L. Tao, Barbara C. McCabe, "Where a Hollow State Casts No Shadow: Homeowner Associations in Local Governments", *The American Review of Public Administration*, Vol. 42, No. 6, 2012, pp. 678 – 694; Barbara Coyle McCabe, "Homeowners Associations as Private Governments: What We Know, What We Don't Know, and Why It Matters", *Public Administration Review*, Vol. 7 – 8, 2011, pp. 535 – 541.
③ Sandra O'brein, Gordon Bazemore, "A New Era in Governmental Reform: Realizing Community", *Public Organization Review*, Vol. 4, 2004, pp. 205 – 219.
④ Yongshun Cai, "China's Moderate Middle Class: The Case of Homeowners' Resistance", *Asian Survey*, Vol. 5, 2005, pp. 777 – 799.
⑤ Verberg, Norine, "Homeownership and Politics: Testing the Political Incorporation Thesis", *Canadian Journal of Sociology*, Vol. 2, 2000, pp. 169 – 195.
⑥ Luigi Tomba, "Residential Space and Collective Interest Formation in Beijing's Housing Disputes", *The China Quarterly*, 2005, pp. 934 – 951.

因而，业主阶层在政治参与中是一个温和的、具有保守倾向的群体①。

第四，政治参与的视角。在政治参与方面，学者们认为"业主屡见不鲜的积怨和问题，即过渡期市场和规制不足情况下的普遍现象"成为"业主政治参与的驱动力"②，但是业主组织既能增强业主维权的行动能力③，也更容易发生游行、示威甚至超越制度框架的冲突行为④。一些学者认为在有限的行动空间里，冲突有利于业主内部形成认同感和共同体意识、强化社会团结和动员能力，业主行动因此更加积极。⑤ 还有部分学者研究业主组织参与政治行为的影响条件，Lo 对北京业委会 18 年的实践进行案例分析，认为"业主群体因党派身份而无法彻底地实现维权抗争"⑥，Read 则发现"中国的相对集权的政治体系和其他制度特点也使其行为别具一格"，正是在这样的政治环境下，不同地区的局部情况会对自治行为起到更大影响，而政治和法律在压制独立组织的同时也为维权行动创造了机会。⑦

2. 研究方法

在国外的业主组织研究中，定量分析与案例比较研究占据了研究方法的主流。

一是定量分析方法。运用定量分析的研究方法，建立理论分析模型

---

① Kingston, "Thompson and Eichar. The Politics of Homeownership", *American Politics Research*, Vol. 2, 1984, pp. 131 – 150.
② Benjamin L. Read, "Assessing Variation in Civil Society Organizations: China's Homeowner Associations in Comparative Perspective", *Comparative Political Studies*, Vol. 41, 2008, pp. 1240 – 1265.
③ Diamond, L., *Developing Democracy: Toward Consolidation*, Baltimore: Johns Hopkins University Press, 1999.
④ Yongshun Cai, "China's Moderate Middle Class: The Case of Homeowners' Resistance", *Asian Survey*, Vol. 5, 2005, pp. 777 – 799.
⑤ Tomba L., "Residential Space and Collective Interest Formation in Beijing's Housing Disputes", *The China Quarterly*, Vol. 1, 2005, pp. 934 – 951.
⑥ Kevin Lo, "Approaching Neighborhood Democracy from a Longitudinal Perspective: An Eighteen-Year Case Study of a Homeowner Association in Beijing", *Urban Studies Research*, 2013.
⑦ Benjamin L. Read, "Assessing Variation in Civil Society Organizations: China's Homeowner Associations in Comparative Perspective", *Comparative Political Studies*, Vol. 41, 2008, pp. 1240 – 1265.

来揭示变量之间的关系，是较常用的研究方法，采用这种方法的文献占了样本总体的33.3%。学者们主要通过建立分析模型来分析各类因素之间的关系和影响程度。比如，Groves利用2004年11月路易斯安那州普选、总统选举结果以及部分社区关于财产税上涨决定的投票结果，得出业主组织在投票过程中对"空间控制、人口、参与度以及最终结果"① 四个因素影响的比例，指出：业主组织成员同质性高、人口规模小、代表性强使之成为投票组织与动员交易成本大大缩小的关键因素；McKenzie对加利福尼亚州业主委员会进行"探索性分析"② 时，采用二阶段最小二乘法分析模型对郡县层面的政治影响中住宅价格、当地政府如何对业主组织成立产生影响从而影响居民对选票测量的支持。

Tao等在研究"业主委员会在替代地方政府提供公共服务"时运用"期望模型"③，在公式中为社区类型和人口变量赋不同权重代表其期望值，通过对问卷答案的分类整理验证这两个变量对公共服务提供的影响大小；Rogers用对数模型研究"市政公司定价对业主组织提供公共服务的影响"④；Laura在研究业主组织效率和负责程度对财产价值的影响时用"Hedonic 模型"⑤ 来衡量小区内业主内心的幸福感受程度；James用"权

---

① Jeremy R., "Groves. All Together Now? An Empirical Study of the Voting Behaviors of Homeowner Association Members in St. Louis County", *Review of Policy Research*, Vol. 6, 2006, pp. 1199 – 1218.

② Evan McKenzie, "Homeowner Associations and California Politics: An Exploratory Analysis", *Urban Affairs Review*, 1998, Vol. 1, No. 34, pp. 52 – 75.

③ Jill L. Tao, Barbara C. McCabe, "Where a Hollow State Casts No Shadow: Homeowner Associations in Local Governments", *The American Review of Public Administration*, Vol. 42, No. 6, 2012, pp. 678 – 694.

④ William H. Rogers, "Measuring the Price Impact of Municipal Incorporation on Homeowner Associations", *Land Economics*, Vol. 86, No. 1, 2010, pp. 91 – 116.

⑤ Laura Langbein, "Efficiency, Accountability, and Private Government: The Impact of Residential Community Associations on Residential Property Values", *Social Science Quaterly*, Vol. 85, No. 3, 2004, pp. 640 – 659.

变领导模型"① 理论分析业委会成员的实际调查,形成各个指标项结果,得出在代表制的领导风格下,业委会内部跟随者最能受到代表协商这种多元沟通和参与方式的激励,从而配合完成高效管理。

二是案例比较与个案分析方法。国外学者对业主组织的概念、功能和性质展开研究时,常用到的方法是案例比较或个案分析方法,运用这两类方法的文献占到整体文献的53.3%。

学者们在中美业主组织、中国业主组织之间的研究,较多地利用比较方法。Read 通过比较,发现美国业委会相对来说"更活跃积极,对于能够感知的入侵威胁能够灵敏地反抗,少部分核心成员会为了提高更多人的参与度而努力",中国业委会则"随着时间推移,在受到抱怨不平和冲突刺激时,政治活跃性极其高涨"②。Lo 在比较中得出,美国的开发商更愿意长久地管理业主委员会,中国开发商则倾向于逃避对业主组织的管理③,具体表现在对业主委员会成立的抵抗和反对上,甚至由于将社区多功能活动用房挪作商用,这些都导致业主群体对在治理事务方面不信任开发商。蔡永顺在比较广州和北京两地情况后得出"中产阶级是业主自治过程中的一股缺乏动力的非激进力量"④ 这一结论。Feng Wang 等学者研究"中国业主组织采用自下而上式管理",得出中国的业委会由于其对内部资金的依赖和规模的局限,更倾向于作为参与民主的组织承受压力。⑤ 对业主组织及其行动的国别研究基本以案例分析为主,这里不再

---

① James Byron Stirling II, "The Role of Leadership in Condominium and Homeowner Associations", *Journal of Leadership & Organizational Studies*, Vol. 5, No. 1, 1998, pp. 148 – 155.
② Benjamin L. Read, "Assessing Variation in Civil Society Organizations: China's Homeowner Associations in Comparative Perspective", *Comparative Political Studies*, Vol. 41, 2008, pp. 1240 – 1265.
③ Kevin Lo, "Approaching Neighborhood Democracy from a Longitudinal Perspective: An Eighteen-Year Case Study of a Homeowner Association in Beijing", *Urban Studies Research*, 2013.
④ Benjamin L. Read, "Assessing Variation in Civil Society Organizations: China's Homeowner Associations in Comparative Perspective", *Comparative Political Studies*, Vol. 41, 2008, pp. 1240 – 1265.
⑤ Feng Wang, Haitao Yin, and Zhiren Zhou, "The Adoption of Bottom-Up Governance in China's Homeowner Associations", *Management and Organization Review*, Vol. 3, 2012, pp. 559 – 583.

赘述。

三、评价与展望

通过上述分析可以窥见，国外对业主组织及其行动的研究取得了相当的进展，这里在对国内外研究进展与不足作简单评价的基础上，提出对国内业主组织研究的启示。

（一）国外研究的进展

业主组织本身是一个较为新生的现象，它的成立是以"房权及其附属权"为基础的，自一开始就背负着维护权利的使命。因而，英文学界围绕业主组织的"住房权利"和由此延伸的"社会权利"展开研究，形成了业主组织"社区内政治行为"与"社会政治行动"为重点、辅之以"业主组织治理能力因素"的研究内容，其中，对于业主组织的"社会政治行动"研究占据多数。经过30多年的发展，围绕业主组织的研究图谱已经总体成形。

与研究内容相应，国外学者们通过公民权利、国家与社会关系、中产阶级、政治参与等视角来审视业主组织及其行动，除了主要以中产阶级视角分析中国业主组织以外，其他三种视角基本上由业主权利引申而来，公民权利是基础，在主张和维护权利的过程中进而涉及国家与社会关系的调整，并且在行动中进行政治参与。这些权利的维护和伸张，对于业主自身的政治参与、国家与社会关系边界的调整，具有基础意义。

值得注意的是，从20世纪80年代以来的研究，受行为主义研究范式影响，单独讨论业主组织意义、价值和定位的文章并不多见，反而在既有的社会科学方法指引下，学者们主要在业主组织的行为上作出集中研究。个案分析、比较分析和定量分析等方法的广泛使用，使得研究整体上呈现出"实证主义"占据主流的景象。

（二）国内外研究的比较

国内对业主组织及其维权行动的研究集中出现在本世纪初，与国外同类文献相比，国内对业主组织的研究呈现出不同的特点①。

首先，在研究内容上，国内主要集中在业主（组织）维权的法理依据与维权方式、业主（组织）维权遭遇困境的原因、业主（组织）维权的性质与过程、业主（组织）维权的治理对策等四个方面，聚焦于业主维权本身，这些内容与国外业主组织的"社会政治行动"有一定切合，但并非"社会政治行动"的全部。比较而言，国内的相关研究领域相对较窄，对于业主组织的内部治理、业主组织的社区治理、业主组织对政府治理的影响等内容关注不多，凸显出将"业主组织视为一个突出的、需要治理的对象看待"的研究取向。

其次，在研究视角上，除了"国家与社会关系"这个重合的理论视角以外，国内学界还借助了"公民社会、社会运动"等视角，国外则借助了"公民权利、政治参与、中产阶级"等视角，而中产阶级这个视角又是国外学者研究中国业主组织时最常用的。可以判断的是，研究视角上的最大差异在于，国外研究更多的在"方法论"上做文章，即观察业主组织对整个治理格局的影响，而国内的研究则较多地在"本体论"上做文章，主要考察业主组织本身的行动过程和规律。

再次，在研究方法上，国外研究基本上在实证主义的框架下展开，定量研究占了很大一部分，但是国内相关研究几乎全部是定性分析，单纯的理论分析占了48.7%。研究方法上的落后，导致部分研究停留在价值意义层面的重复论述，制约了国内研究的层次和水平。

综合来看，国外的研究图景更加完整、观察视角更为系统和细致、方法更加科学规范。国外对业主组织的研究同样对我国同类研究具有启

---

① 吴晓林：《中国城市社区业主维权研究综论》，载《城市问题》，2013年第6期。

发意义。其研究内容上的"三个维度",是国内相关研究亟待开拓的;其研究方法的实证主义,更容易使人们接触到业主组织的本质和意义。

(三)未来研究的展望

1. 研究内容要"内向型研究与外向型研究"相结合

现有研究虽然深刻地把握了业主维权的阶段性特征,开辟了一些基本的研究领域。但是就全国性的业主维权运动来看,这些切入口显然是不够的。未来的研究显然需要在以下几个方面进行强化。

一是要注重业主群体内部治理与整合的研究。现有的研究大部分是将业主维权视为一种社会运动来加以考察,进行外向型的研究,关注业主维权的过程、对社会的影响等等。因而特别关注业主同资方、政府与居委会等的博弈过程,但是业主内部如何整合、业委会内部如何治理,这些事关业主维权能否成功的基础性要素被忽略在外了,也就是说业主维权已经被自然而然地抽象化为"集体行动"了,集体行动如何形成、业委会如何赢得业主信任和支持、业主如何支持业委会行动、外界如何监督业委会等关键问题,显然被研究者们忽略了。究其原因,由于业主维权的最现实目标——向外界争权益,使得业主内部关系及其博弈降低到次要的位置。但是,不论是沿海地区还是内陆地区,业委会权威性和号召力的势微、业委会自身的异化或分化、业委会自身的不作为,已经使得业主维权本身出现了新的矛头,如果解决不了这个问题,业主维权会面临更复杂的窘境。即使是法学界关注到法律欠缺对业委会的规制,但是也并没有关注到如何提升其社会整合度和内部治理水平。因而,学界除了继续进行外部研究以外,还应花更多的精力来对业主维权进行"内部性研究"。

二是外向研究要丰富化、精细化。业主维权过程的每一步,都是学术研究的深井,每一个环节都值得深入挖掘。但是,目前的研究,高度集中于"业主与房产商和物业公司的冲突",显然,这种研究取向过于局限化了,随着时代的发展,业主维权的"标的"也正在发生变化。除了同资方的冲突以外,业主同基层政府、同居委会,甚至同业委会、业主之间的利益冲突也在维权过程中全面"迸发"出来,尤其是政府这种权威性组织,在业主维权过程中究竟采取怎样的策略,会直接影响业主与房产商利益集团博弈的力量关系。此外,业主维权甚至超越了原来以小区为单位的组织形式,业主们发展了跨小区、跨地区的"业主联盟或业主联谊会",形成了各种学习机制,行动过程更具模仿性和扩散性。人们也发现,在业主维权的过程中,不但有理性行为、也有非理性行为,不但有破坏性的冲突、也有建构性的冲突,面对这些问题,研究者们务需思考:小区范围的维权运动如何向较大规模的社会冲突转化,其发生条件和机制是什么?继而,何种维权冲突是建构性的,何种维权冲突又是破坏性的不能为社会所容忍和接受?政府、社区、业委会、业主维权精英分别在冲突转化过程中发挥怎样的作用,是工具变量还是调节变量?经过冲突,能否整合业主的利益?业主的利益怎样整合到社会发展的基本取向中来、产生社区认同和社会认同?面对这些疑问,学界仍需在外向型研究中拓展研究内容、细化相关主题研究。

2. 研究方法:定性研究要深化,定量研究要及时跟进

回顾国内对业主维权的研究,定性分析包打天下。对业主维权进行全方位的理论阐释固然是研究起始的必需条件,但是,完全地进行理论推演或个案分析,就制约了业主维权作为全国性现象的理论适用性。从个案分析的取样地点来看,案例大多集中于京、沪、广等东部发达城市,不得不说,随着中西部房产市场的扩大,东部出现的业主维权冲突已经在中西部大面积蔓延,并且中西部地区自有本地区的特点。例如湖南长沙市,绝大部分的楼盘开发商规模小、实力薄弱,很多公司开发完地产之后不久就注销了公司,因而使得小区住房"养老"成为亟须解决的问题。也就是说,东部地区业主维权的原因、特征与过程,虽然在面上与东部有一致之处,但是也固有自身的特点。因而,接下来的研究,在方

法上应该两条腿走路。

一是，定性分析要有区域扩展、抓住地域特点。除了继续跟踪发达地区业主维权的现状，进行理论提炼以外，采用定性分析的研究者，还应该关注中西部地区出现的同类运动，并且回顾和研究西方城市化阶段业主维权的相关经验、做法及其规律，如果能够在不同地区个案分析的基础上，进行不同区域、不同维权形态的适当比较，得出一般性的规律，不但能够指导普遍的业主维权治理，还能够转化业主维权的积极因素，为社会政治的进一步发展提供理论指引。

二是，要及时引入定量分析方法，进行全国性或区域性的面上研究。目前国内对业主维权的分析"思辨有余、个案深刻但是抽象不足"，因而常常使研究处于"一篇文章一个故事、一个研究一个结论"的状态，在抓取面上普遍特性和规律的工作上，缺乏准确性。未来的研究，势必要引入相应的定量分析，在一定量样本的基础上，进行社会统计进而推广到所研究的总体，如果能够以此拓展到中东西部地区，进行区域发展差异与业主维权特点的相关性研究、概括出全国业主维权的共同规律、考察激发业主维权冲突的普遍因素、确定业主维权的因果关系，对于解决实际问题、推动理论发展，是十分有益的。

3. 研究视角：引入社会冲突和社会整合的视角

业主维权大多情况下被视为一种"社会抗争"或"社会运动"，因而，许多学者在剖析这个问题时更愿意引用社会运动的理论，这样就使得业主维权本身局限于"本体论"层面，即过多地关心业主维权成功与否的条件与机制。尽管有学者关注到业主维权运动对社会政治发展的影响，但是基本上从属于"理论预期"的建构层面，无法从实际中获得必要的支撑。实际上，业主维权确实能够对社会政治的发展带来新鲜的要素，如果能够更多地从"方法论"层面关注这个主题，应该能够提升这个研究的理论水平。

须得明白，业主维权始于业主与其他主体的冲突，并且在维权过程中又会衍生出其他类型的冲突，这些冲突最终是不断升级冲击社会基本秩序，还是得以有效缓解进而创建相关规则、保障业主权利？在实践中，有诸多的案例可供详细观察，尤其是冲突向制度的良性转化或者冲突本身的扩大，很大程度上反映了不同行动主体的建构作用。业主维权产生的冲突究竟向哪个方向发展，有赖于所处的环境和采取的治理手段。因而，引入社会冲突的视角，而非仅仅关注业主维权"社会运动"的截面，更有利于了解业主维权的全过程。在此视角下，研究业主维权的冲突来源、不同冲突对象和博弈关系、不同诉求，观察冲突的演变与升级、化解与激化，是可以尝试延伸的研究方向。

"分化—冲突—整合—发展"是以利益分化为起始点逐步推动政治社会发展的一个基本规律。业主维权的出现反映的是有房阶层与资方、部分官员阶层的利益分化与冲突。如上所述，房产买卖是市场行为，但期间围绕权利保护产生的冲突大多需要政府出面协调和化解。理论上来看，应对这些冲突的政府单位和人员须是超然的，他们如何面对这些冲突，如何应用政治化策略，是决定业主维权能否成功的关键因素。问题是，政府是将每个维权的行动当成个案来处理，还是当成普遍性的现象进行会诊，进而从制度上解决问题，更或者延伸至用法律和制度保障业主的权利，启动"赋权"或"扩权"的程序，事关公民权利的落实，也事关政治发展的进程。不可忽视的是，将不断出现的业主冲突整合到体制内的框架，发挥建构性的作用，而非激化其走向反面，这是社会的期待，也是理论界尚需加强的研究环节。

第四节　研究方法

本书将采取定量分析与定性分析相结合的方法展开研究，主要采用问卷调查、个案分析和比较分析等具体方法。

一、问卷调查

从资料的收集技术来看，为了保障定量研究的严谨性，本研究主要采取问卷调查的方式展开系统分析，并在抽样与问卷设计方面力求保障资料的代表性。从具体的问卷调查技术来看，自填式问卷虽然有助于保障被调查者隐私，且操作性较强，但是为了提升问题回应的准确性，本研究主要采取面对面的结构性访谈方式开始实际调查。在结构性访谈过程中，研究者根据预设问卷对被调查者的意见进行详细记录，对不清晰的答案进行适当的追问，并根据所记录的数据和文字进行编码。在抽样过程中，主要采取多段抽样等概率抽样方式对研究对象进行选取，对于不同城市、辖区、社区进行多阶段的系统抽样，并最终联系到被访者；在被访者家庭成员的选择中，本研究主要采取户内抽样的方式来进行。具体而言，本研究根据社会经济水平，对城市人口超百万的省会和沿海城市进行编码，按东中西部各随机取三个城市的方法，随机抽出东部的上海、厦门、深圳三市，中部的长沙、武汉、太原三市，西部的成都、重庆、昆明三市作为调研城市，并在此基础上对城市内部的富裕、中等和一般社区进行实际抽取。

在资料的分析过程中，本研究主要使用专业的统计分析软件SPSS 19.0对问卷进行量化处理，创建"东部、中部、西部、全国"四个SPSS数据文件，并综合运用描述性统计、均值分析、相关分析和回归分析进行深入讨论。其中，描述性统计主要为了直观反映出不同类型群体对于业主维权的差异性观点，并着力通过百分比的形式考察其态度与行为的差异；均值分析则主要求取不同群体之间的差异值及其群体差异显著性，着力反映不同群体的分化状态；相关分析的讨论重点在于探讨不同因素对于业主维权态度的单变量影响；回归分析模型则主要针对多变量的影响显著度及其内部之间的共线性关系进行讨论。同时，研究还利用量化的图表信息直观地反映问题，量化的图表信息为描述物业纠纷和业主维权的现状、分析维权困境的原因和探索治理策略打下较为科学的基础。

二、个案分析

本研究在九个大中城市都进行了结构式访问，访问员按照结构式访谈提纲，调查实践中业主集体维权所面临的困难。访谈对象涉及业主、物业公司、房管部门等，访谈对象超过百人。访谈的重点内容有业主集体维权的自组织情况、业委会成立的主要阻碍因素、房产商和物业的阻挠、政府的支持程度。访问结束后，访问员将访谈记录整理成访谈报告和案例。本书对于业主委员自治、业主维权冲突等进行了较为深入的案例解析。

三、比较分析

本书比较了东中西部不同城市之间业主冲突、业主维权运动的不同特点，特别是比较分析不同小区之间业主委员会运作的情况。通过截取相同变量的截面研究，对不同城市在面对业主维权冲突时采取的整合机制进行比较研究，进而分析业主不同整合度对冲突治理的影响作用。进行不同区域的比较研究，在大规模调研的基础上，对业主与物业公司的"一阶冲突"，以及由此衍生的"二阶冲突"（业主群体与居委会、街道办和政府部门的外溢性冲突）进行类型学分析，比较不同地区物业管理问题、业主维权类型冲突的程度；考察人口结构、阶层结构、政府行为等，对业主维权冲突产生、控制、化解与整合的不同影响。

第二章

分析框架的引入:"冲突—整合"

业主维权是社区领域内较为常见的冲突类型,如何对待这种冲突,是将其视为稳定的反面予以压制,还是客观理性地看待它,透过良好的机制将业主组织整合到统一的中心框架,在体制内消解冲突,关系着社会的和谐稳定,也可能影响着城市治理的秩序。

第一节 社会冲突的视角

在"稳定压倒一切"的特殊语境下,冲突长期被视为社会稳定的反面避而不谈。到了20世纪90年代特别是90年代后半期,国内对社会冲突的研究逐渐增多。但是纵观1991—2000年的研究,学界对于这个主题还大多处于引介西方理论、对社会冲突进行理论梳理的阶段。这个时期,研究者们要么是从西方视角切入,对社会冲突进行总体的、形而上的分析,要么结合国内实际,将其视为一个需要正视和预防的对象。李强在1995年发表的文章中就指出,有必要增强了解、理解与沟通,"避免社会冲突的发生"[①]。

国内对社会冲突本土化研究的尝试,是2000年以后的事情。一个可

---

① 李强:《关于城市农民工的情绪倾向及社会冲突问题》,载《社会学研究》,1995年第4期。

喜的现象是，在前期西方社会冲突理论的浸润下，中国学者在本土化研究开始喷发之际就接受和运用了辩证思维，"既看到社会冲突的破坏性又看到其积极性"①。

此外，人们对社会冲突的正功能的看法有了进一步的升级。除了看到冲突对群体内部整合的"狭义积极性"之外，人们还发现了它能够"增加社会结构的灵活性，激活权利补足体系；促进群体与社会系统的协调与整合，固化权利体系"②的"广义积极性"。

对于社会冲突的辩证认识，还得到了"条件论"的支持。学界开始认识到"社会冲突发挥何种功能，有赖于其所处的环境和采取的处理手段"③，并且认为虽然要认识到社会冲突的积极功能，但是"并不意味着这一类冲突就可以不加限制，越多越好"④，这些论断的提出，再次升华了研究的辩证程度。

业主维权是一种较为常见的社会冲突类型，在实践过程中，这种冲突本来大多是局限于社区领域内的、以业主与市场组织利益矛盾为核心的冲突类型，但是，如果受到其他因素的影响或制约，这种本来应该发生在社区领域的"一阶冲突"很容易突破社区界限，转化为"二阶冲突"。其中最关键的影响变量是，在市场与社会（公民）的博弈中，政府出于一种怎样的立场，执行怎样的政策。

有学者已经分析了"政府调节利益分配是社会冲突是否发生、能否激化的重要因素"。有学者总结了政府调节失灵的三大表现"民生建设步伐的滞后、群众利益诉求渠道不通畅、基层政府对群众权益的漠视"⑤，

---

① 毕天云：《社会冲突的双重功能》，载《思想战线》，2001年第2期。
② 李卓：《权利的社会本原——在社会冲突与社会合作的视野下》，载《法制与社会发展》，2006年第2期。
③ 胡联合、胡鞍钢：《辩证理性地看待社会矛盾与冲突》，载《中国社会科学院报》，2009年4月14日。
④ 贾高建：《社会转型与社会冲突》，载《中共中央党校学报》，2005年第4期。
⑤ 杨淑琴：《社区冲突：理论研究与案例分析》，上海三联书店2014年版。

并直言其是社会冲突的重要原因。丁元竹的一份报告也表明,由于失业和缺乏基本的社会保障而导致越来越多的不满情绪,尤其是越来越多的农民工在城里缺乏基本的社会保障和公共服务,以及缺乏正常的权利保障①,成为威胁城市社会稳定的潜在原因。袁东振在对拉美国家进行考察之后,也得出这样的启示,社保制度、教育制度、公共社会开支、税收制度的设计缺陷,不利于消除各阶层的利益冲突。② 由此可见,调节失灵可能不会直接引发社会冲突,却无益于降低社会压力、缓解社会冲突。

利益分配对化解社会冲突,维护稳定具有不可替代的重要性。刘勇的提法大致能概括我国学者对"政府调节分配"的重视,他认为政府要做两个方面的工作:"一是要合理划分效率与公平的边界;二是要以'公益人'的身份匡正市场的缺失和不足,让社会全体成员共享改革成果,实现社会的公平正义。"③ 有学者从伦理学的角度切入,指出政府必须实现道德化,才能"有效面对日益扩大的社会冲突"④。还有学者分别从"源头治理"和"事后应对"两个角度,分析了政府应对冲突的策略。胡联合和胡鞍钢提出要坚持从源头上尽可能地减少人们的挫折感和不满情绪,给群众"依法进行利益表达、表达不满的权利,改善人民生活"⑤,沈德理则强调应建立"顾客导向"政府,"强化政府的社会服务功能"。对于社会冲突发生后的治理之术,是目前学者们着墨较多的内容。学者们批评事后应急性的"救火式"处理方式⑥,认为应该采用疏导的方式⑦,要

---

① 丁元竹:《2010年:中国的三种可能前景——对98名政府和非政府专家的调查与咨询》,载《战略与管理》,2004年第4期。
② 袁东振:《对拉美国家社会冲突的初步分析》,载《拉丁美洲研究》,2005年第6期。
③ 刘勇:《社会冲突视阈下的稳定机制构建》,载《求实》,2010年第4期。
④ 张康之:《在政府的道德化中防止社会冲突》,载《中国人民大学学报》,2002年第1期。
⑤ 胡联合、胡鞍钢:《冲突的社会功能与群体性冲突事件的制度化治理》,载《探索》,2011年第4期。
⑥ 胡鞍钢、王磊:《转型期社会冲突事件处理的瓶颈因素与应对策略》,载《河北学刊》,2007年第3期。
⑦ 张卫:《当代西方社会冲突理论的形成及发展》,载《世界经济与政治论坛》,2007年第5期。

求政府对社会冲突有足够的应对能力和巧妙艺术,"避免反应过度、善于把政治问题非政治化处理"。

同样,对于城市社区业主维权这种冲突究竟为何发生,政府的调节作用又是如何影响了这种冲突的发生、转化或者终结,尤其需要进一步研究。

第二节 社会整合的视角

业主群体是伴随房权改革后诞生的、以房屋产权为核心的阶层。能否很好地容纳和整合这个阶层,维护好其合法权益,既促使业主组织合理地承担起为业主维权和服务的功能,又使其运行于体制轨道,服务于政治社会稳定和发展,可能是业主维权下一步走向的另一个因素。对于业主阶层而言,既有内部社会整合的问题,也面临外部政治体系对其整合的问题,前者关系冲突治理能否成功,后者关系冲突转化的制变化与社会稳定。

一、社会整合的概念

社会整合是一个多维现象。最初提出社会整合概念的社会学奠基人涂尔干,将之理解为"社会团结",他更多是从混乱(Anomie)、利己主义(egoism)、缺乏合作、强迫性劳动分工、自杀等等"非整合"现象入手,进行研究。① 自这个研究主题提出以来,关于社会整合的概念界定意见纷纭、定义各异。曾任联合国社会发展研究所副所长的阿尔卡塔拉(Cynthia Hewitt de Alcantara)女士就戏言道,人们"将被整合的主题视

---

① Durkheim (1893), *The Division of Labor in Society*, New York: Free Press edition, 1933, pp. 353 – 410; Durkheim, *Suicide*, New York: Free Press edition, 1951, pp. 145 – 240.

为真空,可以随意改造"①。从20世纪90年代以来的外文文献可以归纳出,对于"社会整合"的理解,至少存在着两组"对应性"的概念界定。

一是"社会整合/系统整合",前者从一种"内在者论"(internalist)视角出发,将社会整合理解为"行为者和参与者们在行进途中的方向调整"的过程;后者则从一种"外在者论"(externalist)视角出发,将社会整合从更宏观的角度理解为"维持社会系统运行"的过程。② 前者以个人为分析中心,强调"作为自身存在的意义",后者以社会整体为研究对象强调"作为系统存在的意义"。

二是"结构性整合/社会心理整合",结构性整合一般被理解为个体与个体之间的互相联合或对群体的具体参与(involvement)。它既包括角色的数量和类型,也包括个体所拥有的关系的数量。社会心理整合或情绪整合则更指向于个人内心世界,被理解为"内省的社会经验和内心连通的感知深度"③。前者强调客观世界的联系,后者强调主观世界的协调。如果从学科分别来看,后者更该是社会心理学的研究范畴。

伴随社会学理论的更新,对于社会整合的理解也随之得以发展。在20世纪70年代发展起来的"社会支持理论"和"社会资本理论"的基础上,很多学者直接将社会整合视为从社会关系中获得的支持④,或者定义为个人获取的"社会资本"⑤。但是对其本身的概念界定,并没有实质

---

① Cynthia Hewitt de Alcántara, "Social Integration: Approaches and Issues", *Development in Practice*, Vol. 5, No. 1, Feb. 1995, pp. 61 – 63.
② Nicos Mouzelis, "Social and System Integration: Habermas' View", *The British Journal of Sociology*, Vol. 43, No. 2, Jun. 1992, pp. 267 – 288.
③ Moen, P., Dempster-McClain, D., & Williams, R. M., Jr., "Social Integration and Longevity: An Event-history of Women's Roles and Resilience", *American Sociological Review*, Vol. 54, 1989, pp. 635 – 647; Scott M. Myers, "Childhood Migration and Social Integration in Adulthood", *Journal of Marriage and Family*, Vol. 61, No. 3, Aug. 1999, pp. 774 – 789.
④ Thoits, P. A., "Stress, Coping, and Social Support Processes: Where Are We? What Next?", *Journal of Health and Social Behavior* (Extra Issue), 1995, pp. 53 – 79.
⑤ Susan A. McDowell, "The Home Schooling Mother-Teacher: Toward a Theory of Social Integration", *Peabody Journal of Education*, Vol. 75, No. 1/2, 2000, p. 203.

发展，学界仍然较多地使用传统定义与内涵。

　　分化与整合辩证统一在社会发展的过程中。首先，有分化就有整合，分化就是整合的基础。涂尔干就认为"社会分化提出了使社会整合成为可能的文化意义或功能原则的建立问题"①，现代冲突论思想家科塞（L. Coser），也从冲突的角度分析了分化对整合的促进作用，他认为由分化带来的"一定程度的冲突是群体形成和群体生活持续的基本要素"，"我们或他们、我们或他们群体只有在冲突或通过冲突才能形成"②。其次，要应对分化带来的矛盾与冲突，需要一定的社会整合。现代化进程中的社会分化，促使人们逐渐从传统的角色集合体分离开来，形成既相互独立、又相互依赖，甚至互相冲突的社会角色。而社会整合，正好可以发挥其功能，通过协调各种身份角色的关系，优化组合社会结构，促使个人适应社会变迁、维护社会稳定。当然，通过公平赋予公民权利法则和反对歧视等社会整合的手段不但能带来客观的公平，也会提高经济效益。③

　　社会整合虽然被认为服务于个体和社会的稳定与和谐，但是也存在一定的限度，程度过高的社会整合对社会发展具有严重的危害。理由在于：第一，可能会造成个体社会整合与系统整合之间失衡，最终导致系统整合失败，威胁社会秩序，在卢曼看来，现代社会的个人主义会导致要求的个人主义，并进一步造成"要求的通货膨胀"，系统自身在不停地激励着个人对次系统不断地优化自己的绩效提出希望和要求④，而为了满

---

① 〔法〕马尔图切利：《现代性社会学——二十世纪的历程》，姜志辉译，凤凰出版集团、译林出版社2007年版，第18页。
② 〔美〕L. 科塞：《社会冲突的功能》，孙立平等译，华夏出版社1989年版，第16、19页。
③ Frederickson, G. M., "Models of American Ethnic Relations: A Historical Perspective", in D. A. Prentice and D. T. Miller (eds.), *Cultural Divides: Understanding and Overcoming Group Conflict*, New York: Russell Sage Foundation, 1999, pp. 23–34.
④ Luhmann, Niklas, "Anspruchsinflation im Krankheitssystem", in P. Herder-Dorneich/A. Schulter (Hg.), *Die Anspruchsspirale*, Stuttgart: Kohlhammer, 1983, p. 29.

足个人无止境的要求，系统就须不停地超负荷地满足这些要求①。这样，为了满足个人的社会整合，就可能危及到社会的系统整合；② 第二，过度社会整合，在促成强力合作、社会控制与服从的同时，又可能因为强烈的内部团结引发对外部的敌意（animosity），导致仇外心理（xenophobia）或更糟糕的极端情况的出现。这种社会整合可能会从通过包容形成认同的情感（甄别出异己者）发展到冷漠、排斥（ostracism）进而演化为暴力；③ 第三，过度的社会整合可能泯灭社会多样性、破坏社会发展活力，"社会总是在流动、分化、竞争；人们总是通过逃离和动员来强化之"④，这样，增强的社会整合就会带来"不需要的强加的统一"⑤，破坏自然的分化、消解社会发展的动力。

二、社会整合的实现机制

无论是要达成个人对社会的适应，还是维持社会的和谐，都需要一定的实现机制。关于如何实现社会整合，国外的研究也一直存在着多元的解释。其中得到学术共鸣的，主要有六种（见表2-1）。

---

① Schimank, Uwe: "Oekologische Gefaehrdungen, Anspruchsinflationenund Exklusionsverkettungen—Niklas Luhmanns Beobachtung der Folgeprobleme funktionaler Differenzierung", in Ders. /Ute Volkmann (Hg.): *Soziologische Gesellschaftsdiagnosen I*, Opladen/Wiesbaden: Leske Budrich, 2000, p. 133.

② 转引自：周志家：《社会系统与社会和谐——卢曼社会系统理论的整合观探析》，见《中国现代化研究论坛论文集》，2006年第四期，或参见厦门大学社会学系网站：http://soc.xmu.edu.cn/ShowKXYJDetail.asp? id=74。

③ Steven Dijkstra, Karin Geuijen & Arie Deruiter, "Multiculturalism and Social Integration in Europe", *International Political Science Review*, Vol. 22, No. 1, 2001, p. 56.

④ Kalb, D., "The Ghost of Milton Friedman: Dissident Remarks on the New Social Orthodoxy", unpublished paper, 1997, p. 5.

⑤ Cynthia Hewitt de Alcántara, "Social Integration: Approaches and Issues", *Source: Development in Practice*, Vol. 5, No. 1, Feb. 1995, p. 61.

表 2-1 社会整合的实现机制

社会整合的机制类型	作用机理
沟通交往机制	沟通交往→提升共同情感
规则整合机制	道德法制→产生社会约束
利益整合机制	利益分配→增强社会吸引
交换整合机制	互相交换→提升社会支持
参与整合机制	社会参与→加强社会联系
社会控制机制	社会控制→提高社会服从

一是沟通交往机制。哈贝马斯注意到，现代社会的各个系统之间的"自为逻辑"越来越被强势媒介所僭越，例如金钱和权力已经溢出经济系统和政治系统，操纵了社会整合的媒介，由此导致人类尊严和自由的丧失。只有在"基于交往理性的主体间商谈和人际沟通可以达成共识，进而可在多元互动的基础上形成新的同一性"[①]。自哈贝马斯提出沟通交往理论之后，这种社会整合机制的研究越来越多。有学者的研究就表明："如果社会交往缺乏的话，破坏性力量就会增长。"[②] 大量的文章将社会整合测量为社会交往能力，认为社会交往有利于提升社会归属感和社会整合度。[③]

二是规则整合机制。涂尔干是非契约性规则整合机制的倡导人，他将传统文化、宗教、教育等规则视为社会整合的重要机制。在他之后，很多学者也加入支持者的阵营。他们主张"能够在我们文化中产生各种功能性团结、一致和整合的社会变化，将会减少个人的和社会的冲突以

[①] 〔德〕于尔根·哈贝马斯：《后形而上学思想》，曹卫东、付德根译，译林出版社 2001 年版，第 137—169 页。

[②] Eldon E. Snyder, "A Study in the Development of Social Integration in a New Social Group", *Journal of Educational Sociology*, Vol. 36, No. 4, Dec. 1962, p. 163.

[③] Segal S, Aviram V., *The Mentally Ill in Community-Based Sheltered Care and Social Integration*, New York: Wiley, 1978, p. 33; Aubry T, Myner J., "Community Integration: A Comparison of Persons with Psychiatric Disabilities in Housing Programs and Community Residents Who Are Neighbours", *Can. J. Commun. Ment. Health*, Vol. 15, 1996, pp. 5 – 20.

及解体"①,甚至认为"整合指的就是在文化上与环境内在一致、协调和和谐的图景"②。道德整合主义者认为:"如果人们的角色被神圣的传统合法化而具有高尚的道德时,他们仍然能形成凝聚的群体。"③ 通过宗教、共同情感、教育实现整合的研究就不胜枚举了。与涂尔干主义不同,一些研究者开始重视契约的整合作用,吉登斯就是其中的一位,他从时间与空间的分离、组合来解释社会整合,实际上指出社会的整合就是"考察现代制度是怎样'适应于'时间和空间的"④。通过赋予平等公民权和制度扩散(institutional dispersion)⑤ 实现个体对主要空间的参与,也是一些学者推崇的整合机制。

  三是利益整合机制。关于利益整合机制的探讨虽然不多,却是一种不言而喻的机制。它几乎被用来作为实现整合的一种前提条件,例如在探讨家庭整合问题时候,有学者就认为"家庭作为一个单位,要在考虑到个体成员利益基础上达成共同目标"⑥;研究印度社会整合的学者主张"经济的和政治制度、过程整合到新社会的愿景中来"⑦;研究工会整合功能的学者将"提供工资和经济安全"作为工会的第一位功能⑧;研究移民问题的学者发现,一些移民"为了将来的经济利益放弃族群认同,转而

---

① Benjamin Gregg, *Thick Moralities, Thin Politics: Social Integration Across Communities of Belief*, Durham, NC: Duke University Press, 2003.
② R. Linton, "Cultural and Personality Factors Affecting Economic Growth", B. F. Hostelitz (ed.), in *The Progress of Underdeveloped Areas*, University of Chicago Press, 1952, p. 86.
③ Asghar Fathi, "Expressive Behavior and Social Integration in Small Groups: A Comparative Analysis", *The Pacific Sociological Review*, Vol. 11, No. 1, Spring 1968, pp. 29–37.
④ Giddens, Anthony, *The Consequences of Modernity*, Cambridge: Polity Press, 1990, pp. 10–13.
⑤ Anna Veglery, "Differential Social Integration among First Generation Greeks in New York", *International Migration Review*, Vol. 22, No. 4, Winter 1988, pp. 627–657.
⑥ Eugene A., "Wilkening, Changing Farm Technology as Related to Familism, Family Decision Making, and Family Integration", *American Sociological Review*, Vol. 19, Feb. 1954, pp. 29–37.
⑦ P. C. Joshi, "Role of Culture in Social Transformation and National Integration", *Economic and Political Weekly*, Vol. 21, No. 28, Jul. 12, 1986, pp. 1224–1232.
⑧ William H. Form and H. Kirk Dansereau, "Union Member Orientations and Patterns of Social Integration", *Industrial and Labor Relations Review*, Vol. 11, No. 1, Oct. 1957, pp. 3–12.

整合进西班牙社会"①。有学者认为社会整合不单单来源于获得平等公民权这么简单,特别最重要的部分就是大众化生产满足人们共同需求。社会整合从情感氛围和爱国情操,蔓延到物质享受。②

四是交换整合机制。由于人生存在社会中,如果要被社会成员接受,就必须满足社会的要求与期待、遵守所处环境的规范,因此人的再生产总是存在于具体世界中的历史个体的再生产。③ 这其实反映了一个相互交换的过程,即:整合发生在这样的条件下,交往中的角色将交往手段视为对自己的一种奖赏(rewarding)。研究表明,人们将组织视为为他们提供保障、安全、身份和威望并以他们的忠诚和风险为回报。④ 就个人之间的关系而言,一个能够为其他人提供有价值的服务的社会成员,能够促使(force)他们放弃防御倾向,换取个人权威。当他为群体成员达到了重要目标,别人就会自觉为其效劳。⑤ 这样整合就成了个人忠诚与组织保障或个体支持之间的交换,交换也因而成为社会整合的一种重要渠道。

五是社会参与机制。艾森斯塔德(S. N. Eisenstadt)认为社会整合就是(移民)个体对接受社会的主要空间的联系和参与⑥,换言之,加强与所处社会的联系和参与是社会整合的机制。"个体对集体的各个方面的具

---

① Herbert S. Klein, "The Social and Economic Integration of Portuguese Immigrants in Brazil in the Late Nineteenth and Twentieth Centuries", *Journal of Latin American Studies*, Vol. 23, No. 2, May 1991, pp. 309 – 337.
② Barbalet, J. M., *Citizenship: Rights Struggle and Class Inequality*, Milton Keynes: Open University Press, 1988, pp. 90 – 91.
③ 〔匈〕海勒(Agnes Heller),《日常生活》,衣俊卿译,重庆出版社1990年版,英文版序言,第4页。
④ Daniel Druckman, "Nationalism, Patriotism, and Group Loyalty: A Social Psychological Perspective", *Mershon International Studies Review*, Vol. 38, No. 1, Apr. 1994, pp. 43 – 68.
⑤ Peter M. Blau, "A Theory of Social Integration", *The American Journal of Sociology*, Vol. 65, No. 6, May 1960, pp. 545 – 556.
⑥ Eisenstadt, S. N., *The Absorption of Immigrants*, London: Routledge and Kegan Paul, 1954, p. 13.

体参与"①，其角色越多，表明社会整合和社会联系度越高。一个有趣的研究是，已婚人士被鼓励关注家庭，因而对其他社会的参与就会减少，从而减弱了社会整合②，除了加强社会联系以外，"人们通过在志愿组织寻求与他人的常规化的、固定的加盟联合，从而形成对过度流动性社会结构的一种防御机制"③。

六是社会控制机制。社会控制是应对社会过度分化或流动过快的一种机制，"它通过对社会资源支出的控制，促进社会成员充分发挥其角色"④，因而有利于实现社会整合的目标。从反面来说，"基于科学规划基础上的理性和控制会将社会摩擦降至最低"⑤。总之，合理的社会控制在形成社会服从和减低社会冲突上发挥重要功效。

上述六种机制是目前研究中较多出现的机制，除此以外，还有其他在特定领域和时间发挥整合作用的机制。对于城市社区业主群体及其行动而言，既有内部社会整合的问题，意即业主群体特别是业主委员会组织能否很好地利用上述六种工具进行内部整合，达到业主之间的"团结、适应、忠诚、认同"⑥ 的效果，这是实现业主自治的基础，也有外部整合的问题，主要是"政治上占优势地位的主体，能否将其有效纳入统一的

---

① Phyllis Moen, Donna Dempster-McClain, Robin M. Williams, Jr., "Social Integration and Longevity: An Event History Analysis of Women's Roles and Resilience", *American Sociological Review*, Vol. 54, No. 4, Aug. 1989, pp. 635 – 647.
② Naomi Gerstel, "Divorce, Gender, and Social Integration ", *Gender and Society*, Special Issue to Honor Jessie Bernard, Vol. 2, No. 3, Sep. 1988, pp. 343 – 367.
③ Kluckhohn, Clyde and Florence, "American Culture: Generalized Orientations and Class Patterns", *Conflicts of Power in Modern Culture*, Bryson, L., Finkelstein and MacIver. (Eds.) N. Y.: Harper, 1947, p. 249.
④ Edward W. Haurek and John P. Clark, "Variants of Integration of Social Control Agencies", *Social Problems*, Vol. 15, No. 1, Summer 1967, pp. 46 – 60.
⑤ Read Bain, "Cultural Integration and Social Conflict", *The American Journal of Sociology*, Vol. 44, No. 4, Jan. 1939, pp. 499 – 509.
⑥ 吴晓林：《社会整合理论的起源与发展：国外研究的考察》，载《国外理论动态》，2013 年第 2 期。

中心框架，化解社会冲突和促进社会稳定，并以此为契机促进政治发展"①。前者不言而喻，后者则取决于政府政治体系对业主阶层及其行为的态度与政策选择。

第三节 基于"冲突—整合"逻辑的问卷调查设计

冲突论者认为没有组织内部的整合就无所谓与其他实体的冲突，同时外部压力的介入，一定程度上维护和促进了组织内部的团结。从"冲突与整合"的关系来看，冲突可能促进群体内部的团结与整合。业主整合同时可能推进其对外在主体施加压力，进而推动冲突问题的解决；同时，如果政府等占优势地位的政治主体，无力对业主组织实施整合，甚至排斥业主组织，则极有可能将其推向对立面，进而激化社会冲突。基于上述视角，本文设计相应的问题，作出一系列假设，并且设计出相应的调查问卷。

一、研究假设

根据已有研究基础，这里作出以下三大假设：

- 假设一："业主自身情况"与"其参与维权冲突行动"存在相关性
  本研究提出的第一个假设为"业主自身情况会显著影响其维权行动的支持度"。其中自变量为"业主自身情况"，因变量为"维权行动的支持度"。其中，本研究将自变量定义为以下五个指标：（1）业主性别；（2）业主文化程度；（3）业主阶层地位；（4）业主所居住的小区档次；

---

① 吴晓林：《现代化进程中的阶层分化与政治整合》，天津人民出版社2012年版，第33页。

(5) 业主是否有遭遇过物业冲突。因变量主要包括以下五个指标：(1) 业主是否是业委会成员或业主活动积极分子；(2) 业主对业委会工作能力的满意程度；(3) 业主对于各类维权冲突程度的认识；(4) 业主对于各类冲突激化的可能性的预期；(5) 业主因物业纠纷而参加体制外行动（上访游行）的态度。研究希望通过相关分析和回归分析来探讨自变量及其自变量与各个因变量之间的内在联系。

● **假设二：业主社会整合同冲突治理之间存在互动关系**

本研究提出的第二个假设为"业主整合状况会显著影响其维权行动的参与度"。其中自变量为"业主整合状况"，因变量为"维权行动的参与"。其中，本研究将自变量设计为以下两个指标：(1) 业主的社会整合程度；(2) 政府对业主整合程度的调节。同时，因变量主要为五个子指标，分别为：(1) 街道办或上级政府部门对业委会或业主集体维权的支持程度；(2) 业主同街道办或政府部门的冲突程度；(3) 业主同街道办或政府部门冲突的激化的可能性；(4) 业主选择"个人向政府部门投诉"进行维权的比例；(5) 业主维权过程中对政府的作用的评价。研究希望通过业主整合状况与维权冲突行为的相关关系来探讨，业主群体同其他主体之间的互动逻辑。

● **假设三：业主群体集合程度与整合工具之间存在关联性**

本研究提出的第三个假设为"业主整合机制会影响其整合程度"。其中自变量为"业主整合机制"，因变量为"业主群体整合度"。其中，自变量主要表现为以下自变量：(1) 业主对"是否有必要成立业委会"的看法；(2) 业主组织实施社会整合的六个机制。因变量的测量结果则主要依据以下四个指标：(1) 互相团结；(2) 适应共同规则；(3) 互相忠诚；(4) 有归属感。研究希望从面上把握全国城市社区业主组织的覆盖面、成立和运作情况，把握业主组织社会整合程度与整合工具之间的关系。

二、问卷设计

根据假设,业主阶层的分化,可能会产生业主维权(社会冲突)的变化。因而特别重视业主阶层地位对业主维权的影响,这里涉及了业主职业阶层的自变量,根据既往的研究,这里应用了李培林等对中国社会阶层的划分,将业主阶层分为八个阶层[①](表2-2)。需要说明的是,因为大多超过60岁的业主是退休阶层,他们无法归类于这些基层,因而本研究将60岁以上的业主排除在分析之外。同样属于自变量的指标还包括:业主住房所在的小区的档次、业主住房房款情况、业主每月还贷的压力、业主家庭人均住房面积和在小区居住的时间等等。

表2-2 业主阶层分布

代码	工作类别	说明
1	下岗、失业、待业人员、享受政府救济的贫困人员	
2	体力劳动工人、农民工、保姆等	
3	半技术半体力劳动工人、售货员、列车员,以及其他各类服务人员等	
4	技术工人、个体户或自我雇佣人员(自由职业者)	
5	党政机关和社会团体一般工作人员、一般技术人员、小雇主、小饭馆老板、小杂货店老板、企业一般管理人员、体力劳动者的主管、秘书、中小学教师等	
6	中下级政府官员或其他有行政级别的管理人员、高级技术人员、经理、项目主管人员、技术人员的主管、拥有较少雇工的私营企业主、较小企业的董事、大学教师、主治医生、包工头等	"中下级"为处级和科级党政干部。
7	高级政府官员或其他高级管理人员、大企业的董事(长)、拥有较多雇工的私营企业主、著名注册会计师、著名律师、演员、节目主持人、歌星等	"高级"为政府中的司局级干部以上等

---

① 参见:李培林、张翼、赵延东、梁栋:《社会冲突与阶级意识》,社会科学文献出版社2005年版,第54页。

关于业主组织能否承担对业主的整合能力，很好地服务于业主，这里设计了两个对应的指标框，一个是衡量社会整合程度（表2-3），一个衡量社会整合工具的有效性（表2-4），其中后者是前者的因变量。

表2-3 业主之间的整合程度

项目	不同意	比较不同意	一般	比较同意	非常同意
1. 业主感情融洽、互相团结	1	2	3	4	5
2. 业主适应业委会共同规则	1	2	3	4	5
3. 业主之间互相熟知和互相帮助（忠诚）	1	2	3	4	5
4. 业主满意业委会的工作，有归属感（认同）	1	2	3	4	5

表2-4 业主之间的整合机制

项目	不同意	比较不同意	一般	比较同意	非常同意
1. 业委会能与业主经常沟通、公开信息	1	2	3	4	5
2. 您经常参加业主集体活动和重大事件决议等	1	2	3	4	5
3. 业委会规则制度较为完善	1	2	3	4	5
4. 业委会能够理性引导和组织业主	1	2	3	4	5
5. 业委会能够帮助业主维权	1	2	3	4	5
6. 业主的建议、意见和困难总能得到业委会及时回应	1	2	3	4	5

关于业主维权冲突，本研究设计了冲突类型、冲突严重程度、冲突激化可能等因变量，作为整合程度、业主阶层等自变量的影响结果。主要的指标框设计如下：

表 2-5　冲突严重类型与程度

项目	无冲突	冲突不大	一般冲突	比较大冲突	很大
1. 业主同街道办及上级政府部门	1	2	3	4	5
2. 业主同开发商	1	2	3	4	5
3. 业主同物业公司	1	2	3	4	5
4. 业主同居委会	1	2	3	4	5
5. 业主同业委会或业主之间	1	2	3	4	5

表 2-6　冲突激化的可能

项目	绝对不可能	不大可能	有些可能	比较大可能	很大可能
1. 业主同街道办及上级政府部门	1	2	3	4	5
2. 业主同开发商	1	2	3	4	5
3. 业主同物业公司	1	2	3	4	5
4. 业主同居委会	1	2	3	4	5
5. 业主同业委会或业主之间	1	2	3	4	5

除此以外，还涉及了业主维权的工具和途径、业主遭遇的冲突方式、是否会有制度外参与现象等变量，在文中会综合考察。

第四节　基于"冲突—整合"逻辑的定性研究设计

根据本书第一章提出的"几个问题"，本书的第六章到第九章将主要采取定性分析的方法，来回答"城市社区业主的社会整合对政府冲突治理行为的影响"以及"全国城市社区业主维权的总体形势与整合策略"等问题。根据"冲突—整合"的理论假设关系，在问卷统计分析之后，采取个案访谈、案例比较等定性方法，对上述问题开展研究。

其一，对于"业主社会整合程度与政府冲突治理行为之间的关系"问题，依据业主社会整合程度的差异选取不同案例，进而观察政府冲突治理行为。依据社会整合的六个工具机制，分别观察不同小区业主的整合过程，进而分析政府介入冲突治理的行为选择，从中得出"冲突—整合"的实际关系。

其二，对于"城市社区业主维权的总体形势、结构性原因与整合策略"问题，依据系统分析的框架进行"历时性分析与共时性分析"，进而形成综合判断。定量分析能够在微观层面获取全国业主维权冲突程度和激化可能的信息，但是，对于全国城市社区业主维权的结构性原因、总体形势以及未来走向等，无法进行很好的解答。因而本研究通过访谈有代表性的业主、专家，以及通过文献分析和案例分析，来辅助回答上述问题。主要从宏观上把握"现有的业主的组织社会整合度"，观察其对现有城市治理体制的冲击水平，特别是引入利益分析视角，通过对业主组织的目标、行动过程和结构的分析，来回答"业主组织是否壮大或成熟到公民社会的水平"；跳出业主维权的"问题小区"认知，从人口结构、房产市场结构、权利关系等因素的分析，形成业主维权问题的共时性结构判断，同时，贯通"城市商品房住宅小区建设与治理的上下游"，分析商品化住宅小区的全过程，来寻找业主维权走向的历时性因素。

第三章

中国城市社区业主维权冲突的现状

为了总体上了解全国范围内业主维权冲突的情况，课题组对中国内地省会城市和大型城市的城市社区居民进行了抽样调查。调查的数据是这样获得的：按照东中西部将全国大城市和省会城市列为调查区域，然后分别在东中西部抽取三个城市，在这九个城市中随机抽取当地社区居民为访问对象，每个城市发放问卷，依此来分析城市社区业主维权冲突的现状和走向。

第一节 调研人群的人口学特征

一、样本分布

本研究的调查总数为2500份，其中有效问卷为2152份，有效问卷率为86.08%（见表3-1）。从样本分布来看，中部城市长沙、武汉、太原的有效问卷分别为216人、259人和204人，分别占据总体比例的10.03%、12.04%和9.48%，三者加总的样本数量为679人，占总体样本的31.55%；西部城市昆明、重庆、成都的有效问卷分别为246人、243人和256人，分别占据总体样本的11.43%、11.29%和11.90%，三者加总的样本数量为745人，占总体样本的34.62%；东部城市上海、厦门和深圳的有效问卷分别为249人、221人和258人，分别占总体样本的11.57%、10.27%和11.99%，三者加总的样本数量为729人，占据总体样本的33.88%。

表 3-1 各地问卷调查情况

地区	编码	城市名称	城市人口数*	有效问卷数		问卷有效率
中部	1	长沙	704.4万	216		
	2	武汉	978.5万	259	679	84.87%
	3	太原	420.2万	204		
西部	4	昆明	643.2万	246		
	5	重庆	2884.6万	243	745	87.65%
	6	成都	1404.8万	256		
东部	7	上海	2301.9万	249		
	8	厦门	353.1万	221	729	85.76%
	9	深圳	1035.8万	258		

* 城市人口数据来源：《2010年第六次全国人口普查主要数据公报》

从量表的建构效度检验来看，因KMO值为0.926>0.90，p=0.000，表示题项变量间的关系较好，建构效度较好。从量表的信度检验来看，Cronbach's Alpha为0.914>0.6，说明量表内部的一致性较高，量表的信度较好。

二、人口学特征

（一）性别分布

在本报告分析的2152个样本中，男性样本1038个，女性样本1114

个,分别占总体样本的48.2%和51.8%(见表3-2)。

表3-2 城市社区业主人群的人口学特征(n=2152)

变量	值	频率	有效百分比	变量	值	频率	有效百分比
性别	男	1038	48.2	文化程度	初中及以下	169	7.9
	女	1114	51.8		中专/高中/中技/职高	443	20.6
年龄	18—44	1532	71.2		大专	554	25.7
	45—60	620	28.8		本科	813	37.8
政治面貌	中共党员	596	27.7		研究生及以上	173	8.0
	民主党派	37	1.7	家庭月均收入	1500元以下	101	4.7
	共青团员	323	15.0		1501—2500	188	8.7
	群众及其他	1196	55.6		2501—3500	252	11.7
阶层地位	第一阶层	94	4.4		3501—4500	283	13.2
	第二阶层	161	7.5		4501—5500	257	11.9
	第三阶层	77	3.6		5501—7500	278	12.9
	第四阶层	186	8.6		7501—10000	296	13.8
	第五阶层	394	18.3		10001—15000	245	11.4
	第六阶层	786	36.5		15001—20000	123	5.7
	第七阶层	387	18.0		20001及以上	129	6.0
	第八阶层	67	3.1		合计	2152	100

(二)年龄分布

按照联合国人口年龄划分标准,青年人主要是位于18—44岁区段,中年人位于45—60岁区段。因60岁以上业主大多退休,难以归属为不同阶层，本书暂不考虑这个群体。在样本人群中，青年人占总体样本的71.2%，中年人占总体样本的28.8%（见表3-2）。

（三）文化程度

从统计分析结果来看，受调查的业主有着较好的教育背景（见表3-2），71.6%的业主接受过高等教育。其中37.8%的业主学历为本科，8%的业主学历是研究生或以上层次；25.7%的业主的学历是大专；仅有7.9%的业主学历是初中或以下。

（四）阶层地位

按社会普遍承认的层级标准，本课题对业主的职业进行分层测量，把职业层级由高到低划分为八个阶层，第八阶层为最高的阶层。本次取样的城市社区业主从第一阶层到第八阶层由低到高，占样本的比例分别为4.4%、7.5%、3.6%、8.6%、18.3%、36.5%、18.0%和3.1%（见表3-2）。

按照社会普遍承认的阶层划分法，第五、第六、第七阶层为中间阶层。由调查可知，在接受调查的业主中，处于社会中层的业主所占比例最高，达到总样本的72.8%。

（五）家庭月均收入

在被分析的2152个受访者中，家庭月均收入分布较为均匀，1500元及以下、15001—20000元、20001元及以上的相对较少，都在5%—6%之间。

表3-3 不同家庭月均收入的业主的阶层类属（%）

家庭月收入	阶层认同							
	1阶层	2阶层	3阶层	4阶层	5阶层	6阶层	7阶层	8阶层
1500及以下	17.8	40.6	14.9	8.9	10.9	6.9	0	0
1501—2500	13.3	9.0	14.9	21.8	18.6	19.1	3.2	0
2501—3500	3.6	8.3	6.3	17.9	17.9	39.3	6.0	0.8
3501—4500	3.5	7.1	2.8	11.3	23.7	41.0	9.2	1.4
4501—5500	2.3	7.4	0.8	7.8	23.3	42.4	15.2	0.8
5501—7500	3.2	5.0	1.8	6.1	19.1	43.5	19.8	1.4
7501—10000	1.7	6.4	0.7	3.7	16.9	43.2	21.3	6.1
10001—15000	2.0	2.9	0.4	2.9	17.6	40.0	30.6	3.7
15001—20000	4.1	0	0	3.3	13.8	32.5	41.5	4.9
20001及以上	1.6	2.3	0	0	10.1	24.8	44.2	17.1
	$\chi^2 = 877.550$				$G = 0.445$			$p = 0.000$

从表3-3可以看出，家庭月均收入1500元及以下的业主主要类属于第二阶层（40.6%）；家庭月均收入1501—2500元的业主其主观阶层认同主要类属于第四阶层（21.8%）；家庭月均收入2501—15000的业主其主观阶层认同主要类属于第六阶层；家庭月均收入在150001及以上的业主其阶层认同感主要类属于第七层，分别为41.5%和44.2%。从分项的具体数值来看，随着家庭月均收入的增高，业主阶层地位也越高。从相关性检验来看，显著性$p = 0.000 < 0.05$，表明月均收入与阶层地位之间具有强相关关系，因Gamma系数为0.445，表明二者之间呈正相关关系，相关系数为0.445，即家庭月均收入与业主阶层地位有一定的拟合性。

（六）政治面貌

在所选取的业主样本中，中共党员有596人，占总体样本的27.7%；民主党派有37人，占总体样本的1.7%；共青团员有323人，占总体样本的15%；群众有1196人，占总体样本的55.6%（见表3-4）。

表3-4 本次调查样本的政治面貌分布

		频数	百分比	有效百分比	累计百分比
有效	中共党员	596	27.7	27.7	27.7
	民主党派	37	1.7	1.7	29.4
	共青团员	323	15.0	15.0	44.4
	群众及其他	1196	55.6	55.6	100.0
	合计	2152	100.0	100.0	

第二节 调研人群的住房情况

一、住房小区类型分布

为了解城市社区居民的居住情况，本课题引入"您的住房所在的小区在所住的城市属于哪一类小区？"的题目，并且设计了"低档小区、中低档小区、中档小区、中高档小区、高档小区"等五个选项。需要说明的是，小区类型在各地差异较大，课题尽可能地按照当地的比较情况进行摸底，并且由受访对象来选择住房所在小区的类型。因而，这个指标可能存在一些偏差。由调查的样本来看，2152个业主的住房所在小区的类型分别为：低档小区占13.2%、中低档小区28.1%、中档小区39.6%、中高档小区19.2%、高档小区5%（见图3-1）。由此来看，大多处业主居住在中档小区之内。

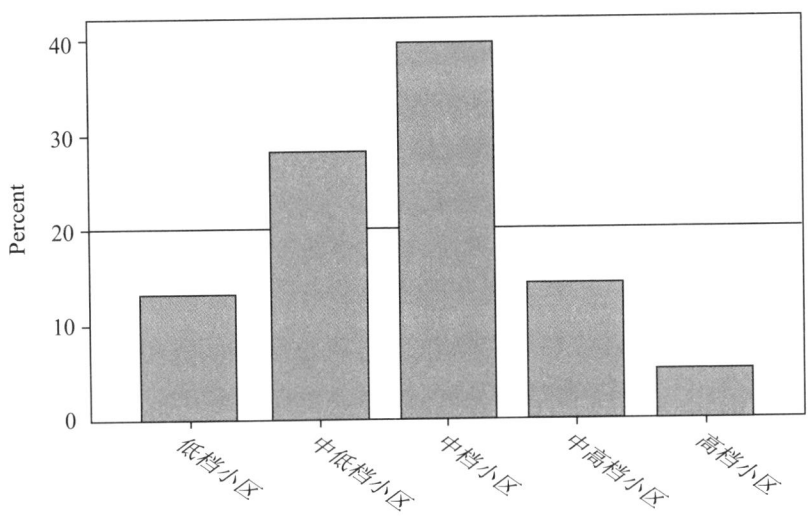

图 3-1 调查样本住房所在小区情况

二、人均住房面积情况

在所调查的样本人群中,家庭人均住房面积在 10 平方米以下的占样本的 3.5%;11—20 平方米的在 15.8%;21—30 平方米的占 33.2%;31—40 平方米的占 25.7%;41 平方米以上的占 21.8%(见表3-5)。

表 3-5 调查样本的人均住房面积(%)

		频数	百分比	有效百分比	累计百分比
有效	10m² 以下	76	3.5	3.5	3.5
	11—20m²	339	15.8	15.8	19.3
	21—30m²	715	33.2	33.2	52.5
	31—40m²	553	25.7	25.7	78.2
	41m² 以上	469	21.8	21.8	100.0
	合计	2152	100.0	100.0	

三、小区入住时间情况

在所调查的样本人群中，入住一年以下的占总体样本的 13.3%；入住一年到三年的占总体样本的 28.1%；入住三年到五年的占总体样本的 24.3%；入住五年到十年的占总体样本的 21.6%；入住十年以上的占 12.8%（见表 3-6）。

表 3-6　城市社区业主人群的住房情况（n=2152）

变量	值	频率	有效百分比	变量	值	频率	有效百分比
小区档次	低档小区	283	13.2	住房贷款	一次性付清/已还清	798	37.1
	中低档小区	604	28.1		贷款	1354	62.9
	中档小区	853	39.6		贷款者还贷压力		
	中高档小区	305	14.2		非常小	163	12.0
	高档小区	107	5.0		比较小	220	16.2
人均住房面积	$10m^2$ 以下	76	3.5		一般	643	47.5
	$11—20m^2$	339	15.8		比较大	238	17.6
	$21—30m^2$	715	33.2		非常大	90	6.6
	$31—40m^2$	553	25.7		合计	1354	100.0
	$41m^2$ 以上	469	21.8				
入住时间	低于 1 年	286	13.3				
	1 年—3 年	605	28.1				
	3.01 年—5 年	522	24.3				
	5.01 年—10 年	464	21.6				
	10 年以上	275	12.8		合计	2152	100

四、业主住房贷款情况

1998 年，国务院颁发《关于进一步深化城镇住房制度改革加快住房建设的通知》。1999 年，中国人民银行下发《关于开展个人消费信贷的指导意见》，贷款买房、按揭等新概念开始登陆中国内地。此后，各商业银行开办房贷业务，迄今贷款买房几乎成了城市中国人改善住房条件的一个基本方式。在九个城市的2152个样本中，超过六成（62.9%）的业主经由贷款买房（见表3-6）。在贷款买房的1354个样本中，反映贷款压力较大或非常大的占到24.2%。

五、阶层地位与住房情况的相关性

表3-4给出了城市社区业主的阶层地位（非退休人员）[①]与小区档次的相关性分析，Gamma系数为0.400（p=0.000），Spearman相关系数为0.358（p=0.000），表明城市社区业主的阶层地位（非退休人员）与小区档次存在中度的正相关，即职业阶层越高，住房所在小区档次也越高。

表3-7给出了城市社区业主的阶层地位（非退休人员）与家庭人均住房面积的相关性分析，Gamma系数为0.331（p=0.000），Spearman相关系数为0.304（p=0.000），表明城市社区业主的阶层地位（非退休人员）与家庭人均住房面积存在中度的正相关，即职业阶层越高，家庭人均住房面积也越大。

表3-8给出了城市社区业主的阶层地位（非退休人员）与住房贷款的相关性分析，Lmabda系数为0.000，统计结果不能证明城市社区业主的阶层地位（非退休人员）与住房贷款情况存在相关性，但是卡方检验结果p值小于0.05，表明不同职业阶层间的贷款情况还是存在一定的关联，但是属于中度相关范围。

[①] 因为部分样本人群存在60岁以下就退休的情况，在涉及业主阶层地位和为了下文分析的方便，本书从这里开始将这部分人群排除于分析范围。由此，接下的分析样本均为2058人。

表3-7 城市社区业主的阶层地位（非退休人员）与小区档次的相关性分析①

阶层地位	小区档次【频数（百分比）】					
	低档	中低档	中档	中高档	高档	合计
第二阶层	48(29.8)	41(25.5)	59(36.6)	9(5.6)	4(2.5)	161(100)
第三阶层	33(42.9)	30(39)	12(15.6)	0(0)	2(2.6)	77(100)
第四阶层	50(26.9)	71(38.2)	53(28.5)	10(5.4)	2(1.1)	186(100)
第五阶层	50(12.7)	112(28.4)	166(42.1)	52(13.2)	14(3.6)	394(100)
第六阶层	64(8.1)	239(30.4)	373(47.5)	102(13)	8(1)	786(100)
第七阶层	11(2.8)	79(20.4)	144(37.2)	107(27.6)	46(11.9)	387(100)
第八阶层	2(3)	4(6)	17(25.4)	14(20.9)	30(44.8)	67(100)
合计	258(12.5)	576(28)	824(40)	294(14.3)	106(5.2)	2058(100)
Gamma	0.400(p=0.000)					
Spearman Correlation	0.358(p=0.000)					
N	2058					

表3-8 城市社区业主的阶层地位与人均住房面积的相关性分析

阶层地位	人均住房面积【频数（百分比）】					
	$10m^2$以下	$11—20m^2$	$21—30m^2$	$31—40m^2$	$41m^2$以上	合计
第二阶层	12(7.5)	49(30.4)	43(26.7)	37(23)	20(12.4)	161(100)
第三阶层	4(5.2)	27(35.1)	29(37.7)	8(10.4)	9(11.7)	77(100)
第四阶层	16(8.6)	55(29.6)	72(38.7)	24(12.9)	19(10.2)	186(100)
第五阶层	17(4.3)	57(14.5)	164(41.6)	85(21.6)	71(18)	394(100)
第六阶层	16(2)	100(12.7)	261(33.2)	220(28)	189(24)	786(100)
第七阶层	5(1.3)	24(6.2)	108(27.9)	140(36.2)	110(28.4)	387(100)
第八阶层	1(1.5)	2(3)	7(10.4)	18(26.9)	39(58.2)	67(100)
合计	71(3.4)	314(15.3)	684(33.2)	532(25.9)	457(22.2)	2058(100)
Gamma	0.331(p=0.000)					
Spearman Correlation	0.304(p=0.000)					
N	2058					

---

① 第一阶层指的是退休人员，不在此次分析范围内，下同。

表3-9给出了买房城市社区业主的阶层地位与还贷压力的相关性分析，Gamma系数为-0.202（p=0.000），Spearman相关系数为-0.178（p=0.000），表明城市社区业主的阶层地位（非退休人员）与还贷压力存在低度的负相关，即职业阶层越高的情况下，业主的贷款压力可能越小，这符合人们日常的判断。

表3-9 城市社区业主的阶层地位与住房贷款情况的相关性分析

阶层地位	住房贷款情况【频数（百分比）】		
	一次性付清/已还清	贷款	合计
第二阶层	79(49.1)	82(50.9)	161(100)
第三阶层	19(24.7)	58(75.3)	77(100)
第四阶层	63(33.9)	123(66.1)	186(100)
第五阶层	149(37.8)	245(62.2)	394(100)
第六阶层	269(34.2)	517(65.8)	786(100)
第七阶层	161(41.6)	226(58.4)	387(100)
第八阶层	15(22.4)	52(77.6)	67(100)
合计	755(36.7)	1303(63.3)	2058(100)
Lambda	0.000（p由于渐进标准误等于零而无法计算）		
Pearson chi2	28.236（p=0.000）		
N	2058		

综合以上的相关分析，城市社区业主的阶层地位与住房所在小区档次和家庭人均住房面积存在正相关性，与月还贷压力存在负相关性，也就是说，城市社区业主的阶层地位越高，其住房所在小区的档次越高、人均住房面积越大，每月所还房贷的压力越小。阶层地位与住房贷款情况（是否还在贷款）并不存在显著的序列相关，但不同的职业阶层间的住房贷款情况存在显著差异。

表 3-10 城市社区业主的阶层地位与贷款者还贷压力的相关性分析

阶层地位	还贷压力【频数（百分比）】					
	非常小	比较小	一般	比较大	非常大	合计
第二阶层	6(7.3)	9(11)	38(46.3)	17(20.7)	12(14.6)	82(100)
第三阶层	5(8.6)	10(17.2)	28(48.3)	8(13.8)	7(12.1)	58(100)
第四阶层	13(10.6)	16(13)	39(31.7)	40(32.5)	15(12.2)	123(100)
第五阶层	29(11.8)	33(13.5)	120(49)	42(17.1)	21(8.6)	245(100)
第六阶层	63(12.2)	72(13.9)	273(52.8)	90(17.4)	19(3.7)	517(100)
第七阶层	28(12.4)	54(23.9)	111(49.1)	25(11.1)	8(3.5)	226(100)
第八阶层	12(23.1)	16(30.8)	16(30.8)	8(15.4)	0(0)	52(100)
合计	156(12)	210(16.1)	625(48)	230(17.7)	82(6.3)	1303(100)
Gamma			$-0.202(p=0.000)$			
Spearman Correlation			$-0.178(p=0.000)$			
N			1303			

第三节 城市社区业主维权冲突的现状及阶层差异

一、城市社区的物业纠纷问题具有普遍性

城市社区物业纠纷往往是社区业主维权冲突的起因。调查发现，有85.4%的业主遭遇过各种物业纠纷，可见物业纠纷问题具有普遍性。就全国九大城市的调研来看，业主群体遭遇的物业纠纷问题前三位分别为：物业费高、物业服务质量差（占总样本的38.7%），公用场所缺乏或者被侵占（占总样本的36.3%），水电、网络、电梯问题（占总样本的31.8%）（见表3-11、图3-2）。其中，受到过物业或房产商报复、威胁的比例最低，比例为6.1%。在业委会成员或者业主积极活动分子看来，成立业委会受阻的比例达到18.4%。本书第五章，将对业委会成立

的困难程度认知进行分析。

表 3-11 城市社区业主遭遇的物业纠纷问题类型

业主群体遭遇的物业纠纷问题	频数	有效百分比
物业费高、服务质量差	794	38.7
公共场所缺乏或被私用、商用	745	36.3
水电、网络、电梯价格、质量、维修问题	651	31.8
房子质量、价格、大小、虚假广告、延期交房等	589	28.7
公益金、维修基金不透明、难申请	529	25.8
周边环境被破坏或被威胁	516	25.2
没有遭遇任何纠纷	300	14.6
选聘物业	206	10
成立业委会受阻	147	7.2
受到过物业或房产商报复、威胁	126	6.1

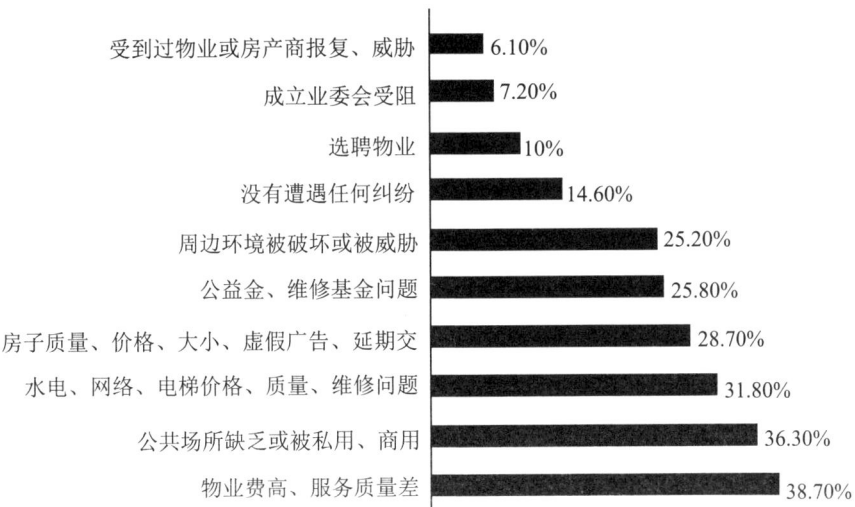

图 3-2 城市社区业主遭遇的物业纠纷问题的直观图

从区域差异来看，东部地区的样本情况同全国的情况最为类似；西部地区物业纠纷最大的问题集中在物业费高、物业服务质量差和公共场所缺乏或被私用以及房子质量、价格、大小、虚假广告、延期交房等；中部区域物业纠纷情况与东、中部地区差异较大，业主群体遭遇的物业纠纷问题前三位分别为：水电、网络、电梯问题（39.3%）；公用场所缺乏或者被侵占（38.8%）；房子质量、价格、大小、虚假广告、延期交房等（35.4%）。

表3-12 业主遭到物业纠纷的地区差异①

地区	第一位	比例（%）	第二位	比例（%）	第三位	比例（%）
全国(n=2152)	物业费高、物业服务质量差	38.7	公共场所缺乏或被私用	36.3	水电、网络、电梯价格、质量、维修问题	31.8
东部(n=713)		40.0		35.8		26.1
西部(n=703)		42.2		33.7	房子质量、价格、大小、虚假广告、延期交房等	30.2
中部(n=736)	水电、网络、电梯价格、质量、维修问题	39.3		38.8		35.4

二、城市社区业主冲突的类型与程度

以往的研究往往将城市业主维权依据维权冲突的对象划分为"建筑物区分所有权（'物'权）、社区自治权（'治'权）、和公民权（'人'权）"等类型。冲突往往是发生在至少双方主体之间，根据冲突类型，本研究主要以业主为中心，分别测量了业主群体同市场主体（开发商、物业公司）、政府主体（街道办及上级政府部门）、社会自组织（居委会、业委会及业主之间）等之间的冲突程度。结果显示：

---

① 表格中的比例均为有效百分比。

其一，城市社区业主同市场组织的冲突最严重，其中业主群体同物业公司的冲突最突出。认为业主同物业公司"冲突较大"或者"冲突很大"的业主人数占总样本的21.5%，明显高于其他项目的比例；其次为业主同开发商之间的冲突，认为二者冲突较大或者很大的比例占到总样本的16.0%（见表3-13）。

表3-13 业主同各主体之间的冲突程度

项目	无冲突	冲突不大	一般	冲突较大	冲突很大
1. 业主同街道办及上级政府部门	35.1%	35.2%	25.6%	3.0%	1.1%
2. 业主同开发商	26.2%	25.9%	32.0%	12.8%	3.2%
3. 业主同物业公司	17.7%	25.7%	35.0%	17.4%	4.1%
4. 业主同居委会	35.4%	32.7%	26.5%	4.9%	0.5%
5. 业主同业委会或业主之间	31.7%	34.7%	26.8%	5.8%	1.0%

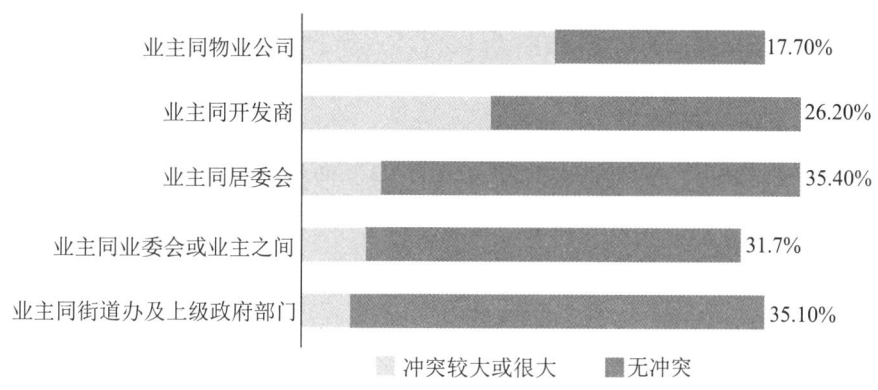

图3-3 城市社区业主同各主体之间冲突的认知

其二，城市社区业主同社区内组织的冲突次之，其中同业委会之间的冲突以及同居委会之间的冲突程度大体一致。统计表明，城市社区业主同业委会、居委会之间的冲突程度仅次于其同市场组织的冲突程度，二者尽管冲突程度并不大，但是陆续出现在业主维权冲突的图景之中。大体来看，业主同上述两个组织之间的冲突集中于"居委会不支持或干预成立业主委员会、干预业主维权行动"、"业委会存在利益谋私，成为少数既得利益者，甚至异化为房产商或物业公司的代言人"、"业委会成为业伪会"，这样的现象正日益多起来。

其三，城市社区业主同政府部门的冲突程度不大，但是也需要得到重视。调查表明，4.1%的受访者认为业主同街道办和政府部门的冲突较大或很大，尽管这个比例较小，但是仍需得到充分的重视。事实上，按照住建部2009年发布的《业主大会和业主委员会指导规则》第六条，"物业所在地的区、县房地产行政主管部门和街道办事处、乡镇人民政府负责对设立业主大会和选举业主委员会给予指导和协助，负责对业主大会和业主委员会的日常活动进行指导和监督"。但是，一些街道办出于维稳的考虑，甚至在日常工作中偏向房地产商和物业公司，并不支持业委会的成立，甚至阻碍或者干预业委会的成立与正常运转。街道办和其他政府部门并不超脱于"业主同市场组织的冲突"之中，横加干涉甚至偏袒市场一方的行为，容易引发冲突升级，降低政府权威。

总体而言，全国城市社区业主对于物业冲突程度的判断比较温和，只是，各种矛盾冲突已经在各个领域呈现出来。

三、城市社区业主冲突的阶层差异

不同的阶层对于业主冲突的认识是否存在差异？什么因素影响了城市社区业主对冲突的认知？对这些问题的回答，将影响城市房权政治的走向。为了很好地回答上述问题，本研究在问卷中设计了一类定序变量，即您认为"业主同不同主体之间的冲突程度怎样？"，对这一问题给出的封闭性选项是"无冲突、冲突不大、一般、冲突比较大、冲突很大",以此考察当前城市社区业主阶层对冲突的感知程度。

在阶层设计上,采用七个阶层由低到高排列,同时,为了考察物质性原因对业主阶层冲突一事的影响,这里引入"家庭月收入"、"还贷压力"、"住房小区档次"等作为自变量,用以检验物质性原因对业主冲突评价的影响。

1. 业主部分人口学特征影响业主冲突程度认知

将人口学特征变量(性别、年龄、文化程度、政治面貌)分别与业主对五类冲突的感知程度做相关性分析,由于报告篇幅限制,本书仅呈现 Sig 值显著地相关性检验结果(见表3-11)。

通过分析发现,在控制其他变量的情况下,政治资本因素(即是否党员、团员等)在业主阶层的冲突评价上并无显著影响。

性别因素对于"同街道办及上级政府部门"、"同房产商冲突程度"、"同业委会及业主冲突程度"三项评价上影响显著。

年龄因素对于"业主同街道办及上级政府部门"、"同居委会"两项评价上影响显著,并且呈弱正相关,即年龄越大,越认为业主维权冲突的严重。

文化资本(文化程度)对于"同房产商冲突程度"、"同业委会及业主冲突程度"两项评价上影响显著,并且与业主对冲突的意识呈弱正相关,即文化水平越高的业主,越认为业主维权冲突的严重。

总的来说,尽管性别和文化程度对于业主的冲突认识有所影响,但是人口学因素对业主冲突认知的影响集中在"业主同房产商"、"业主同街道办及上级政府部门"、"业主同业委会及业主"之间的冲突认知。这意味着业主群体对社区以外的冲突认知程度较低,业主们更加熟悉社区内的维权冲突(见表3-14)。

表 3-14 业主部分人口学特征与社区内冲突认知程度的相关性检验

	检验方法	相关系数（值和Sig）
性别 * 冲突（业主同街道办及上级政府部门）	卡方检验	Pearson Chi2 = 15.38**
性别 * 冲突（业主同开发商）	卡方检验	Pearson Chi2 = 11.17*
性别 * 冲突（业主同业委会或业主之间）	卡方检验	Pearson Chi2 = 10.77*
年龄 * 冲突（业主同街道办及上级政府部门）	T检验	Gamma = 0.086*
年龄 * 冲突（业主同居委会）	T检验	Gamma = 0.077*
文化程度 * 冲突（业主同开发商）	T检验	Gamma = 0.079***
文化程度 * 冲突（业主同业委会或业主之间）	T检验	Gamma = 0.069**

2. 业主阶层地位影响冲突程度认知，但并非序列相关

从统计分析来看，不同阶层地位的业主在某些冲突程度认知方面存在显著差异性，但并不存在序列相关。限于篇幅，本书只列出了卡方检验结果或者 Gamma 系数的 T 检验显著的分析结果。

其一，不同阶层地位业主的"业主同物业公司之间的冲突程度"认知存在显著差异。根据表 3-12，业主的阶层地位与"业主同物业公司之间的冲突程度"认知的 Pearson 卡方值为 51.88，Sig 值为 0.001，小于 0.05，表明不同阶层地位业主的"业主同物业公司之间的冲突程度"认知存在显著差异。但是序列相关检验结果表明，Gamma 系数为并不显著，统计结果不支持阶层地位与"业主同物业公司之间的冲突程度"认知呈序列相关的假设（见表 3-15）。

其二，业主的阶层地位与"业主同开发商之间的冲突程度"认知存在显著差异。根据表 3-13，业主的阶层地位与"业主同开发商之间的冲突程度"认知的 Pearson 卡方值为 40.02，Sig 值为 0.021，小于 0.05，表明不同阶层地位业主对"业主同开发商之间冲突程度"的认知存在显著差异。但是序列相关检验结果表明，Gamma 系数为并不显著，统计结果不支持阶层地位与"业主同开发商之间的冲突程度"认知呈序列相关的假设（见表 3-16）。

表 3-15 冲突是否严重——业主同街道办及上级政府部门

阶层地位	冲突严重程度【频数（百分比）】					
	无冲突	冲突不大	一般	冲突比较大	冲突很大	合计
第二阶层	58(36)	37(23)	56(34.8)	9(5.6)	1(0.6)	161(100)
第三阶层	31(40.3)	29(37.7)	15(19.5)	2(2.6)	0(0)	77(100)
第四阶层	61(32.8)	78(41.9)	41(22)	5(2.7)	1(0.5)	186(100)
第五阶层	128(32.6)	144(36.6)	108(27.5)	10(2.5)	3(0.8)	393(100)
第六阶层	275(35.1)	266(33.9)	216(27.6)	20(2.6)	7(0.9)	784(100)
第七阶层	142(36.7)	149(38.5)	75(19.4)	11(2.8)	10(2.6)	387(100)
第八阶层	32(47.8)	21(31.3)	9(13.4)	4(6)	1(1.5)	67(100)
合计	727(35.4)	724(35.2)	520(25.3)	61(3)	23(1.1)	2055(100)
Pearson Chi2	51.88(Sig=0.001)					
Gamma	-0.046(Sig=0.077)					
N	2055					

表 3-16 冲突是否严重——业主同开发商

阶层地位	冲突严重程度【频数（百分比）】					
	无冲突	冲突不大	一般	冲突比较大	冲突很大	合计
第二阶层	49(30.4)	30(18.6)	57(35.4)	22(13.7)	3(1.9)	161(100)
第三阶层	27(35.1)	14(18.2)	23(29.9)	11(14.3)	2(2.6)	77(100)
第四阶层	59(31.7)	48(25.8)	55(29.6)	14(7.5)	10(5.4)	186(100)
第五阶层	100(25.6)	102(26.1)	134(34.3)	48(12.3)	7(1.8)	391(100)
第六阶层	178(22.7)	215(27.5)	263(33.6)	98(12.5)	29(3.7)	783(100)
第七阶层	115(29.7)	94(24.3)	112(28.9)	53(13.7)	13(3.4)	387(100)
第八阶层	15(22.4)	18(26.9)	16(23.9)	16(23.9)	2(3)	67(100)
合计	543(26.5)	521(25.4)	660(32.2)	262(12.8)	66(3.2)	2052(100)
Pearson Chi2	40.02(Sig=0.021)					
Gamma	0.029(Sig=0.246)					
N	2052					

其三，不同阶层地位业主的"业主同居委会之间的冲突程度"认知存在显著差异。根据表3-14，业主的阶层地位与"业主同居委会之间的冲突程度"认知的Pearson卡方值为37.62，Sig值为0.038，小于0.05，表明不同阶层地位业主的"业主同开发商之间的冲突程度"认知存在显著差异。但是序列相关检验结果表明，Gamma系数为并不显著，统计结果不支持阶层地位与"业主同居委会之间的冲突程度"认知呈序列相关的假设（见表3-17）。

表3-17 冲突是否严重——业主同居委会

阶层地位	冲突严重程度【频数(百分比)】					
	无冲突	冲突不大	一般	冲突比较大	冲突很大	合计
第二阶层	65(40.6)	42(26.2)	47(29.4)	4(2.5)	2(1.2)	160(100)
第三阶层	31(40.3)	19(24.7)	25(32.5)	1(1.3)	1(1.3)	77(100)
第四阶层	58(31.2)	66(35.5)	53(28.5)	8(4.3)	1(0.5)	186(100)
第五阶层	118(30)	142(36.1)	105(26.7)	25(6.4)	3(0.8)	393(100)
第六阶层	275(35.2)	270(34.5)	194(24.8)	41(5.2)	2(0.3)	782(100)
第七阶层	151(39.1)	110(28.5)	107(27.7)	17(4.4)	1(0.3)	386(100)
第八阶层	29(43.3)	27(40.3)	8(11.9)	3(4.5)	0(0)	67(100)
合计	727(35.4)	676(33)	539(26.3)	99(4.8)	10(0.5)	2051(100)
Pearson Chi2			37.62(Sig=0.038)			
Gamma			−0.045(Sig=0.079)			
N			2051			

总体来看，业主阶层地位与对冲突严重程度的判断无序列关系。

第四节 城市社区业主维权冲突的困境与路径

一、城市社区业主维权的"三重"困境

城市社区业主维权运动不仅有解决业主实际问题的现实意义，还有

着更深广的理论意义和社会影响。在以"自有房权"的物权基础上，城市业主集体维权不但反映了公民权利意识的增长，还在实际上推动着公民社会的发育，更以崭新的力量改变着城市基层治理格局。然而，业主维权运动却面临着重重困难。

第一重困境：以弱对强的博弈形式。与具有强大资本实力和各种关系资源的房地产开发集团、物业公司相比，业主往往以单个、松散的形式出现。很大一部分业主要么忙于工作无暇进行维权；要么文化水平较低、缺乏维权的基本知识；或者普遍存在"搭便车"的心理，只关心个人利益，缺失集体行动的公益心。加上，新兴的住宅小区往往规模较大，要么动辄上千户要么上万户，例如，贵阳花果园社区规划人口30万、长沙湘江世纪城规划人口10万，这本身加重了业主动员的难度。相比之下，业主在时间成本、财力物力方面明显处于劣势，很难形成整合力较强的维权集体，也很难较长时间地维系业主之间的关系。因而，很多情况下，业主维权往往陷入"散沙对阵巨石"的困境。

例如，在湖南省长沙市望城区的调研发现，大多城市空间的楼盘小区存在以房产商和物业公司为代表的市场组织对业主权益的侵蚀。其中，房屋质量引发的纠纷占据了各个社区纠纷的大部分。

> 我们这个小区房屋屋面漏水，防水问题迟迟得不到改善直接引发了30%的业主拖欠物业费，再加上现在的业主很多是原来的农民，根本没有交物业费的概念，业主欠缴500万了反正房屋质量、噪音，甚至门口有一棵树都是不交费的理由，工作很难做。（WJ1）

> BHHB小区则遭遇"业主因房屋质量问题和电梯问题集体向法院提起上诉"的情况。（YZ6）

更严重的是，在城市的新增空间，很多楼盘建设的开发商规模并不大、资质也不是很好，他们往往在建设好一个楼盘后，就将公司注销，导致"新市民"在出现房屋质量问题时无处追责。除此以外，物业公司侵占或擅自出租公用部位牟利、以业主欠缴物管费为由限购水电，是目前对业主权益造成侵害的较多形式。总体来看，房产质量问题，为后期物业管理带来了诸多隐患。在这种情况下，业主拒交物业费现象时有发生，造成"权利互损"的死循环。由房屋质量、物业管理引起的纠纷时有发生，物管企业与业主之间的矛盾冲突加剧，进而引发业主以拒交物业费的形式维权，也有部分业主采取堵门堵路的维权方式。此外，由于城镇在扩展过程中往往采取"房屋拆迁"等方式，很多业主是周边拆迁安置户或者外迁而来的农户，这些"农业转移人口"大多没有缴纳物业费的意识，也没有城市生活的经验，因而出现违章建筑难禁止、车辆乱停难控制、环境卫生管理难等问题，进一步加剧了业主维权冲突的复杂性。

> 物管费拖欠严重。每户一年平均1000多的物管费，有人甚至欠上万的物业费，我们试图通过"上门催交，发律师函"的方式催缴，但无奈收效甚微，业主们因"意识落后，嫌物管费高"继续拒缴物业费。（WJ1）

> "我们现在的物业费缺口有50多万"。这些欠费现象的背后有些是业主意识不高或是物业公司服务不到位引发的业主对抗情绪，有些是有深层次原因的，比如FJSJ一期"物业公司提取水费的5.5%，但是有些服务物业外包，国家不考虑这个问题，重复收费引发了业主不满"。（WJ2）

> LC花园因入住率低，遇到了物业费缴费困难的状况，"前期四栋入住率70%，交房次月起开始交物管费，但是有些住户不入住就不交费，物管欠费有100来万"。（WJ3）

如此一来，物业管理公司以物管收费不足为由降低服务质量，业主则以拒交物业费为武器维权，双方进入一个"权利互损"的死循环。

第二重困境：业委会成立和运行的困境。业主委员会是业主自治和业主维权的组织载体。对全国2152名业主的调研表明，75.6%的业主认为有必要成立业主委员会（见表3-18）。然而，业委会的成立和运行却遭遇着种种困难。

表3-18 城市社区成立业委会必要程度频数分析

成立业委会是否必要	频数	百分比
是	1626	75.6
否	204	9.5
不知道	322	15.0
合计	2152	100.0

在所调研的业委会成员或维权积极分子中，反映业委会成立困难较大或非常大的占到了29.5%，反映成立业委会困难非常小或比较小的仅有24.1%。国家相关条文规定，小区的入住率和入住面积要达到50%（俗称"双过半"）才能成立业委会。但是，许多业主购买房产的目的并不是入住，而是投资，因而很多小区入住率难以达到50%。加之现有的小区规模很大，单靠业主自发开展这一工作几乎成了不可能完成的任务。根据《中国一线城市业主委员会现状调查》资料显示，在11个一线城市中业委会成立的比例平均为32.79%[①]（见表3-16）。迄今，全国大多城市成立业委会的比例不超过30%。

---

① 杨毅：《业委会之惑——中国一线城市业主委员会现状调查》，载《住宅与房地产》，2006年第11期。

表 3-19 截至 2006 年全国部分城市成立业主委员会的情况①

城市名称	小区数	业委会数	占住宅物业项目的%
北京市	3077	360	11.7
广州市	4000	580	15
深圳市	2003	721	36
郑州市	1237	102	8.2
上海市	7375	6114	82.9
海口市	600	210	35
南京市	1275	599	47
重庆市	3350	1124	33.6
成都市	2824	932	33
长沙市	800	200	25
武汉市	1200	400	33.3

通常情况下，为了维护自己的利益，一些小区的房产商与物业公司制造各种困难，甚至通过各种方式阻拦业委会的成立；此外，业主人心不齐，入住率低、参与率低也是业委会成立困难的又一重要原因。业委会成立之后，其动员能力不足、自身治理水平低下甚至出现"派系化"博弈，也使得业委会的号召力和权威性大打折扣。更有甚者，有些业委会发生蜕变，成为分利组织，业委会成员以权谋私，要么从公共收益中获取私利，要么成为物业公司的利益代言人，严重挑战了业委会的公共性。在对业委会成员或维权积极分子的调查中发现，业委会和集体维权面临的困难中"业主人心不齐，参与率低"的占了 54.9%；业委会和维权小组组织能力差的占了 31.9%；反映没有运营资金的占了 27.7%；反映没有时间的占了 41.1%、没有奉献精神的占了 33.5%（见表 3-20）。

---

① 杨毅：《业委会之惑——中国一线城市业主委员会现状调查》，载《住宅与房地产》，2006 年第 11 期。本书第七章统计了部分城市最新的业委会成立比例，大多在 20% 左右。

表 3-20 成立业委会困难程度频数分析

成立业委会困难程度	频数	有效百分比
非常小	37	7.7
比较小	79	16.4
一般	224	46.5
较大	91	18.9
非常大	51	10.6
合计	482	100.0

根据对某省会城市住建委相关工作人员的访谈，业委会实际的运行效果并不好：

> 目前来说，500多家业委会真正发挥作用的不到100家（发挥正能量的）。而且这里面有这样一种倾向，往往成立业主委员会，他自身就不纯洁。有些是业主有私利动机的，比如说他自己去谋私利，把这个公司搞走，他自己来搞，而且小区啊是有公共部分收益的，停车、户外广告、电梯的广告等等都是有收益的，这些按道理是归全体业主所有的。（CYW）

这种情况可能带有官方对业委会的不良情绪，但部分地反映了事实。

第三重困境：业主委员实际过程的障碍。 除了博弈力量悬殊和集体维权的困难之外，业主在维权过程中还面临各种困境。一是法律障碍，现有法律对业委会有诸多限制，其中最突出的是业委会不具备诉讼主体资格，它既不属于公民和法人，也不是在民政部门登记注册的社团组织，这就使业委会很难通过法律途径来进行维权。调研表明，9.8%业委会成员或维权积极分子反映没有诉讼资格，导致其不能直接对侵权的市场主体进行诉讼（见表3-17）。

二是业主维权遭遇多种力量"围堵"。调查发现，在一些小区维权案例中，房地产开发商从体制和市场两个领域中动员和吸纳资源，且通过各种形式获得当地社区、基层政府单位的支持，一些小区业主出于利益考虑被房产商或物业公司"收买"分化，甚至为其奔走代言；与此同时，出于"维稳"的考虑，一些基层政府宁愿将业主群体视为"乱源"，对于业主群体态度冷漠，甚至直接干预业主维权。这就很容易使简单的物业冲突升级为业主与社区居委会、街道办、地方政府等主体的复杂冲突，加大了业主维权的难度。分别有14.6%、20.7%和26.4%业委会成员或维权积极分子反映社区居委会不支持业主维权、街道办或政府部门不支持业主维权以及物业或者房产商阻碍业主维权（见表3-21）。

> 你要问街道办为什么不支持业委会，你想想看，什么时候会成立业委会，一般是问题闹大了，矛盾突出了，它才会成立。在这种情况下，街道办能支持他们几个带头的闹大吗？（CYW）

表3-21 城市社区业委会或集体维权困难类型（多选）频数分析（N=478）

业委会或集体维权困难类型	频数	有效百分比（%）
业主人心不齐，参与率低	262	54.7
没有时间	196	40.9
没有奉献精神	160	33.5
组织能力差	152	31.7
没有钱	132	27.6
物业或房产商阻碍	126	26.4
街道办事处或政府部门不支持	99	20.7
社区居委会不支持	70	14.6
没有诉讼资格	47	9.8

二、城市社区业主维权的路径偏好及其评价

根据对业主维权的预调研，业主主要通过八种方式维权。在全国性的调查中，调查问卷衡量了八种维权方式的选择情况及其评价。表3-22描述了业主维权方式选择情况，在业主维权的手段中，问卷调查表明，业主选择最多的三项手段是直接与房地产商、物业沟通（63.6%）、通过业主委员会交涉（35.4%）和通过居民委员会交涉（26.1%），选择游行示威、堵路方式来维权的业主最少（4.4%）。

表3-22 业主维权方式（多选）频数分析（N=2146）

业主维权方式	频数	有效百分比（%）
直接与房地产商、物业沟通	1365	63.6
通过业委会交涉	755	35.4
通过居委会交涉	557	26.1
个人向政府部门投诉	467	21.9
集体起诉	425	19.9
不交物业费、水电费等	418	19.6
向媒体投诉	399	18.7
网络发帖	243	11.4
游行示威、堵路	93	4.4

业主们对于各类维权手段的评价分别如下，认为"作用较大或很大的"维权形式，排序为网络或媒体51.9%（1）、业主维权精英36.9%（2），街道办等政府单位31.8%（3），业主组织16.8%（4），社区居委会16.6%（5）；认为维权手段评价为"无作用或作用较小"的分别为社区居委会42.8%（1），业主组织41.5%（2），街道办等政府单位28.6%（3），业主维权精英22.6%（4），网络或媒体17.8%（5）。可以看出，业主们对网络或媒体，以及业主维权精英的维权有效性评价最高（见表3-23）。

表 3-23 业主维权方式作用评价频数分析（N = 2152，单位%）

项目	无作用	作用不大	一般	作用比较大	作用很大
社区居委会	12.8	30.0	40.6	13.8	2.8
业主委员会或业主松散的联盟	10.4	31.1	41.8	14.3	2.5
网络或媒体	6.1	11.7	30.3	38.3	13.6
街道办及上级政府部门	9.4	19.2	39.6	23.5	8.3
业主维权精英	5.2	17.4	40.5	29.4	7.5

本章小结

由全国九大城市的问卷调查来看，城市社区业主普遍属于中产阶层，社会中层的业主占了调查样本的七成多。家庭月均收入与业主阶层地位具有一定的拟合度，从数据分析来看，家庭月均收入越高，人均住房面积越高；业主社会阶层地位越高，买房还贷的压力可能越小。

就业主维权冲突的现状来看，85.4%的业主遭遇过各种物业纠纷问题，全国物业纠纷问题具有普遍性。其中最集中的三个问题为：物业费高与物业服务质量差，公用场所被占用，水电、电梯价格和质量问题。在与各类主体之间的冲突认知上，业主同物业公司和房产商的冲突最为严重。

就阶层差异与维权冲突的认知关系来看，业主阶层地位与"业主同物业公司之间的冲突"、"业主同物业公司之间的冲突"的认知存在显著差异，但是，阶层地位同冲突认知并不存在序列关系。

就业主维权的路径来看，业主以"个人直接沟通"、"业主组织交涉"和"居委会交涉"为主，并且尤其偏重于采取个体行动。在个人沟通无效的情况下，业主反映维权最为有效的是通过网络和媒体，业主精英的帮助次之。由于受到种种限制，业主委员会在业主维权中的功能并没有得到充分的发挥。

第四章

城市社区业主维权冲突激化的可能

处于意识状态的冲突感,可能在一定条件下转化为实际冲突的行动,进而加剧冲突的程度,我们将其称为冲突激化。为了解人们的冲突感知如何外化为冲突行动,这里考察了业主群体主观上对"冲突激化"可能的判断,进而考察冲突激化的可能条件。

第一节 城市社区业主维权冲突激化的认知

一、城市社区业主同物业公司的冲突最容易激化

从表4-1可知,59.0%的业主认为业主同物业公司之间的冲突有激化的可能(包括有些可能、可能比较大和可能很大);47.0%的业主认为业主同开发商之间的冲突有激化的可能;37.2%的业主认为业主同业委会或业主之间的冲突有激化的可能;31.1%的业主认为其所属小区业主同居委会之间的冲突有激化的可能;28.2%的业主认为业主同街道及上级部门的冲突有激化的可能。由此可见,"业主同物业公司之间的冲突"被认为最容易激化,其次为业主同开发商之间的冲突激化。也就是说,"业主同市场主体的冲突"被认为最容易激化。

表 4-1 业主维权冲突激化的可能 （%）

项目	绝对不可能	不大可能	有些可能	可能比较大	可能很大
1. 业主同街道办及上级政府部门	16.2	55.7	23.3	2.9	2.0
2. 业主同开发商	10.4	42.5	33.5	9.7	3.8
3. 业主同物业公司	8.7	32.4	40.1	14.1	4.8
4. 业主同居委会	14.9	54.2	24.3	5.6	1.2
5. 业主同业委会或业主之间	14.3	48.6	28.6	7.4	1.2

二、城市社区业主维权冲突激化认知的影响因素

为了研究"城市社区业主维权冲突激化"可能性的因素，这里引入"人口学因素"、"阶层地位"、"业主委员会成员或积极分子成分"与"是否遭遇过冲突"等作为自变量，力图架构社区业主维权冲突激化的模型。

（一）人口学因素

1. 性别、年龄和政治面貌因素对于冲突升级的认同没有显著差异

通过加总各分项，可以得出业主所在小区的冲突指数和小区冲突激化可能的指数，得分越高（1—25分），代表冲突激化可能指数越高。

从表4-2不同性别对"业主维权冲突激化可能性"的指数差异比较来看，业主维权冲突激化的可能性指数为11.97，冲突激化的可能性不是很大；从性别来看，由于$p > 0.05$，所以性别对于"业主维权冲突激化的可能性"没有显著差异性，尽管男性业主所认为的冲突激化可能性略高于女性，但二者并不存在显著差异（F检验不显著）；从年龄来看，青年

业主所认为的冲突激化可能性略高于中年，但二者并不存在显著差异（F检验不显著）；由统计数据可见，不同政治面貌业主所认为的冲突激化可能性也并不存在显著差异（F检验不显著）。也即，性别、年龄、政治面貌对业主维权冲突升级的认知无显著差异。

2. 文化程度对于冲突激化的认知具有显著影响

根据学历层次的高低来测量冲突激化的可能情况。从表4-2可以看出，学历越高认为冲突可能激化性越高，而且这种差异是显著的（$p = 0.000 < 0.05$）。

表4-2 人口学因素对业主维权冲突激化可能性指数差异比较（%）

变量	值	均值	N	标准差	
性别	男	12.06	1038	3.393	F = 1.25
	女	11.89	1114	3.278	Sig = 0.263
年龄	18—44	12.04	1532	3.347	F = 1.998
	45—60	11.81	620	3.299	Sig = 0.158
政治面貌	中共党员	12.16	596	3.285	
	民主党派	11.46	37	4.207	F = 1.979
	共青团员	12.14	323	3.572	Sig = 0.146
	群众及其他	11.85	1196	3.259	
文化程度	初中及以下	11.62	169	2.796	
	中专/高中/中技/职高	11.43	443	3.123	
	大专	12.08	554	3.512	F = 5.73
	本科	12.16	813	3.315	Sig = 0.000
	研究生及以上	12.47	173	3.669	
	合计	11.97	2152	3.334	

学历越高越认为业主同开发商的冲突可能激化升级。同理，学历越高的业主越认同业主同物业公司的冲突可能会升级（$p = 0.000 < 0.05$）。

(二) 阶层因素对于冲突激化的认知影响并不显著

从表 4-3 可以看出,第二、四、六阶层的业主所认为的冲突激化可能较高,但阶层因素对于冲突激化的认知并不存在显著影响 ($p>0.05$)。

表 4-3 阶层因素对小区冲突激化的认知的影响 (%)

值	均值	N	标准差	
第二阶层	12.24	161	3.648	
第三阶层	11.19	77	2.763	
第四阶层	12.17	186	3.395	$F=1.87$
第五阶层	11.72	394	3.256	$Sig=0.082$
第六阶层	12.09	786	3.221	
第七阶层	11.90	387	3.443	
第八阶层	11.39	67	3.904	
合计	11.95	2058	3.333	

(三) 业委会成员更认同冲突激化的可能

从表 4-4 可知,是否为业委会成员对小区冲突激化认知有显著的影响 ($F=37.858$,$p=0.000<0.05$),成为业委会成员或业主活动积极分子的业主所认为的社区冲突激化可能性指数 ($M=12.79$) 明显高于非业委会成员或非业主活动积极分子 ($M=11.74$)。

表 4-4 是否为业委会成员和社区冲突因素对小区冲突激化的认知的影响

变量	值	均值	N	标准差	
是否为业委会成员或业主活动积极分子	是	12.79	485	3.516	$F=37.858$
	否	11.74	1667	3.243	$Sig=0.000$
社区冲突	是	10.36	324	3.465	$F=93.266$
	否	12.26	1828	3.228	$Sig=0.000$
	总计	11.97	2152	3.334	

（四）遭遇过冲突的业主更认同社区冲突会激化

从表4-4可以看出，遭遇过冲突与否对业主的社区冲突激化认知有显著影响（F=93.266，p=0.000<0.05），曾经遭遇过社区冲突业主所认为的社区冲突激化的可能性（M=12.36）高于未曾遭遇过社区冲突的业主（M=10.36）。

经过对冲突激化因素的分析，可以发现，冲突激化可能的认知与业主的性别、文化程度、职业、业委会成员身份和是否有冲突经历相关。基于以上假设，本研究先将性别、文化程度、职业、业委会成员身份和是否有冲突经历作为自变量，纳入关于冲突激化因素的回归模型（见表4-5）。

表4-5 业主维权冲突激化认知回归系数检验

模型	未标准化系数		标准化系数	t	Sig.	共线性	
	B	Std. Error	Beta			容忍度	VIF
常量	11.820	0.492		24.027	0.000		
性别	-0.068	0.141	-0.010	-.481	0.631	0.978	1.023
文化程度	0.350	0.072	0.114	4.833	0.000	0.776	1.289
职业	-0.126	0.037	-0.080	-3.378	0.001	0.771	1.296
是否为业委会成员或业主活动积极分子	-0.917	0.167	-0.115	-5.492	0.000	0.993	1.007
是否有冲突经历	1.777	0.195	0.191	9.093	0.000	0.990	1.010

此外，考虑到多个自变量的多重共线性可能会影响对回归模型的估计，本书特意验证了方差膨胀因子（VIF）的大小。根据经验判断，当$0 < \text{VIF} < 10$，表明该回归模型不存在多重共线性，从表中可以看出模型的方差膨胀因子最大的也只有1.296，远小于10，所以，我们可以认为模型不存在多重共线性。

根据回归检验可以看出（见表4-5），是否有冲突经历对业主冲突激化认知的影响最大（Beta=0.191），有显著的正向影响，即在控制其他变量后，有冲突经历业主比没有冲突经历的冲突激化认知更高；其次，是否为业委会成员或业主活动积极分子（Beta = -0.115），即控制其他因素不变，业委会成员或业主活动积极分子比其他业主冲突激化认知更高；再次，是文化程度（Beta = 0.114）和职业（Beta = -0.010）；而控制其他变量后，性别对业主冲突激化认知的影响并不显著（Sig = 0.631 > 0.05）。

第二节 城市社区业主维权冲突行动的激化

业主虽然存在采取"冲突激化"行动的可能，但是，从"主观意识"走向"客观行动"还需要一定的条件。那么，什么条件下，业主会采取冲突升级的方式进行维权？本节将对此展开分析。

一、城市社区业主维权冲突激化行动的可能

上访和游行被视为维权冲突激化行动的方式。因为，走出社区维权，本身意味着对原有维权方式的否定，并且会带来"一阶冲突"向"二阶冲突"[①] 转化的后果，也即社区内业主同市场主体的冲突，升级为业主同政府部门的冲突。业主通过这种方式，迫使政府对社区内冲突进行干预。

统计表明，对于上访或游行的态度中，表示劝阻的占了样本的10.5%，表示旁观的占了19.6%，只表示同情而不参加的最多，占了样本的44.6%，表示参加的占了25.3%（见表4-6）。

分区域来看，中部地区愿意参加上访或游行的业主比例达到30.6%，是为最高；东部次之，达到23.4%；西部地区达到22.0%（见表4-6）。

---

① 常健、韦长伟：《当代中国社会二阶冲突的特点、原因及应对策略》，载《河北学刊》，2011年第5期。

表 4-6 上访或游行的态度的区域比较【频数（百分比）】

	东部	中部	西部	全国
劝阻	86（12.1）	66（9.4）	75（10.2）	227（10.5）
旁观	133（18.7）	135（19.2）	153（20.8）	421（19.6）
只表示同情但不参加	327（45.9）	287（40.8）	346（47）	960（44.6）
参加	167（23.4）	215（30.6）	162（22）	544（25.3）
合计	713（100）	703（100）	736（100）	2152（100）

总体来看，选择上访或游行的业主并非大多数，仅占一小部分，表明中国城市社区业主维权基本是温和可控的。

二、什么样的业主愿意参加上访或游行？

这里仍然以人口学特征、政治面貌、是否是业主积极分子、阶层地位、是否有冲突经历等因素来分析业主维权冲突激化行动的可能性。

（一）男性业主比女性业主更愿意参加上访或游行

从表4-7可以看出，男性愿意参加游行或上访的占到了男性业主的28.0%，女性则占到26.4%。如表4-8所示，卡方检验结果显著（$p = 0.007 < 0.05$），表明性别对于是否参加上访或游行具有显著影响。

表 4-7 基于性别的上访或游行态度数值比较

			上访或游行的态度				合计
			劝阻	旁观	只表示同情但不参加	参加	
性别	男	计数	112	172	474	280	1038
		性别中的%	10.8%	16.6%	45.7%	27.0%	100.0%
	女	计数	115	249	486	264	1114
		性别中的%	10.3%	22.4%	43.6%	23.7%	100.0%
合计		计数	227	421	960	544	2152
		性别中的%	10.5%	19.6%	44.6%	25.3%	100.0%

表 4-8　基于性别的上访或游行态度比较卡方检验

	值	自由度	渐进 Sig.（双侧）
Pearson 卡方	12.074[a]	3	0.007
似然比	12.138	3	0.007
线性和线性组合	4.187	1	0.041
有效案例中的 N	2152		

a. 0 单元格（0.0%）的期望计数少于 5。最小期望计数为 109.49。

（二）年轻的业主更愿意参加上访或游行

从统计来看，青年业主中愿意去参加上访和游行的比例最高，占到了本年龄段样本的 25.5%，45—60 岁的中年人次之，比例为 24.7%。从表 4-9 来看，年龄与采取冲突升级行动之间的关系呈现显著差异性（$p = 0.007 < 0.05$），且相关性检验显著，Gamma = -0.084（见表 4-10）。可见，青年业主较中年业主更容易参加上访或游行。

表 4-9　基于年龄的上访或游行态度数值分布比较

			上访或游行的态度				合计
			劝阻	旁观	只表示同情但不参加	参加	
年龄	18—44	计数	141	294	706	391	1532
		年龄中的%	9.2%	19.2%	46.1%	25.5%	100.0%
	45—60	计数	86	127	254	153	620
		年龄中的%	13.9%	20.5%	41.0%	24.7%	100.0%
合计		计数	227	421	960	544	2152
		年龄中的%	10.5%	19.6%	44.6%	25.3%	100.0%

表 4-10 基于年龄的上访或游行态度比较卡方检验

	值	自由度	渐进 Sig.（双侧）
Pearson 卡方	12.206[a]	3	0.007
似然比	11.776	3	0.008
线性和线性组合	6.858	1	0.009
有效案例中的 N	2152		

a. 0 单元格（0.0%）的期望计数少于 5。最小期望计数为 65.40。

（三）大专学历业主更愿意参加上访或游行

初中及以下学历人群的业主愿意参加上访或游行的比例为 23.1%，中等学历的为 22.1%，大专学历的比例为 31.4%，本科学历的比例为 23.9%，研究生及以上的为 22.5%（见表 4-11）。

表 4-11 基于学历的上访或游行态度数值比较

			上访或游行的态度				合计
			劝阻	旁观	只表示同情但不参加	参加	
文化程度	初中及以下	计数	32	41	57	39	169
		文化程度中的%	18.9%	24.3%	33.7%	23.1%	100.0%
	中专/高中/中技/职高	计数	44	94	207	98	443
		文化程度中的%	9.9%	21.2%	46.7%	22.1%	100.0%
	大专	计数	48	89	243	174	554
		文化程度中的%	8.7%	16.1%	43.9%	31.4%	100.0%
	本科	计数	88	172	359	194	813
		文化程度中的%	10.8%	21.2%	44.2%	23.9%	100.0%
	研究生及以上	计数	15	25	94	39	173
		文化程度中的%	8.7%	14.5%	54.3%	22.5%	100.0%
合计		计数	227	421	960	544	2152
		文化程度中的%	10.5%	19.6%	44.6%	25.3%	100.0%

如表 4-12 所示，年龄对于是否参加游行或上访存在显著差异性（p = 0.000 < 0.05）。低学历和高学历的业主群体参与上访或游行的比例较低，拥有大专学历的业主更容易参加上访或游行。

表 4-12 基于学历的上访或游行态度卡方检验

	值	自由度	渐进 Sig.（双侧）
Pearson 卡方	43.454[a]	12	0.000
似然比	41.418	12	0.000
线性和线性组合	3.586	1	0.058
有效案例中的 N	2152		

a. 0 单元格（0.0%）的期望计数少于 5。最小期望计数为 17.83。

（四）政治面貌影响"是否上访或游行"的态度

城市社区的业主中，群众比其他类型业主更可能参加上访与游行，政治面貌与是否参加上访或游行的差异性显著（p = 0.002 < 0.05），见表 4-13。其中党员能够参加上访或游行的比例为 24.2%，群众则为 27%（见表 4-14）。可能反映出政治面貌可能对冲突升级有一定束缚和限制。

表 4-13 基于政治面貌的上访或游行态度比较卡方检验

	值	自由度	渐进 Sig.（双侧）
Pearson 卡方	26.116[a]	9	0.002
似然比	25.182	9	0.003
线性和线性组合	4.617	1	0.032
有效案例中的 N	2152		

a. 1 单元格（6.2%）的期望计数少于 5。最小期望计数为 3.90。

表 4-14 基于政治面貌的上访或游行态度数值比较

			上访或游行的态度				合计
			劝阻	旁观	只表示同情但不参加	参加	
政治面貌	中共党员	计数	84	96	272	144	596
		政治面貌中的%	14.1%	16.1%	45.6%	24.2%	100.0%
	民主党派	计数	5	7	16	9	37
		政治面貌中的%	13.5%	18.9%	43.2%	24.3%	100.0%
	共青团员	计数	31	85	139	68	323
		政治面貌中的%	9.6%	26.3%	43.0%	21.1%	100.0%
	群众及其他	计数	107	233	533	323	1196
		政治面貌中的%	8.9%	19.5%	44.6%	27.0%	100.0%
合计		计数	227	421	960	544	2152
		政治面貌中的%	10.5%	19.6%	44.6%	25.3%	100.0%

（五）业委会成员或维权积极分子比普通业主更可能参加上访或游行

统计显示，是否为业主委员会成员或维权积极分子对参加上访或游行意愿有显著影响（$p = 0.000 < 0.05$），见表 4-15。业主委员会成员或维权积极分子中会参加上访或游行的比例为 37.5%，普通业主则仅为 21.7%，见表 4-15。

表 4-15 基于是否为业委会成员或业主活动积极分子的上访或游行态度卡方检验

	值	自由度	渐进 Sig.（双侧）
Pearson 卡方	59.262[a]	3	0.000
似然比	57.279	3	0.000
线性和线性组合	9.367	1	0.002
有效案例中的 N	2152		

a. 0 单元格（0.0%）的期望计数少于 5。最小期望计数为 51.16。

表4-16 基于是否为业委会成员或业主活动积极分子的上访或游行态度数值比较

			上访或游行的态度				合计
			劝阻	旁观	只表示同情但不参加	参加	
是否为业委会成员或业主活动积极分子	是	计数	59	84	160	182	485
		是否为业委会成员或业主活动积极分子 中的 %	12.2%	17.3%	33.0%	37.5%	100.0%
	否	计数	168	337	800	362	1667
		是否为业委会成员或业主活动积极分子 中的 %	10.1%	20.2%	48.0%	21.7%	100.0%
合计		计数	227	421	960	544	2152
		是否为业委会成员或业主活动积极分子 中的 %	10.5%	19.6%	44.6%	25.3%	100.0%

（六）中产阶层比其他阶层参加上访或游行的意愿稍高

如表4-17，阶层在是否参加上访或游行中有较为显著的影响（因卡方值为53.344，p=0.000<0.05），且二者呈微弱的正相关，（Gamma=0.051，p=0.040<0.05）。

表4-17 基于职业的上访或游行态度比较卡方检验

	值	自由度	渐进 Sig.（双侧）
Pearson 卡方	53.344[a]	21	0.000
似然比	52.624	21	0.000
线性和线性组合	7.125	1	0.008
有效案例中的 N	2152		

a. 0 单元格（0.0%）的期望计数少于5。最小期望计数为7.07。

抛开部分退休阶层,从最底层到最高层社会的各阶层,愿意参加上访或游行的比例分别为 24.2%、16.9%、26.3%、24.4%、28.0%、25.1%、19.4%,见表 4-18。如上文所言,城市社区业主维权基本是温和可控的,即使是中产阶级的态度也并非十分激进。

表 4-18 基于阶层地位的上访或游行态度数值比较

			上访或游行的态度				合计
			劝阻	旁观	只表示同情但不参加	参加	
职业	第一阶层	计数	16	25	36	17	94
		职业中的%	17.0%	26.6%	38.3%	18.1%	100.0%
	第二阶层	计数	16	46	60	39	161
		职业中的%	9.9%	28.6%	37.3%	24.2%	100.0%
	第三阶层	计数	14	20	30	13	77
		职业中的%	18.2%	26.0%	39.0%	16.9%	100.0%
	第四阶层	计数	16	45	76	49	186
		职业中的%	8.6%	24.2%	40.9%	26.3%	100.0%
	第五阶层	计数	25	76	197	96	394
		职业中的%	6.3%	19.3%	50.0%	24.4%	100.0%
	第六阶层	计数	84	127	355	220	786
		职业中的%	10.7%	16.2%	45.2%	28.0%	100.0%
	第七阶层	计数	52	68	170	97	387
		职业中的%	13.4%	17.6%	43.9%	25.1%	100.0%
	第八阶层	计数	4	14	36	13	67
		职业中的%	6.0%	20.9%	53.7%	19.4%	100.0%
合计		计数	227	421	960	544	2152
		职业中的%	10.5%	19.6%	44.6%	25.3%	100.0%

（七）有过冲突经历或者认为冲突严重的业主更容易参加上访或者游行

有冲突经历的业主更容易参加上访或者游行（$p=0.000<0.05$），见表4-19，比例为26.8%，没有冲突经历的业主参加上访或游行的比例则为16.7%，见表4-20。

表4-19 基于是否有过冲突经历的上访或游行的态度卡方检验

	值	自由度	渐进 Sig.（双侧）
Pearson 方	20.565[a]	3	0.000
似然比	21.455	3	0.000
线性和线性组合	3.903	1	0.048
有效案例中的 N	2152		

a. 0 单元格（0.0%）的期望计数少于5。最小期望计数为34.18。缺省值为9。

表4-20 基于是否有过冲突经历的上访或游行的态度数值比较

			上访或游行的态度				合计
			劝阻	旁观	只表示同情但不参加	参加	
是否有过冲突经历	没有	计数	39	56	175	54	324
		Q23 中的%	12.0%	17.3%	54.0%	16.7%	100.0%
	有	计数	188	365	785	490	1828
		Q23 中的%	10.3%	20.0%	42.9%	26.8%	100.0%
合计		计数	227	421	960	544	2152
		Q23 中的%	10.5%	19.6%	44.6%	25.3%	100.0%

选取冲突最为集中、冲突程度最高的"业主同房地产商"、"业主同物业公司"的冲突认识作为变量，来分析冲突是否会转化为进一步的升级行动的因素。结果显示，越认同冲突程度严重的业主越倾向于会参加

上访或游行（Gamma 系数分别为 0.154 和 0.167，见表 4-22 和表 4-24；p 值均小于 0.05，见表 4-21 和表 4-23）。

表 4-21　基于业主对同房产商冲突严重程度认同度的参加上访或游行可能性的卡方检验

	值	自由度	渐进 Sig.（双侧）
Pearson 卡方	87.817[a]	12	0.000
似然比	86.173	12	0.000
线性和线性组合	35.565	1	0.000
有效案例中的 N	2146		

a. 0 单元格（0.0%）的期望计数少于 5。最小期望计数为 7.19。

表 4-22　基于业主对同房产商冲突严重程度认同度的参加上访或游行可能性的对称度量

		值	渐进标准误差[a]	近似值 T[b]	近似值 Sig.
按顺序	γ	0.154	0.026	5.928	0.000
	Spearman 相关性	0.130	0.022	6.072	0.000[c]
按区间	Pearson 的 R	0.129	0.022	6.012	0.000[c]
有效案例中的 N		2146			

a. 不假定零假设。
b. 使用渐进标准误差假定零假设。
c. 基于正态近似值。

表 4-23　基于业主对同物业公司冲突严重程度认同度的参加上访或游行可能性的卡方检验

	值	自由度	渐进 Sig.（双侧）
Pearson 卡方	92.650[a]	12	0.000
似然比	88.456	12	0.000
线性和线性组合	43.589	1	0.000
有效案例中的 N	2146		

a. 0 单元格（0.0%）的期望计数少于 5。最小期望计数为 9.37。

表 4-24 基于业主对同物业公司冲突严重程度认同度的参加上访或游行可能性的对称度量

		值	渐进标准误差[a]	近似值 T[b]	近似值 Sig.
按顺序	γ	0.167	0.025	6.529	0.000
	Spearman 相关性	0.142	0.021	6.646	0.000[c]
按区间	Pearson 的 R	0.143	0.021	6.669	0.000[c]
有效案例中的 N		2146			

a. 不假定零假设。
b. 使用渐进标准误差假定零假设。
c. 基于正态近似值。

1. 在同开发商的冲突中,认为无冲突却会参加上访或游行的业主仅占 18.7%,认为冲突较严重会参加上访或游行的业主则占 37.6%,很严重会参加上访或游行的业主则占 47.1%(见表 4-25)。

表 4-25 基于业主对同房产商冲突严重程度认同度的参加上访或游行可能性比较

			上访或游行的态度				合计
			劝阻	旁观	只表示同情但不参加	参加	
冲突是否严重——业主同开发商	无冲突	计数	80	100	278	105	563
		%	14.2%	17.8%	49.4%	18.7%	100.0%
	冲突不大	计数	62	133	247	113	555
		%	11.2%	24.0%	44.5%	20.4%	100.0%
	一般	计数	54	118	325	189	686
		%	7.9%	17.2%	47.4%	27.6%	100.0%
	冲突比较大	计数	28	59	84	103	274
		%	10.2%	21.5%	30.7%	37.6%	100.0%
	冲突很大	计数	3	9	24	32	68
		%	4.4%	13.2%	35.3%	47.1%	100.0%
合计		计数	227	419	958	542	2146
		%	10.6%	19.5%	44.6%	25.3%	100.0%

2. 在同物业公司的冲突程度判断中，认为无冲突却会参加上访或游行的业主仅占 16.8%，认为冲突较严重会参加上访或游行的业主则占 34.6%，认为冲突很严重会参加上访或游行的业主则占 55.1%（见表 4-26）。

表 4-26　基于业主对同物业公司冲突严重程度认同度的参加上访或游行可能性比较

			上访或游行的态度				合计
			劝阻	旁观	只表示同情但不参加	参加	
冲突是否严重——业主同开发商	无冲突	计数	57	69	190	64	380
		%	15.0%	18.2%	50.0%	16.8%	100.0%
	冲突不大	计数	54	131	246	121	552
		%	9.8%	23.7%	44.6%	21.9%	100.0%
	一般	计数	74	156	343	179	752
		%	9.8%	20.7%	45.6%	23.8%	100.0%
	冲突比较大	计数	37	60	147	129	373
		%	9.9%	16.1%	39.4%	34.6%	100.0%
	冲突很大	计数	4	5	31	49	89
		%	4.5%	5.6%	34.8%	55.1%	100.0%
合计		计数	226	421	957	542	2146
		%	10.5%	19.6%	44.6%	25.3%	100.0%

这反映出，一旦业主对当下冲突有较强的认知或有遭遇冲突的经历，其采取冲突升级行动的可能越大。

三、城市社区业主维权冲突激化的条件

从统计分析来看，城市社区业主在一定的条件下可能采取上访或游行的方式进行维权（见表 4-27）。

首先,"问题久拖不决"成为最主要的冲突激发点,38.3%的业主认为一旦物业纠纷、与房产商等的冲突长时间得不到解决,就可能采取上访或游行等维权行动。

表 4-27 上访维权的冲突激化因素比较

		响应值		案例百分比
		数值	百分比	
冲突激化因素	问题久拖不决	809	26.0%	38.3%
	损失很大	729	23.5%	34.5%
	被打、被报复	539	17.3%	25.5%
	有人或业委会组织发动	344	11.1%	16.3%
	政府不管或与物业房产商勾连	260	8.4%	12.3%
	再怎么也不会	426	13.7%	20.2%
合计		3107	100.0%	147.0%

其次,在利益损失很大的情况下,有业主会选择采取计划的方式维权,34.5%的城市业主选择了这个选项。

再次,被打或被报复（25.5%）、政府不管或与物业房产商勾连的业主占到了较小的份额,比例为12.3%。

最后,有人或业委会组织发动制度外参与,并不成为业主采取冲突升级行动的主要原因,但仍有16.3%的业主选择了这个选项。

经过对冲突激化因素的分析,可以发现,业主是否采取上访或游行等体制外维权方式,与业主的性别、年龄、学历、阶层、政治面貌、业委会成员身份和是否有冲突经历相关。基于以上假设,本研究先将以上变量纳入模型,分别建立六个关于业主在各种情况下是否采取上访或集体游行方式的模型（见表4-28至表4-33）。

六个模型的P值均小于0.05,表明六个模型显著性水平都很好。

从表4-28可以看出,年龄、是否业委会成员、有没有冲突经历对是否再怎么也不会采取上访甚至集体游行的方式维权有显著影响。青年业主再怎么也不会采取上访甚至集体游行的方式维权的比率仅为老年业主的74.4%；业委会成员再怎么也不会采取上访甚至集体游行的方式维权的比率仅为非业委会成员选择此项总数的59.0%；没有冲突经历的业主再怎么也不会采取上访甚至集体游行的方式维权的比率，是有冲突经历业主的2.144倍。

表4-28 是否"再怎么也不会采取上访甚至集体游行"的方式维权（模型1）

		B	S.E,	Wals	df	Sig.	Exp（B）
步骤1ª	男性	-0.202	0.113	3.192	1	0.074	0.817
	青年	-0.296	0.126	5.487	1	0.019	0.744
	学历	-0.036	0.061	0.347	1	0.556	0.965
	党员	0.011	0.133	0.007	1	0.933	1.011
	阶层	0.016	0.030	0.278	1	0.598	1.016
	业委会成员	-0.527	0.149	12.553	1	0.000	0.590
	没有冲突经历	0.763	0.137	31.148	1	0.000	2.144
	常量	-1.106	0.198	31.042	1	0.000	0.331

a. 在步骤1中输入的变量：q1、q2、q3、党员、q4、q16、q23.10。

从表4-29可以看出，在损失很大的情况下，年龄、阶层对采取上访甚至集体游行的方式维权有显著影响。青年业主在房权损失很大的情况下上访采取上访甚至集体游行的方式维权的比率，是老年业主的1.377倍；业主的职业阶层每提高一个层级，采取上访甚至集体游行的方式维权的比率就下降8个百分点。

从表4-30可以看出，在问题久拖不决的情况下，学历、有没有冲突经历对是否采取上访甚至集体游行的方式维权有显著影响。业主的学历每提高一个层级，在问题久拖不决的情况下采取上访甚至集体游行的方式维权的比率就提高11.9个百分点；没有冲突经历的业主在问题久拖不决的情况下采取上访甚至集体游行的方式维权的比率,是有冲突经历业主的64.5%。

表4-29 是否在损失很大的情况下上访(模型2)

		B	S.E.	Wals	df	Sig.	Exp(B)
步骤1[a]	男性	0.073	0.094	0.607	1	0.436	1.076
	青年	0.320	0.110	8.428	1	0.004	1.377
	学历	-0.004	0.051	0.008	1	0.931	0.996
	党员	-0.032	0.112	0.082	1	0.774	0.968
	阶层	-0.083	0.025	11.071	1	0.001	0.920
	业委会成员	0.023	0.111	0.044	1	0.834	1.024
	没有冲突经历	-0.235	0.134	3.051	1	0.081	0.791
	常量	-0.388	0.169	5.281	1	0.022	0.678

a. 在步骤1中输入的变量:q1,q2,q3,党员,q4,q16,q23.10。

表4-30 是否在问题久拖不决的情况下采取上访或游行维权(模型3)

		B	S.E.	Wals	df	Sig.	Exp(B)
步骤1[a]	男性	-0.118	0.092	1.641	1	0.200	0.889
	青年	0.112	0.107	1.092	1	0.296	1.118
	学历	0.113	0.050	5.025	1	0.025	1.119
	党员	-0.081	0.108	0.561	1	0.454	0.922
	阶层	0.020	0.025	0.642	1	0.423	1.020
	业委会成员	0.103	0.108	0.916	1	0.338	1.109
	没有冲突经历	-0.439	0.134	10.699	1	0.001	0.645
	常量	-.0929	0.170	29.716	1	0.000	0.395

a. 在步骤1中输入的变量:q1,q2,q3,党员,q4,q16,q23.10。

从表4-31可以看出，在有人或业委会组织发动的情况下，是否业委会成员、有没有冲突经历对是否会采取上访或游行的方式维权有显著影响。业委会成员在有人或业委会组织发动的情况下，会采取上访或游行的方式维权的比率是非业委会成员的1.506倍；没有冲突经历的业主在有人或业委会组织发动的情况下，会采取上访或游行的方式维权的比率，仅为有冲突经历业主的61.6%。

表4-31 是否在有人或业委会组织发动的情况下会采取上访或游行的方式（模型4）

		B	S.E.	Wals	df	Sig.	Exp（B）
步骤1ᵃ	男性	-0.122	0.121	1.010	1	0.315	0.885
	青年	0.018	0.140	0.017	1	0.896	1.018
	学历	0.121	0.066	3.333	1	0.068	1.128
	党员	-0.054	0.142	0.143	1	0.705	0.948
	阶层	-0.031	0.032	0.961	1	0.327	0.969
	业委会成员	0.409	0.133	9.415	1	0.002	1.506
	没有冲突经历	-0.484	0.193	6.276	1	0.012	0.616
	常量	-1.829	0.223	67.177	1	0.000	0.161

a. 在步骤1中输入的变量：q1，q2，q3，党员，q4，q16，q23.10.

从表4-32可以看出，在被打、被报复的情况下年龄、学历对是否采取上访甚至集体游行的方式维权有显著影响。青年业主在被打、被报复的情况下，采取上访甚至集体游行的方式维权的比率是中年业主的1.280倍；业主的学历每提高一个层级，在被打、被报复的情况下采取上访甚至集体游行的方式维权的比率就提高12.6个百分点。

从表4-33可以看出，学历对是否在被打、被报复的情况下采取上访甚至集体游行的方式维权有显著影响。业主的学历每提高一个层级，在被打、被报复的情况下采取上访甚至集体游行的方式维权的比率就提高

21.8个百分点。

表4-32 是否在有人或业委会组织发动的情况下会采取上访或游行的方式（模型4）

		B	S.E,	Wals	df	Sig.	Exp（B）
步骤1^a	男性	-0.122	0.121	1.010	1	0.315	0.885
	青年	0.018	0.140	0.017	1	0.896	1.018
	学历	0.121	0.066	3.333	1	0.068	1.128
	党员	-0.054	0.142	0.143	1	0.705	0.948
	阶层	-0.031	0.032	0.961	1	0.327	0.969
	业委会成员	0.409	0.133	9.415	1	0.002	1.506
	没有冲突经历	-0.484	0.193	6.276	1	0.012	0.616
	常量	-1.829	0.223	67.177	1	0.000	0.161

a. 在步骤1中输入的变量：q1，q2，q3，党员，q4，q16，q23.10。

表4-33 是否在政府不管或与物业房产商勾连情况下上访或游行维权（模型6）

		B	S.E,	Wals	df	Sig.	Exp（B）
步骤1^a	男性	-0.118	0.136	0.759	1	0.384	0.888
	青年	-0.058	0.159	0.134	1	0.715	0.944
	学历	0.197	0.076	6.732	1	0.009	1.218
	党员	-0.119	0.157	0.578	1	0.447	0.888
	阶层	0.058	0.038	2.359	1	0.125	1.060
	业委会成员	0.122	0.157	0.605	1	0.437	1.130
	没有冲突经历	0.180	0.181	0.984	1	0.321	1.197
	常量	-2.889	0.272	112.513	1	0.000	.056

a. 在步骤1中输入的变量：q1，q2，q3，党员，q4，q16，q23.10。

综合来看，经过对冲突激化因素的分析，可以发现，业主是否采取上访或游行等体制外维权方式，与业主的性别、年龄、学历、阶层、政治面貌、业委会成员身份、是否有冲突经历有关，尤其是在外部因素激发下，可能会强化其采取类似行动的可能。基于以上假设，本研究先将以上变量纳入模型，分别构建关于业主在各种情况下是否采取上访或集体游行方式的模型（见表4-34）。

表4-34 采取上访甚至集体游行的方式维权的原因分析

		B	S.E.	Wals	df	Sig.	Exp（B）
步骤 1ª	男性	.276	.205	1.824	1	.177	1.318
	青年	-.061	.235	.066	1	.797	.941
	学历	-.098	.115	.727	1	.394	.907
	党员	.196	.242	.653	1	.419	1.216
	阶层	-.026	.062	.171	1	.679	.975
	业委会成员	.521	.254	4.219	1	.040	1.684
	有冲突经历	.129	.263	.240	1	.624	1.137
	损失很大	4.535	.291	242.741	1	.000	93.189
	问题久拖不决	5.203	.325	255.701	1	.000	181.759
	有人或业委会组织发动	4.101	.314	170.326	1	.000	60.396
	被打、被报复或威胁	4.254	.313	184.857	1	.000	70.390
	政府不管或与房地产商勾结	5.040	.485	107.757	1	.000	154.433
	常量	-1.780	.458	15.095	1	.000	.169

a. 在步骤 1 中输入的变量：q1, q2, q3, 党员, q4, q16, q23.10, q25.1, q25.2, q25.3, q25.4, q25.6。

经过分析，模型的 P 值均小于 0.05，表明模型显著性水平很好，Cox

& Snell R 方和 Nagelkerke R 方分别为 0.452 和 0.723，表明模型的拟合优度非常好，解释力很强。从逻辑回归检验结果，可以得出以下公式：

$$Y = LN\left(\frac{P}{1-P}\right) = -1.780 + 0.521 * 业务会成员 + 4.535 * 损失很大 + 5.203 * 问题久拖不决 + 4.101 * 有人或业委会组织发动 + 4.254 * 被打、被报复或威胁 + 5.040 * 政府不管或与房地产商勾连$$

其中，P 代表的是采取上访甚至集体游行的概率，1 − P 表示没有上访甚至集体游行的概率。

从表 4-34 可以看出，在控制其他因素的情况下，业委会成员采取上访甚至集体游行的方式维权的比率是非业委会成员的 1.684 倍；遭遇很大损失的业主采取上访甚至集体游行的方式维权的比率是未遭遇很大损失业主的 93.189 倍；业主在遭遇问题久拖不决时采取上访甚至集体游行的方式的比率是未遭遇问题情况的 181.759 倍；有业委会发动的冲突升级情况则是没有业委会发动的 60.396 倍；遭遇被打、被报复或威胁的情况下，冲突升级的比率是 70.390 倍；遭遇政府不管或与房地产商勾结的情况则是未有此类情况的 154.433 倍。

本章小结

本章主要是借鉴李培林等"三类阶级"的分析方法，突破了传统的阶级分析路径——即将客观阶级默认为行动阶级——区分了"客观阶级、认同阶级和行动阶级"[1]。将业主维权冲突划分为三种层次，主要是分析

---

[1] 李培林、张翼、赵延东、梁栋：《社会冲突与阶级意识》，社会科学文献出版社 2005 年版，第 41—45 页。

业主阶层"冲突认知—冲突激化认知—冲突激化行动"的影响因素是什么？主观认知走向客观行动中间需要转化条件。本章得出的几个结论是：

全国城市社区业主维权冲突激化的可能性不是太大。业主维权冲突激化的可能性指数为11.97，处于较低的水平，表示在一定条件下会参加示威游行的业主仅占少数。但是，"业主同市场主体之间的冲突激化"的可能性较高，其中业主同物业公司的冲突激化的认知度最高，业主同开发商冲突激化的可能次之，业主同业委会或者业主之间冲突激化的可能名列第三。

知识水平、业委员成员身份以及遭遇过物业冲突等因素影响业主冲突激化的认知。在人口学因素中，文化程度对于冲突激化的认知具有显著影响，学历高的比学历低的业主更认同业主维权冲突存在激化的可能。在阶层因素中，阶层地位对于业主维权冲突激化的可能性认知不存在显著性差异。业委员成员或维权积极分子、遭遇过物业冲突的业主等更倾向于认同业主维权冲突会激化。

从冲突激化认知到冲突激化行动的条件分析发现：男性业主比女性业主、年轻业主比年长业主、业委会成员比非业委会成员、中产阶层比其他阶层更容易参加体制外维权。一般而言，业主维权问题迟迟得不到解决、业主遭遇很大损失、业主维权遭遇报复等情况下，业主会采取体制外维权的方式，进而突破小区内维权的界限，导致社区冲突升级。

第五章

城市社区业委会的社会整合测量

第一节 业主委员会的基本情况

一、成立业主委员会的必要性

2007年,国务院颁发修订的《物业管理条例》指出:"业主委员会为的是规范物业管理活动,维护业主和物业服务企业的合法权益,改善人民群众的生活和工作环境而制定的。"根据《物业管理条例》,"业主大会应当代表和维护物业管理区域内全体业主在物业管理活动中的合法权益。业主大会或者业主委员会的决定,对业主具有约束力"。一些地方政府颁布的《住宅区业主大会和业主委员会指导规则》则规定:"业主大会由物业管理区域内的全体业主组成,在物业管理活动中,业主基于建筑物区分所有权,依据法律、法规和规章以及管理规约和业主大会议事规则行使共同管理权利、承担共同管理责任。"

业委会由业主大会产生,执行业主大会决议。根据一些地方法规,业主委员会执行业主大会的决定,接受业主的监督,依法履行下列职责:"召集业主大会定期会议和临时会议;定期向业主大会报告物业管理情况;代表全体业主与业主大会选聘的物业服务企业签订物业服务合同;及时了解业主、物业使用人的意见和建议,监督物业服务;组织和监督专项维修资金的筹集、使用；监督物业共用部分的经营及经营收益的管理和使用；督促业主按照约定交纳专项维修资金、物业服务费和其他应当由业主共同分摊的费用；建立并妥善保管工作档案，为业主提供查阅、抄录和复制档案资料的便利；调解业主之间因物业使用、维护和管理产生的纠纷；对违反国家和本市相关规定以及管理规约、业主大会议事规则的行为，可以要求行为人停止侵害、排除妨碍、消除危险、返还财产；配合社区相关组织做好本物业管理区域内的社区建设工作；业主大会赋予的其他职责。"[1]

也就是说，业委会是业主大会的执行机构，业主基于建筑物区分所有权组成业主大会及其业主委员会，行使共同管理权利、承担共同管理责任。就全国调研的数据来看，九大城市的2152名业主中，75.6%的业主反映有必要成立业主委员会（见表5-1）。

表5-1 成立业委会的必要

		频数	百分比	有效百分比	累计百分比
有效	是	1626	75.6	75.6	75.6
	否	204	9.5	9.5	85.0
	不知道	322	15.0	15.0	100.0
	合计	2152	100.0	100.0	

二、成立业主委员会的诉求凸显出价值诉求

尽管国家法律和地方法规赋予业主成立业委会的权利，但是，由于业主自身原因和实际面临的其他困难，业委会的成立比例并不高。在实际的成立过程中，为何成立业委会成为一个答案多样的选择。

目前，业主委员会在法律上从属于基于共同利益结成的社会组织，

---

[1] 北京市住房城乡建设委、市民政局、市社会办关于印发《北京市住宅区业主大会和业主委员会指导规则》的通知，见首都之窗：http://www.beijing.gov.cn/szbjxxt/zwgs/t1147402.htm。

但是因为在实际过程中遭遇各种困境,在长期成立无望、或维权无望的情况下,成立业委会的目的日益超越过去"保护共同利益"的工具性,凸显出追求公民自治、追求公民权利的价值属性。

对全国九大城市 485 名业委会成员或维权积极分子的调研表明,61.4% 的人认为"我们有权成立业委会"、51.2% 的人认为"我们要民主自治",政府要求和被逼无奈处于最低的比例。可以从侧面反映出,成立业委会的价值属性追求已经超越工具属性(见表 5-2)。

表 5-2 成立业委会原因

		响应值		案例百分比
		数值	百分比	
成立业委会原因	我们有权这样做	296	45.1%	61.4%
	我们要民主自治	247	37.6%	51.2%
	政府要求	62	9.4%	12.9%
	被逼无奈	52	7.9%	10.8%
合计		657	100.0%	136.3%

三、城市社区业委会成员的人员分析

根据住房与城乡建设部 2009 年颁发的《业主大会和业主委员会指导规则》,"业主委员会由业主大会依法选举产生,履行业主大会赋予的职责,执行业主大会决定的事项,接受业主的监督"。"业主大会和业主委员会,对业主损害他人合法权益和业主共同利益的行为,有权依照法律、法规以及管理规约,要求停止侵害、消除危险、排除妨害、赔偿损失"。在民主程序下,业委会成员是经过选举产生的,相关法规还规定"业主委员会由业主大会会议选举产生,由 5—11 人单数组成。业主委员会委员应当是物业管理区域内的业主,并符合下列条件:具有完全民事行为能力;遵守国家有关法律、法规;遵守业主大会议事规则、管理规约,模范履行业主义务;热心公益事业,责任心强,公正廉洁;具有一定的组织能力;具备必要的工作时间"。也就说,业委会成员理所应当是社区业主选举出来的社区精英人士,他们在业主维权中发挥着领导作用。

那么,谁更愿意成为业主委员会委员或维权积极分子呢?这里对接受问卷调查的458名业委会成员或维权积极分子(以下简称"业委会成员")进行最初级的分析。

其一,城市社区业主委员会成员中,男性多于女性。对458名业委会成员的统计分析显示,男性占了50.9%;女性占了49.1%(见表5-3)。

表5-3 社区业主委员会性别比例

		频数	百分比	有效百分比	累计百分比
有效	男	247	50.9	50.9	50.9
	女	238	49.1	49.1	100.0
	合计	485	100.0	100.0	

其二,城市社区业委会成员中,年轻业主多于中年业主。根据对全国452个业主的调查发现,年轻业主占了67%的比例,中年业主占了33%(见表5-4)。

表5-4 社区业主委员会年龄分布

		频数	百分比	有效百分比	累计百分比
有效	18—44	325	67.0	67.0	67.0
	45—60	160	33.0	33.0	100.0
	合计	485	100.0	100.0	

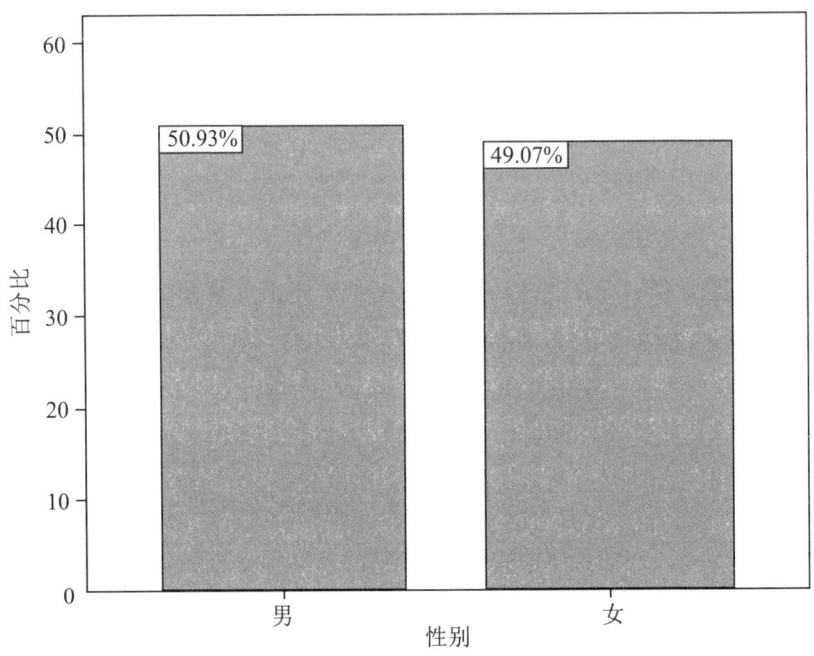

图 5-1 社区业主委员会性别比例

其三，本科学历的业委会成员比例最高。初中及以下业主成为业委会成员的比例最低为 6.8%，中等学历占了 20.0%，大专学历、本科学历、研究生以上学历分别占了全部业委会成员的 25.4%、39.6%、8.2%（见图 5-2）。

其四，中产阶层在业委会成员中的比例最高。在业委会成员中，排除退休阶层，从第二阶层开始到第八阶层，在业委会成员中的比例分别为 6.6%、3.1%、8.0%、18.8%、36.9%、19.6%、2.5%，见表 5-5。可以看出，最低阶层和最高阶层在业委会成员中的比例很低，中产阶层在其中占的比例较高。

同时，以家庭月均收入情况来看，家庭月均收入最低和最高的业主在业委会中的比例都是最低的，月均收入处于中等情况的业主在业委会成员中所占的比例较高，见图 5-3。

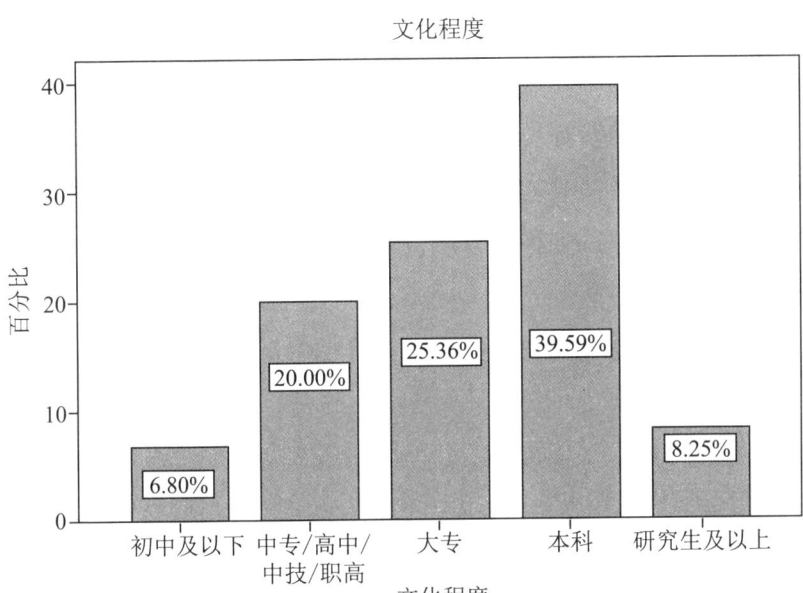

图 5-2 社区业主委员会文化程度

表 5-5 社区业主委员会成员职业

		频数	百分比	有效百分比	累计百分比
有效	第一阶层	22	4.5	4.5	4.5
	第二阶层	32	6.6	6.6	11.1
	第三阶层	15	3.1	3.1	14.2
	第四阶层	39	8.0	8.0	22.3
	第五阶层	91	18.8	18.8	41.0
	第六阶层	179	36.9	36.9	77.9
	第七阶层	95	19.6	19.6	97.5
	第八阶层	12	2.5	2.5	100.0
	合计	485	100.0	100.0	

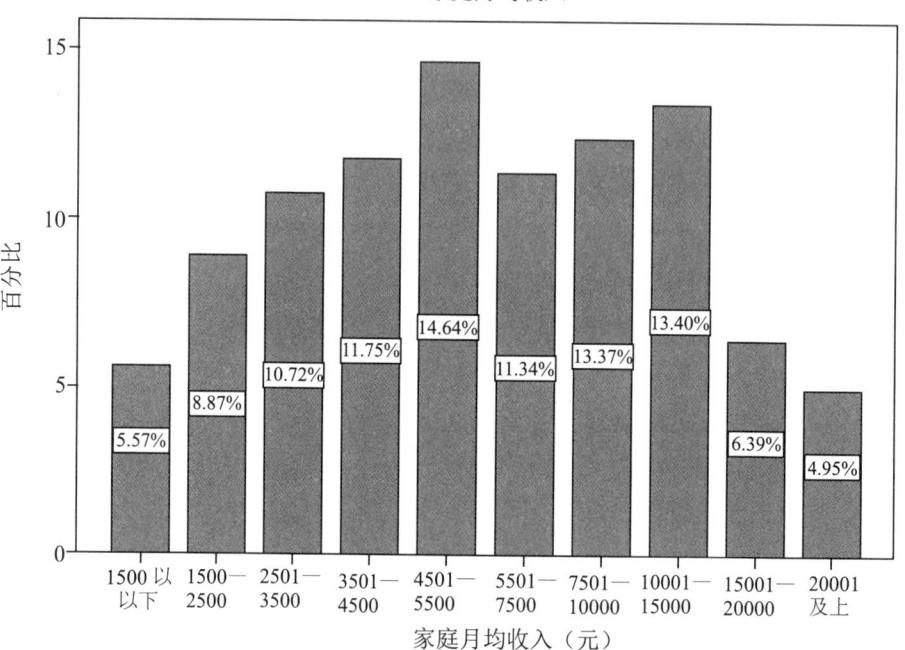

图 5-3　社区业主委员会成员家庭月均收入

其五，党员业主占业委会成员的比例为 31.8%。群众在业委会成员中所占比例最高，比例为 54.8%。民主党派和共青团员分别占 1.2% 和 12.2%，见图 5-4 与表 5-6。

表 5-6　业主委员会成员政治面貌

		频数	百分比	有效百分比	累计百分比
有效	中共党员	154	31.8	31.8	31.8
	民主党派	6	1.2	1.2	33.0
	共青团员	59	12.2	12.2	45.2
	群众及其他	266	54.8	54.8	100.0
	合计	485	100.0	100.0	

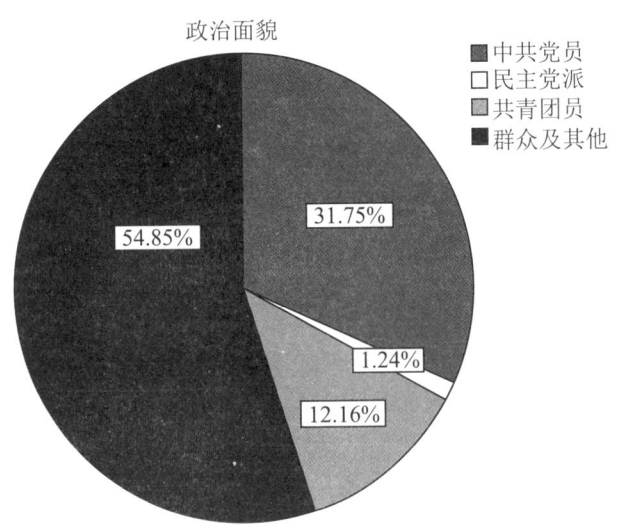

图 5-4 业主委员会成员政治面貌

其六，中档小区业主成为业委员会成员或积极分子的比例要高于其他小区。在业委会成员和积极分子中，来自中档小区的比例最高，占了 30.72%，随后是中低档小区和中高档小区，分别占了 29.07% 和 19.59%（见图 5-5）。

表 5-7 各类档次小区中业主委员会成员或积极分子比例

		小区档次					合计
		低档小区	中低档小区	中档小区	中高档小区	高档小区	
是否为业委会成员或业主活动积极分子	是	75	141	149	95	25	485
合计		75	141	149	95	25	485

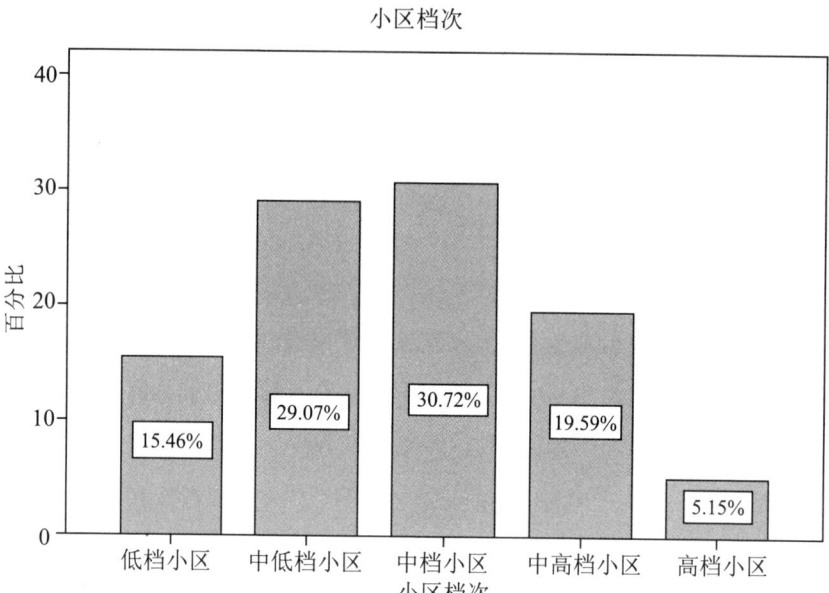

图 5-5　各类档次小区中业主委员会成员或积极分子比例

四、城市社区业委会成员的影响因素分析

其一，青年较中年业主更愿意成为业委会成员或维权积极分子，性别对此无显著影响。在所选取的 2152 名业主中，中年业主中有 25.8% 是业委会成员或维权积极分子（以下简称"业委会成员"），而青年业主中仅有 21.2% 是业委会成员，且这种差异是显著的（$X^2 = 5.332$，$Sig = 0.021 < 0.05$）（见表 5-8 与表 5-9）。性别对是否成为业委会成员的影响并不显著，$Sig = 0.177 > 0.05$）（见表 5-11）。

其二，学历越高越容易成为业主委员会成员。从表 5-12 中可以看出，不同文化程度的受访业主，其参与社区建设和社区管理的积极性与能动性也有所不同，学历越高的受访者，其参与意愿越强，从初中及以下水平的19.5%到本科及以上的46.7%，再从卡方显著性检验来看，因p值为0.010<0.05，表明二者之间具有显著相关关系，即学历越高，其成为业委会成员或业主活动积极分子的可能性越大。

表5-8 基于年龄的是否为业委会成员或业主活动积极分子数值统计

			是否为业委会成员或业主活动积极分子		合计
			是	否	
年龄	18—44	计数	325	1 207	1 532
		年龄 中的 %	21.2%	78.8%	100.0%
	45—60	计数	160	460	620
		年龄 中的 %	25.8%	74.2%	100.0%
合计		计数	485	1667	2152
		年龄 中的 %	22.5%	77.5%	100.0%

表5-9 年龄与是否为业委会成员或业主活动积极分子卡方检验

	值	df	渐进 Sig.（双侧）	精确 Sig.（双侧）	精确 Sig.（单侧）
Pearson 卡方	5.332a	1	0.021		
连续校正 b	5.072	1	0.024		
似然比	5.234	1	0.022		
Fisher 的精确检验				0.023	0.013
线性和线性组合	5.329	1	0.021		
有效案例中的 N	2152				

a. 0 单元格（0.0%）的期望计数少于 5。最小期望计数为 139.73。
b. 仅对 2x2 表计算

表 5-10 基于性别的是否为业委会成员或业主活动积极分子数值统计

			是否为业委会成员或业主活动积极分子		合计
			是	否	
性别	男	计数	247	791	1038
		性别 中的 %	23.8%	76.2%	100.0%
	女	计数	238	876	1 114
		性别 中的 %	21.4%	78.6%	100.0%
合计		计数	485	1667	2152
		性别 中的 %	22.5%	77.5%	100.0%

表 5-11 性别与是否为业委会成员或业主活动积极分子关系卡方检验

	值	df	渐进 Sig.（双侧）	精确 Sig.（双侧）	精确 Sig.（单侧）
Pearson 卡方	1.819[a]	1	0.177		
连续校正[b]	1.683	1	0.195		
似然比	1.818	1	0.177		
Fisher 的精确检验				0.180	0.097
线性和线性组合	1.819	1	0.177		
有效案例中的 N	2152				

a. 0 单元格（0.0%）的期望计数少于 5。最小期望计数为 233.94。
b. 仅对 2x2 表计算

其三，共产党员比其他政治面貌的业主更容易成为业委会成员。从表 5-14 来看，受访者为中共党员的业委会成员或业主活动积极分子占党员业主的 25.8%，民主党派的业主为业委会成员或业主活动积极分子占 16.2%，政治面貌为共青团员的占 18.3%，群众及其他占 22.2%。

表5-12 文化程度与是否为业委会成员或业主活动积极分子

文化程度			是否为业委会成员或业主活动积极分子		合计
			是	否	
	初中及以下	计数	33	136	169
		文化程度 中的 %	19.5%	80.5%	100.0%
	中专/高中/中技/职高	计数	97	346	443
		文化程度 中的 %	21.9%	78.1%	100.0%
	大专	计数	123	431	554
		文化程度 中的 %	22.2%	77.8%	100.0%
	本科	计数	192	621	813
		文化程度 中的 %	23.6%	76.4%	100.0%
	研究生及以上	计数	40	133	173
		文化程度 中的 %	23.1%	76.9%	100.0%
合计		计数	485	1667	2152
		文化程度 中的 %	22.5%	77.5%	100.0%

表5-13 文化程度与是否为业委会成员或业主活动积极分子关系卡方检验

	值	df	渐进 Sig.（双侧）
Pearson 卡方	1.593[a]	4	0.810
似然比	1.618	4	0.806
线性和线性组合	1.269	1	0.260
有效案例中的 N	2152		

a. 0 单元格（0.0%）的期望计数少于 5。最小期望计数为 38.09。

从表5-15卡方检验来看，二者的显著性 p 值为 0.046＜0.05，表明，二者之间具有强相关性，即越是党员的业主越有可能成为社区的业委会成员或业主活动积极分子。这一方面可能是党员的政治意识和权利意识较强的原因，另一方面也可能是一些地方力图通过党员来嵌入业主组织，进而维护社会稳定的原因。例如，"在深圳市南山区，有9300多名党员公职人员到社区登记，200多个业委会中有760多名党员干部任职"[①]。

表5-14 基于政治面貌的是否为业委会成员或业主活动积极分子数值统计

政治面貌			是否为业委会成员或业主活动积极分子		合计
			是	否	
政治面貌	中共党员	计数	154	442	596
		政治面貌 中的 %	25.8%	74.2%	100.0%
	民主党派	计数	6	31	37
		政治面貌 中的 %	16.2%	83.8%	100.0%
	共青团员	计数	59	264	323
		政治面貌 中的 %	18.3%	81.7%	100.0%
	群众及其他	计数	266	930	1196
		政治面貌 中的 %	22.2%	77.8%	100.0%
合计		计数	485	1667	2152
		政治面貌 中的 %	22.5%	77.5%	100.0%

表5-15 政治面貌与是否为业委会成员或业主活动积极分子卡方检验

	值	df	渐进 Sig.（双侧）
Pearson 卡方	8.004[a]	3	0.046
似然比	8.121	3	0.044
线性和线性组合	2.605	1	0.107
有效案例中的 N	2152		

a. 0 单元格（0.0%）的期望计数少于5。最小期望计数为8.34。

[①] 《人民观察：服务能力就是执政能力》，见人民网：http://politics.people.com.cn/GB/14686683.html，2011年5月20日。

其四，阶层地位与是否成为业委会成员没有关系。统计显示，不同阶层中充当业委会成员或维权积极分子的比例基本维持在20%左右（见表5-16），卡方检验结果表明 p = 0.868（见表5-17），说明阶层地位与是否成为业委会成员或维权积极分子没有关系。

表5-16 阶层地位与是否为业委会成员或业主活动积极分子的统计数据

			是否为业委会成员或业主活动积极分子		合计
			是	否	
职业	第一阶层	计数	22	72	94
		职业 中的 %	23.4%	76.6%	100.0%
	第二阶层	计数	32	129	161
		职业 中的 %	19.9%	80.1%	100.0%
	第三阶层	计数	15	62	77
		职业 中的 %	19.5%	80.5%	100.0%
	第四阶层	计数	39	147	186
		职业 中的 %	21.0%	79.0%	100.0%
	第五阶层	计数	91	303	394
		职业 中的 %	23.1%	76.9%	100.0%
	第六阶层	计数	179	607	786
		职业 中的 %	22.8%	77.2%	100.0%
	第七阶层	计数	95	292	387
		职业 中的 %	24.5%	75.5%	100.0%
	第八阶层	计数	12	55	67
		职业 中的 %	17.9%	82.1%	100.0%
合计		计数	485	1667	2152
		职业 中的 %	22.5%	77.5%	100.0%

表5-17 阶层地位与是否为业委会成员或业主活动积极分子卡方检验

	值	df	渐进 Sig.（双侧）
Pearson 卡方	3.182[a]	7	0.868
似然比	3.246	7	0.861
线性和线性组合	0.604	1	0.437
有效案例中的 N	2152		

a. 0 单元格（0.0%）的期望计数少于 5。最小期望计数为 15.10。

其五，社区内物业冲突程度认知与是否业委会成员之间的关系显著。选取业主普遍认为冲突较为严重的认知情况（即认为"业主同物业公司"、"业主同房产商"之间的冲突较为严重）为变量，与是否为业委会成员进行相关分析。统计表明，二者的卡方检验均显示 $p = 0.000 < 0.05$（见表5-19和表5-21），这说明，是否是业委会成员与冲突程度的认知呈显著关系，认为冲突程度越大的业主越容易成为业委会成员或维权积极分子。

表5-18 是否为业委会成员或业主活动积极分子与对业主同开发商冲突是否严重的认识

		冲突是否严重——业主同开发商					Total
		无冲突	冲突不大	一般	冲突比较大	冲突很大	
是否为业委会成员或业主活动积极分子	是	13.1%	21.6%	24.5%	35.0%	36.8%	22.5%
	否	86.9%	78.4%	75.5%	65.0%	63.2%	77.5%
合计		100.0%	100.0%	100.0%	100.0%	100.0%	100.0%

表 5-19　是否为业委会成员或业主活动积极分子与对业主同开发商冲突是否严重的认识卡方检验

	值	自由度	渐进 Sig.（双侧）
Pearson 卡方	62.683ª	4	0.000
似然性	62.956	4	0.000
线性与线性组合	59.324	1	0.000
有效案例中的 N	2146		

a. 0 单元格（0.0%）的期望计数少于 5。最小期望计数为 15.30。

表 5-20　是否为业委会成员或业主活动积极分子与业主同物业公司冲突是否严重的认识

		冲突是否严重——业主同开发商					合计
		无冲突	冲突不大	一般	冲突比较大	冲突很大	
是否为业委会成员或业主活动积极分子	是	11.8%	20.7%	23.9%	30.3%	36.0%	22.6%
	否	88.2%	79.3%	76.1%	69.7%	64.0%	77.4%
合计		100.0%	100.0%	100.0%	100.0%	100.0%	100.0%

表 5-21　是否为业委会成员或业主活动积极分子与业主同物业公司冲突是否严重卡方检验

	值	自由度	渐进 Sig.（双侧）
Pearson 卡方	48.875ª	4	0.000
似然性	50.905	4	0.000
线性与线性组合	47.293	1	0.000
有效案例中的 N	2146		

a. 0 单元格（0.0%）的期望计数少于 5。最小期望计数为 20.07。

第二节 业主委员会的社会整合度分析

在本节的分析中,选取了1340个回答"本小区有业委会"选项的业主。① 由他们回答业委会的社会整合程度等问题。

一、业主委员会对业主的整合度不高

表5-22 小区业主委员会的整合度

项目	不同意	比较不同意	一般	比较同意	非常同意
1. 业主感情融洽、互相团结	5.1%	13.4%	41.9%	26.1%	13.5%
2. 业主适应业委会共同规则	4.6%	13.5%	41.8%	30.2%	10.0%
3. 业主之间互相熟知和互相帮助(忠诚)	4.2%	12.5%	40.8%	29.9%	12.5%
4. 业主满意业委会工作,有归属感(认同)	8.0%	14.1%	43.0%	22.0%	12.9%

如表5-22,从团结、适应、忠诚和认同四个维度来考察业委会对业主的整合程度。

39.6%的业主认为其所属小区业主感情融洽、互相团结。

40.2%的业主认为其所属小区业主适应业委会共同规则。

42.4%的业主认为其所属小区业主之间互相熟知并且互相帮助。

34.9%的业主认为其所属小区业主满意业主委员会的工作并有归属感。

---

① 之所以不能用这个数字反映业委会成立的比例,是因为在一些社区内存在多数抽样的现象,也就是说不能用这个数字除以总样本得出业委会的成立率。

因为该四题都是正向功能题，所以通过加总各分项，可以得到受访业主对于其所属小区的认同指数，得分越高表明小区业主之间社会整合程度越高。总体来看，业主委员会对小区内业主的整合程度不是太高。这里引入人口学特征、阶层地位等，分析不同因素对业委会整合程度的影响。

其一，不同性别业主的小区整合变量指数存在显著差异。表格5-23呈现了不同性别业主的小区整合认同指数差异的F检验，结果表明，不同性别的小区认同存在显著差异（F=9.228，Sig=0.002<0.05），女性业主的小区整合认同指数（均值为8.61）较男性业主（均值为7.70）更高。

表5-23 不同性别业主对业主社会整合认同指数差异比较

变量	值	均值	N	标准差	
性别	男	7.70	1114	6.934	F=9.228 Sig=0.002
	女	8.61	1038	6.832	
	总计	8.14	2152	6.898	

其二，阶层地位越高越认同业委会整合度。从不同阶层的业委会整合认同描述性统计量来看，在有业委会的社区，主观阶层认同不同其业委会整合认同指数也有所差异，但总体来说都较高。从方差同质性检验结果来看，因levene统计量的F值等于1.697，p=0.106>0.05（见表5-24），表示样本方差差异未达到显著性水平，即未违反方差同质性假定。从不同阶层业主社区认同指数差异比较的方差分析来看（见表5-25），其整体检验F值为4.012（p=0.000<0.05），达到显著性水平，表示不同阶层的业主在业委会整合认同方面存在显著性差异，从Scheffe、LSD（least significant difference）和Turkey HSD三种事后比较方法来看，可知第七阶层对本小区业主社会整合度的认知指数明显高于其他阶层，第一阶层的认同度最低，表明在业主有业委会成员的阶层地位越高对本小区业主社会整合度的认知指数也越高。

表 5-24　阶层地位对业主委员会整合度的认识

检验变量	阶层	个数	平均数	标准差
社区认同	1 阶层（A）	58	12.71	3.529
	2 阶层（B）	85	12.13	3.035
	3 阶层（C）	38	11.95	3.162
	4 阶层（D）	92	12.50	3.372
	5 阶层（E）	251	13.08	3.640
	6 阶层（F）	501	13.01	3.545
	7 阶层（G）	274	13.76	3.049
	8 阶层（H）	41	14.0	3.886
方差同质性检验	Levene F = 1.697	df1 = 7	df2 = 1332	p = 0.106

表 5-25　阶层地位对业委会整合认同指数差异比较的方差分析

		平方和（SS）	自由度	平均平方和（MS）	F 检验	事后比较 Scheffe 法	事后比较 LSD 法	事后比较 HSD 法
社区认同	组间	329.398	7	47.057	4.012***	H>A	G>A\G>B	G>B
	组内	15624.581	1332	11.730		G>B	E>B\F>B	G>C
	总和	15953.978	1339				H>B\G>C	G>D
							H>C\G>D	

***p<0.01

从不同家庭月收入的业主社区认同来看，业委会、家庭月收入与业主的社区认同指数有所差异，但从方差同质性检验结果来看，因 levene 统计量的 F 值等于 1.697，p = 0.106 > 0.05（见表 5-26），表示样本方差差异未达到显著性水平，即未违反方差同质性假定。从不同家庭月收入业主业委会整合度指数差异比较的方差分析来看，其整体检验 F 值为 4.302（p = 0.000 < 0.05）（见表 5-27），达到显著性水平，表示不同阶层

的业主在业委会整合度的认识方面存在显著性差异,从 Scheffe、LSD 和 Turkey HSD 三种事后比较方法来看,家庭月收入在 20000 元及以上的业主的对其所属小区业委会整合度的认同度明显高于其他阶层,第一阶层的认同度最低,表明在有业委会的家庭月收入越高,业主对其所属业委会整合度的认同度也越高。

表 5-26　不同家庭月收入业主社会整合认同描述性统计量

检验变量	家庭月收入	个数	平均数	标准差
业委会整合度	1500 及以下（A）	64	11.73	4.076
	1501—2500（B）	113	12.73	3.376
	2501—3500（C）	140	12.57	3.416
	3501—4500（D）	165	13.00	3.524
	4501—5500（E）	151	12.35	3.010
	5501—7500（F）	156	13.58	3.664
	7501—10000（G）	203	13.11	3.348
	10001—15000（H）	171	13.68	3.416
	15001—20000（J）	87	13.47	3.432
	20001 及以上（K）	90	14.08	3.452
方差同质性检验	Levene F = 0.980	df1 = 9	df2 = 1330	Sig = .455

表 5-27　家庭月均收入与业主社会整合指数差异比较的方差分析

		平方和（SS）	自由度	平均平方和（MS）	F 检验	事后比较 Scheffe 法	事后比较 LSD 法	事后比较 HSD 法
业委会整合度	组间	451.339	9	50.149	4.302***	K>A	D>A、E>A	F>A、H>A
	组内	15502.639	1330	11.656			F>A、G>A	K>A、K>C
	总和	15953.978	1339				H>A、J>A	H>E、K>E
							K>A、K>B	H>E

***p<0.01

由上看来，阶层地位越高的业主越倾向认同业委会具有较高的社会整合度。

二、整合机制与业委会整合度的关系模型

本书第二章介绍了社会整合的六大机制，在全国九大城市的调研也采用这六大机制设计了问题。从表5-28受访业主对其所属社区的业主委员会社会整合的认同情况来看，36.8%的受访者认为其小区业委会能与业主经常沟通并公开相关信息；23.3%的受访者经常参加业主集体活动和重大事件决议；27.9%的业主认为其所属小区业委会规则制度较为完善；34.1%的业主认为其所属小区的业委会能够理性引导和帮助业主；37.5%的业主表示其所属社区的业委会能够帮助业主维权；29.9%的业主认为在其所属小区，业主的建议、意见和困难总能够得到业委会及时回应。

表5-28　业委会社会整合工具的有效性

项目	不同意	比较不同意	一般	比较同意	非常同意
1. 业委会能与业主经常沟通、公开信息	8.6%	14.7%	39.9%	23.7%	13.1%
2. 您经常参加业主集体活动和重大事件决议等	18.1%	22.8%	35.9%	17.6%	5.7%
3. 业委会规则制度较为完善	7.9%	18.5%	45.7%	20.9%	7.0%
4. 业委会能够理性引导和组织业主	8.2%	14.1%	43.6%	24.6%	9.5%
5. 业委会能够帮助业主维权	7.9%	14.0%	40.6%	24.0%	13.5%
6. 业主的建议、意见和困难总能得到业委会及时回应	8.7%	17.3%	44.1%	20.4%	9.5%

根据前述对于各影响业委会整合度影响因素的分析，本研究特别提出业委会整合度具体流程图（如图5-7），通过做好信息沟通和帮助业主维权，能够有效地促进业主意见回应这一过程，从而提升业委会整合度。

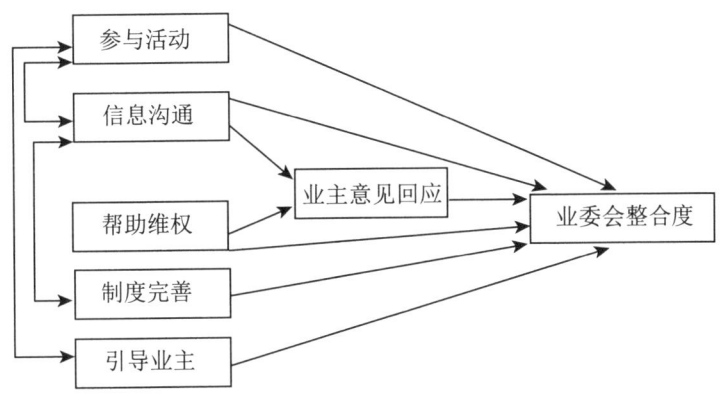

图5-7 业主委员会社会整合的流程图

为了进一步分析各项整合机制对业委会整体整合程度的影响，本研究建立了一个多元回归嵌套模型。业委会整合程度作为因变量，由业主对"感情融洽、互相团结"、"适应业委会共同规则"、"业主之间互相熟知并且互相帮助"、"业主满意业主委员会的工作并有归属感"四个方面的认可程度加总而来。自变量主要包括两类，一是以性别、年龄、文化程度、政治面貌和业委会成员身份作为控制变量，二是以六大社会整合机制作为关注的核心自变量。本研究先将控制变量纳入模型，建立模型1；再将六大社会整合机制变量纳入模型，建立模型2（见表5-29）。

两个模型的Sig值均为0.000，表明两个模型显著性水平都很好，而且引入社会整合变量之后显著性有所提高。

表 5-29 关于业委会整合程度的影响因素分析

变量	模型 1		模型 2	
	回归系数	标准误	回归系数	标准误
男性	0.552	.299	0.150	0.145
年龄	-0.301	.344	0.142	0.168
文化程度	0.669***	.162	0.072	0.080
党员	0.193	0.352	0.415**	0.166
职业阶层	0.620*	0.080	0.053	0.039
业委会成员/业主活动积极分子	1.087**	0.351	0.001	0.165
业委会能与业主经常沟通、公开信息			0.986***	0.091
您经常参加业主集体活动和重大事件决议等			0.100	0.081
业委会规则制定比较完善			0.250*	0.108
业委会能够理性引导和组织业主			0.319**	0.108
业委会能够帮助业主维权			0.474***	0.101
业主的建议、意见和困难总能得到业委会及时回应			0.444***	0.102
常量	4.419***	0.535	4.169***	0.362
调整 R 方	0.031		0.452	
标准估计误差	6.790		2.559	
Df1	6		12	
Df2	2145		1311	
Sig.	0.000		0.000	
N	2152		1324	

注：*p<0.05；**p<0.01；***p<0.001

从模型的拟合优度上来看，模型 1 的调整 R 方为 0.031，估计的标准误差为 6.790，模型 1 的调整 R 方偏小，拟合优度较差。模型 2 的调整 R 方为 0.452，估计的标准误差为 2.559，在加入了社会整合机制变量之后，调整 R 方明显提高，说明社会整合变量的加入在很大程度上提高了模型的解释力。此外，考虑到多个自变量的多重共线性可能会影响对回归模型的估计，本文特别验证了方差膨胀因子（VIF）的大小。模型 2 的方差膨胀因子最大的也只有 2.489，远小于 10，所以，可以认为模型 2 不存在多重共线性。

根据回归结果可得：

业委会整合程度 = 4.169 + 0.145 * 党员 + 0.986 * 信息公开 + 0.250 * 规则完善 + 0.319 * 理性引导 + 0.474 * 帮助业主维权 + 0.444 * 及时回应 + 随机误差

具体来说，各项社会整合机制中，业委会能与业主经常沟通、公开信息对业委会整合程度影响最大（Beta = 0.314），其次是业委会能够帮助业主维权（Beta = 0.149），再次是业主的建议、意见和困难总能得到业委会及时回应（Beta = 0.135），最后是业委会能够理性引导和组织业主（Beta = 0.095）和业委会规则制定比较完善（Beta = 0.072）。业主的参与度对业委会整合程度无显著影响。

本章小结

本章主要是对 485 名业委会成员及其业主维权积极分子进行了统计分析，讨论了城市社区业主委员会组织的情况，分析了业委会社会整合的影响因素，并得出了以下主要结论：

1. 成立业委员组织的诉求较高，反映出城市社区业主权利意识的增强。超过七成的业主认为有必要成立业委会组织。由于成立业委会在实际中存在相当的困难,可能反而激发了业主"组织权利"的意识。超过六成的业主选择"我们有权成立业委会"、"我们要自治"等选项。

2. 青年人、学历高的人、党员以及有冲突经历的业主更容易成为业委会成员。年龄、学历、政治面貌和冲突严重程度的认知等因素,与是否是业委会成员或业主维权积极分子有相关性。越是认为"业主维权冲突"较严重的业主越容易成为业委会成员或维权自己分子。

3. 城市社区业主之间的社会整合程度总体不高。以业委会为主要的分析对象,在衡量业主整合程度的"互相团结"、"遵循规则"、"互相忠诚"和"认同业委会"等指标上,均保持在40%左右的较低水平,小区业主社会整合认同指数仅为8.14 的均值。

4. 业委会能与业主经常沟通和保护业主利益最能影响业委会整合度。如果能将业委会的"理性引导和帮助"与"业主参与业主组织活动"结合起来,影响业委会社会整合度的六个机制可以发挥最高的效力。其在这六个机制中,"业委会能够公开信息与业主沟通"以及"业委会能够帮助业主维权"最能够影响业委会社会整合度。总体来看,影响业委会整合度的六个机制中,影响力由高到低依次为"沟通整合"、"利益整合"、"交换整合"、"控制整合"、"规则整合"和"参与整合"。参与整合的影响力之所以较低,可能与业主对"是否有机会参与业委会重大决议"的一种现实判断有关。

第六章

城市社区业主的社会整合与冲突治理关系

第一节 问题与方法

当前学界对业主维权的研究重点主要集中在维权的背景、起因、方式、过程和困境。研究是将业主维权视为一个整体，进行外部的整体性观察，缺少对业主群体内部关系的考察。即使有部分研究关注到业主群体内部的分化，但仍没有关照业主内部整合与业主维权冲突治理的关系。将业主群体抽象为一个组织，却疏于考察业主群体如何整合成为一个组织，业主整合能力如何影响维权冲突的治理。因此，本章就从业主群体内部关系出发，将业主整合视为自变量，冲突治理视为因变量，衡量业主整合是否有利于业主维权冲突的治理，即业主如何从分散走向联合，实现业主整合，进而形成一个整体开展维权活动？业主整合又是如何影响冲突治理，其背后的作用机理是怎样的？

为了回答上述问题，本章主要通过选取典型的维权案例，剖析小区业主在维权过程中如何实现业主整合？即分析业主如何从"原子化"的个体走上业主之间的联合，实现业主群体整合，继而是如何影响冲突治理的效果？同时，通过对两个业主维权案例的比较，分析业主整合程度如何影响冲突治理效果，找出影响业主维权冲突治理的关键变量，进而得出业主整合与冲突治理关系的相关结论(见图6-1)。

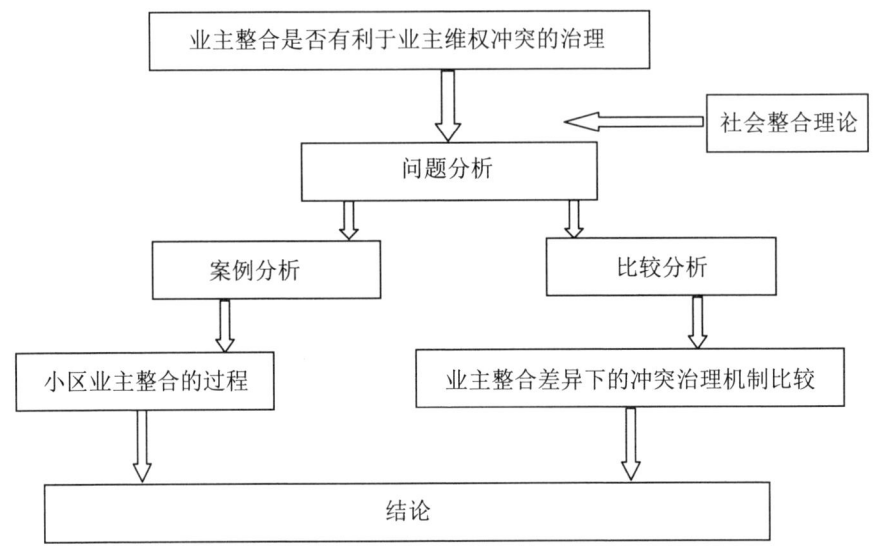

图 6-1 城市社区业主维权与冲突治理关系的研究框架

如图6-1所示,本章将主要采取案例分析和比较分析的方法,对业主整合与冲突治理之间的关系进行研究。

首先是案例分析法。通过选取两个业主维权的典型案例,按照结构式访谈的方法,详细了解业主维权的对象、原因及其维权过程,重点关注业主维权冲突最终是如何化解的。分析业主群体是如何实现整合,分析业主整合这一关键变量与冲突治理的关系,探究"分散式"还是"整合式"的业主群体更有利于冲突的治理,是加剧了冲突还是成功化解了冲突,其背后的作用机制是什么?

其次是比较分析法。选取可供比较的两类维权案例,一类是业主维权冲突得到化解,一类是业主维权冲突没有化解。在对两类典型维权案例的详细了解后,分析二者在治理维权冲突方面的共性与差异。在这两类典型维权案例当中,治理主体均采取了什么方式来化解冲突,又是什么因素导致了二者截然不同的结果,两类维权案例中业主整合程度对业主维权冲突治理的影响。从而找出影响业主维权冲突的关键因素，对业主维权冲突的治理有更加深刻的认识。

第二节 案例导入

一、案例选取

本章选取了两类业主维权的典型案例，一类小区维权成功，一类小区维权失败。

A 小区业主经历长达十年的维权，业主与开发商的冲突一直没有解决，业主本来寄托于政府出面干预，但政府并没有采取实际行动介入业主与开发商的冲突。B 小区业主与开发商、物业公司越闹越大的冲突，引致政府关注，政府部门及时介入，化解了 B 小区的维权冲突，取得了业主维权冲突治理的成功。

（一）A 小区基本情况

A 小区，曾是长沙市的"标志性工程"。位于老长沙市的货运码头——通泰门。这个寓意"通江达海、国泰民安"的老城门，是发财、富贵之地。据居住在这里的业主们介绍，由于 A 小区地处长沙市沿江风光带，面对湘江、岳麓山、橘子洲，"山水洲城"景色一览无余，不仅具有居住价值，也具有巨大的投资空间。该小区分为 A 座和 B 座，2001 年开始建造，共有业主 500 多户。由于该小区是长沙市当时最贵的电梯公寓小区，小区业主大多数是社会上层精英人士，包括律师、大学教授、政府领导、医院院长、私企老总、外企高管，仅有不到 10% 的业主为拆迁户。

（二）B 小区基本情况

B 小区位于长沙市天心区市中心板块，曾经被开发商称之为"长沙最好的教育楼盘"。B 小区是 H 地产公司在长沙开发的标志性房地产项目，项目位于赤岭路和书院路之间，毗邻高等学府，东临长沙商务中心区，西望湘江，南靠南郊公园，是专门为年轻知识一族量身打造的 20 万平方米大型社区，业主子女可进入大学的幼儿园与所附小学学习。小区 2003 年开始建造，由 12 栋 17 层电梯小高层组成，共有业主 2000 多户，2006 年业主开始入住。业主大多数是社会中产阶层，其中包括大学老师、医生、公司职员、个体工商户。

二、案例经过

（一）A 小区维权案例

1. 维权缘起

1992 年，L 地产公司以每亩 26 万元的低价购得一块沿江的风水宝地，面积约 11 亩。1993 年，开始建设"XB 大厦"，但其间因为资金链断裂，建到三层时，便一直停工至 2001 年。2001 年后，"XB 大厦"更名为 A 小区，重启开发并建成第一期，共计 200 余户；第二期于 2005 年建成，共计 300 余户，均很快销售一空。L 地产公司先后采取销售资金体外循环、逃避银行监管、一房多卖、低价现金交易、借高利贷、以房作抵押等方式，套得几千万元资金调往外地救急。因当时欠施工方 2000 万元左右，小区连施工验收都没搞，更别说消防、综合验收和备案，开发商一直是违法交房。小区用的是临时基建用电，大楼已经被列为长沙市重大消防隐患，承诺的 40% 以上绿化不见踪影。由于欠施工方、银行、税费等 3000 多万元，业主领取房产证更不知何时。

经过十年维权，A小区已经通过房屋验收，居民用电和消防设施已基本解决，但由于开发商没有上交小区维修基金，房屋外墙开裂、脱落严重，并砸坏多部车辆，因此取得房产证和解决房屋安全问题成为主要维权目标。

2. 维权过程

2005年，A小区成立了业主委员会。但由于业委会诉讼主体资格的问题，A小区业主以个人名义向长沙仲裁委员会申请仲裁，经仲裁委员会调解，业主与L地产公司达成协议，L地产公司承诺为业主办理房产证并补偿经济损失，但直到2006年底L地产公司也没有兑现承诺。长沙市仲裁委员会向开福区法院申请强制执行，2007年经法院裁定，L地产公司无财力执行，公司已经注销，法定代表也消失，执行程序终结。业主通过法律渠道维权宣布失败。

2010年以后，业主继续以个人名义到省政府、市政府上访，向市委书记、市政府、区政府、街道办写信反映小区问题，希望政府出面解决房产证的问题。但由于开发商报建费没有补交，相关部门认为业主应该首先去找L地产公司补齐报建费，之后才能解决房产证问题。可现实情况是，L地产公司早已不存在，业主维权再次受阻。

面对严峻的维权形势，A小区通过业委会牵头，两位老人（一位是退休的市教育局局长、一位是具有抗争精神的意见领袖）担任维权顾问，由小区内大学教授、记者、律师、私企老总、外企高管组成维权小组，带领小区业主维权。

一方面，业主继续到北京、省政府、市政府上访并向中央领导写信，设法通过体制内的渠道维权，最终先后得到长沙市三位副市长的批复，认为A小区房产证问题"特事特办"，并转交给相关部门。相关部门承诺尽快解决A小区房产证问题，但仅仅停留在承诺层面，并没有采取实际行动，业主一再被告知"房产证问题再等等"。以小区业委会F副主任为首的小区业主到有关部门质疑政府不作为，引致业主与政府相关部门领导一场骂战，最终双方不欢而散，使得房产证问题依然没能解决。

另一方面，2013 年，忍无可忍的业主最终采取"堵路"和拉横幅抗议等体制外手段维权，决心把事情"闹大"，业主围堵小区旁边 YP 路，导致交通堵塞，由于怕触碰法律底线，在开福区副区长和维权顾问的劝阻下不久便散去。但是拉横幅抗议活动维持至今，每当两会等敏感时期，业主就会将维权横幅悬挂在小区外面表示抗议。

此外，A 小区房产证问题先后被新华网湖南频道、红网、长沙政法频道等媒体报道，但效果甚微。因此他们通过制作相关视频，想通过"市长问政"等渠道寻求解决，但视频被官方撤下，维权无果而终。

3. 维权结果

A 小区业主的房产证十年来仍然未能解决。同时，积极参与维权的业主越来越少，许多业主选择搬离该小区。业委会成员表示他们是"弱势群体"，维权力不从心。

（二）B 小区维权案例

1. 维权缘起

B 小区业主 2006 年开始入住，第二年小区里就开始"闹腾"，因为 H 地产公司违规出售垃圾站用地、私自扩建和改建在规划中已经承诺业主用于幼儿园和休闲会所建设用地等 16 个问题，业主按照法律程序，逐级上访。在"闹腾"一年多以后，问题依然没有得到解决。

小区 J 物业对小区广告、摊位出租、停车位等公共收入据为己有、躲躲闪闪不愿意公开，业主们则坚持将小区公共收益归还业主。2011 年 2 月，因为拖欠水电费，B 小区被停水停电。业委会调查发现，自 2009 年起，J 物业开始挪用业主水电费。截至 2012 年 5 月底，J 物业共挪用拖欠约 140 万元水费、90 万元电费，包括预收业主电费约 50 万元。

愤怒的业主于 2011 年第三次召开业主大会表决同意，三年期满后不再续聘 J 物业。因此，解决小区配套设施问题和炒掉物业成为业主维权的主要目标。

2. 维权过程

2008年11月，小区业主们自发组织成立了维权小组。2009年5月，业主们选举产生了第一届业委会，正式成立了维权队伍。业委会先后16次与长沙市七个市级行政主管部门去函去信，也曾数十次与政府部门协商、与开发商协商。期间，因为开发商力图从11栋接水电到违规修建的12栋，引发小区业主多次与开发商打架、堵门事件，小区业主与开发商的矛盾越积越深。

2009年8月24日，B小区业委会两名成员HWB、WCL在小区东门维权时，被H地产公司售楼部经理雇凶砍伤，这直接成为引爆小区火药桶的导火线。维权事件"越闹越大"，矛盾瞬间激化。当天，业主们自发迅速堵住了小区门前的CL路，大批公安、特警、武警闻讯后出动，中央电视台、湖南地方媒体纷纷前来关注这次维权事件，但业主们为了讨个说法，严惩开发商雇凶杀人，仍旧拒绝散去，一直僵持到深夜。当晚，长沙市副市长亲自出面协调处理，才缓解了一触即发的形势。第二天，WZ牵头召开了九个政府部门组成的联席会议，研究B小区配套建设和管理问题。截至2010年底，16个问题基本解决，总计从开发商手中收回了约300万的资产。

2011年，因小区公共收益和物业挪用水电费问题，业主决定公开招标，选聘新物业。业委会受业主委托，提前半年开始谋划。经"标书审核"、"现场答辩"、"楼盘考察"三轮考核后，H物业最终中标，J物业出局。但J物业并不配合，三方敲定的财务清算时间表也因J物业一再延迟。因为物业拖欠水电费，B小区停水停电，街道、社区不得不出手监管，于4月起每天监管J物业的资金动态，确保用于小区的日常事务管理。5月31日，交接会的前夕，一群不明身份人士冲进小区，抢走了小区运营的核心枢纽——收费系统，后由当地派出所夺回。6月1日，小区新老物业交接会议正式开始。街道、社区、派出所、区房产局等主管部门出席见证。会议现场交接保卫、保洁、客服、工程岗位并签字盖章。

业主委员会牵头成立"账目清查小组",成立审计三人组,逐步理清 J 物业的经济账。同时,业委会将小区的公共资源委托 H 物业进行经营管理,业委会负责监督,并按比例收回经营所得,所得收益由业主大会审议分配。街道办、社区主要从维护小区稳定出发,强调把各类账目清单明细拿到桌面上来,用数据说话,所有的计划都要成书面形式。小区各楼栋栋长联席会 W 会长则表示物业服务要有两个底线,就是法和理,一旦突破了这两个底线业主必定会产生很大不满。业委会代表也表示资产移交一定要具体化,哪方面工作由哪方来完成需要书面具体化。之后,街道派出所将物业收费系统移交给 H 物业。至此,新旧物业交接工作完成。

3. 维权结果

B 小区业主从开发商手中收回约 300 万的资产,16 个由开发商导致的问题也基本解决。小区业主最终炒掉了老物业,选聘了新物业,业委会每年能结余公共收益近 40 万元,用于公共设施维护和业主集体活动。两次维权活动均获得成功,成为业主维权冲突治理的典范。

第三节 两个小区业主整合的过程

以下以社会整合的六个机制来分析两个小区业主的整合过程。

一、A 小区业主整合过程

A 小区业主总体上没有实现业主整合。业主处于一种"原子化"的分散状态,业主力量在维权过程中没有得到有效的整合,小区维权力量比较弱小,A 小区业主维权冲突的治理面临诸多困境。

（一）沟通整合：业主沟通失效

A小区业主自2005年开始维权，十年漫长的维权之路使得小区业主维权积极性发生了明显的变化。在维权初期，业主通过电话、QQ群等沟通手段发布维权信息、组织维权活动，由于小区业主数量不多，业主维权精英上门号召，在维护自身合法权益的驱使下，业主能够比较团结地与开发商展开争夺房产证的拉锯战。

如今，业主主要是运用微信群进行维权信息的交流，但仅仅限于发布信息，大部分业主反映比较冷淡。维权精英的数量和热情也急剧下降，不再上门号召业主，加之部分业主成员搬离小区，不再关心小区维权，业主参与维权积极性变弱。

>应当讲，2005—2008年我们业主是比较团结的，在业委会的带领和具有抗争精神的业主号召下，通过电话、QQ群等手段（组织开展维权）。现在主要通过微信群联系业主进行维权，但是比较冷清，一般都没有人说话，就我们几个活跃分子。（A小区业委会L主任）

在A小区，随着时间的推移，由于业主积极性下降、开发商消失、业委会成员不齐心、维权精英积极性减弱、部分业主搬离小区、小区居住结构复杂化等诸多原因使得小区社会资本的"存量"较低，小区业主沟通网络出现"断裂"，趋向"瓦解"。业主之间仍然是"原子化"的个体，力量分散，业主之间并没有通过交流沟通凝聚共同感情，反之，感情愈发疏离，业主的社区归属感趋弱。

>现在业主大会召开越来越难，人也越来越少，很多业主都不住在这里了，住在这里的都是租户，几乎都是楼下MJ饭店的员工。大家也不齐心，有的维权精英退休了，有的业委会成员凭心情，觉得

这个问题有兴趣就出来管一管，不感兴趣或者心情不好，直接不来参会，我们也觉得很难。(A 小区业委会 L 主任)

(二) 规则整合：群体约束的缺失

在业主维权过程中，A 小区的业主群体也缺乏规则的约束，正式规则与非正式规则均十分缺乏，也即缺乏了共同规则对业主的约束。

A 小区业主维权运动的领导机构——业委会处于一种原始状态，发育程度比较低。业委会组织内部没有明确的规章制度，小区业主没有明确的议事规则，也没有形成有效的监督业委会的机制，业委会组织业主开展维权活动全靠奉献和自觉。由于没有对业委会成员产生实质性的规则约束，导致一些业委会成员"凭心情"来组织业主维权，业委会内部力量涣散，破坏了业委会内部结构的稳定，导致整个业主组织内部领导能力的涣散。

同时，A 小区业主自愿参与维权，没有强制性的要求。由于业主维权运动战线太长，十年维权仍然没能取得实质性的维权成果，一些业主表示对维权"很失望"、"时间精力有限"，业主维权积极性受到了极大的挫败。加之作为维权精英的业委会成员不齐心，维权积极性下降，号召、动员小区业主的能力变弱，在没有规则约束下的业主纷纷放弃维权，业主维权变得更加艰难。

(三) 利益整合：缺乏维权吸引

一般来讲，利益受损是业主参与维权的基本动因，共同的利益是吸引业主走向聚合的基础。A 小区业主面临相同的利益受损情况：一是房产证问题；二是房屋安全问题。可以看出，A 小区具有实现业主整合的利益基础，具有利益驱动，但最终并没有实现利益整合。根源在于 A 小区业主维权的维权成本与维权效益之间的张力没有得到有效平衡，缺乏合理的利益回报，严重挫败了业主维权的积极性，破坏了利益一致性的基础，导致缺乏促使业主参与维权的吸引力。

A 小区业主在得知负责开发 A 小区的 L 地产公司已经注销，法人代表也已消失之后，通过法律渠道裁决的结果显然起不到任何作用。小区业主只能将希望寄托于政府出面解决小区房产证问题，但相关政府部门不作为，政府承诺解决 A 小区房产证问题，却没有采取任何实际行动，因此业主对获取房产证更加趋于"无望"。A 小区业主历经十年维权长跑，大量时间和精力都耗费在寻找开发商、法律诉讼和上访维权的过程当中，但维权收益十分有限，仍然没有解决小区房产证这一最大的问题，业主维权积极性受到极大打击。加之小区居住结构日趋复杂化，许多业主出租房屋，居住在小区的业主越来越少，利益出现脱嵌，进而导致维权力量的涣散，组织开展维权运动困难。因为难以获得利益回报，通过利益整合业主则难上加难了。

（四）交换整合：信任与资源的缺失

一般来讲，业委会是整合业主力量参与维权的核心，与业委会领导能力密不可分的是业委会自身治理能力，业委会自身治理能力又直接影响业主的信任与参与。但 A 小区业委会内部治理结构不清晰，同时，业委会没有固定的收入，经济实力也比较弱小，业委会成员没有报酬，都是凭借奉献精神和维权顾问的支持来组织业主维权。正是在这种背景下，逐渐导致了业委会内部成员的分裂，业委会治理能力较弱，缺乏业主信任的基础，在经历长期维权无果之后，业委会动员业主的力量十分有限。

> 我们在社会上都是有身份有地位的人，但一旦变成业主参与维权就觉得矮人一等。我这些年一直负责维权，两位老人退休了，也没能安享晚年，把大量的时间和精力都用在小区维权上了。你看咱们 W 总，一边要处理自己公司的事情，一边还要忙维权，真的很不容易，我们都是奉献，没拿一分钱。都是老人家的榜样力量鼓励着，

要不然很难维持。(A小区业委会L主任)

同时,业主对小区业委会充满质疑。A小区一些业主表达了对业委会的不满情绪:一是质疑业委会成员的履职能力。在一些业主看来,经业主选举产生的业委会成员,就是业主寄予业委会成员的一份信任,并应当积极为小区业主维权服务。但是,新一届业委会部分委员没有承担应尽的责任,甚至认为他们"从来不做事",仅仅是"挂个名头"。二是质疑业委会财务制度。业主缴纳的50元维权费,支出明细并不清晰。虽然业委会成员一再表示财务是公开透明的,但是一些业主表示他们并没有看到财务支出明细,因此质疑业委会成员是否真正将这笔款项用于维权活动。

> 他们业委会成员很不齐心,有的经常不来参会,感觉好像从来没做过什么事。以前的成员还要组织维权,现在这届的都不积极了,他们不想管,你说他们有用吗?没起作用。反正我觉得维权很累,我的维权积极性也降低很多了。(A小区业主G先生)
>
> 我们维权的主要目标就是房产证,现在最重要的问题就是小区楼栋外墙的安全问题。有的业委会成员还是蛮热心,毕竟都是奉献嘛,但是业委会这个财务问题做得不好,我不清楚他们的财务情况,好久都没有公布了。(A小区业主Z先生)

此外,业委会对跨界联合持否定态度。A小区业委会对待业委会跨界联合完全持否定态度。A小区业委会不参与长沙市业委会协会筹备组织的学习交流活动,并认为实现跨界联合是违法行为。因此,A小区业主几乎没有从其他小区交换资源和信息的渠道,这种"单打独斗"的维权方式不利于维权经验和维权精英的互动交流,维权信息比较闭塞。

> 我们根本没有想过要加入业委会协会，没有考虑与其他业委会联合。我们也不敢加入，人多了怕被抓，这是违法的。确实不想当业委会主任了，真的很累，不小心还得惹上不必要的麻烦。（A 小区业委会 F 副主任）

由此看来，业主对业委会、业委会对业委会之间的交流均缺乏必要的信息，以此为基础的资源整合就随之缺失了。

（五）参与整合：维权力量涣散

问题化是业主参与维权的逻辑起点。问题化是指"小区存在的问题在业主中已经形成共识。其严重性和解决的必要性已经被业主充分认识到的局面和状态"①。很明显，A 小区业主所面临的问题上升到了"问题化"的阶段。A 小区业主意识到问题的严重性和维权的必要性，进而推动了业主最初参与维权的行动。A 小区业主阶层也曾经具有较强的维权意识，居住在该小区的业主具有较强的权利意识、良好的知识素养。

> 因为我们小区当时是长沙最贵的电梯公寓，业主也大多数是社会精英，是最有钱的一批人，这里面包括律师、大学教授、教育局长、医院院长、质监局副局长、私企老总、外企工作人员等等。业主普遍素质都比较高，而且权利意识都比较强。（A 小区业委会 L 主任）

业主的活跃与独立程度，直接影响到业主参与维权的程度、业主力量的整合和社区自治的空间。但是，A 小区业主的活跃与独立程度却十分受限。A 小区参与维权的困境首先体现在外部力量的挤压。A 小区所在

---

① 张磊：《业主维权运动产生原因及动员机制——对北京市几个个案小区的考察》，载《社会学研究》，2005 年第 6 期。

街道、社区怕业主将对开发商的矛盾转嫁给政府，所以经常截访、劝诫业主停止上访或者陪同上访，小区业主的维权行动受到严密的控制，业主力量很难组织起来。

> 街道、社区怕我们将对开发商的矛盾转嫁给政府，所以经常截访，劝我们停止上访，或者实在不行要上访的话提前告知他们，社区的人也经常来劝，实际上怕我们影响他们的政绩啊，考核啊，他们想的这些。（AY1）
>
> 我们小区不还住着一些单位领导嘛，上面也都是打了招呼的，叫他们不准参与业主维权，要不然乌纱帽不保啊。（AY2）
>
> 法律规定上访人数不能超过四人，否则不与接待。所以我们每次都是三人组合，大多数情况下都是我们业委会这几个人。加上十来年的维权长跑了，业主精力、时间有限，业主维权的积极性越来越低。（A小区业委会L主任）

A小区业主参与维权的困境还体现在业主维权积极性的急剧下降，内部参与受限。如上所述，十年维权长跑也没能解决房产证问题，这给业主维权积极性以"沉重打击"。对法律手段维权的"无奈"和期待政府出面的"无望"，致使业主参与程度、活跃程度也开始下降，加之业主阶层经济条件较好，许多业主相继搬出小区另购房产，出租A小区房屋，业主内部开始分化，小区居住结构愈发复杂，A小区凝聚力遭到削弱，业主参与陷入困境。

（六）控制整合：缺乏社会控制机制

经历十年维权无果之后，小区业主维权积极性受到极大的打击，业主内部明显出现分化，业主维权凝聚力逐渐涣散。面对业主分化这一严峻形势，作为维权领导核心的小区业委会并没有采取及时有效的措施来控制业主内部的过度分化,而是显得"无能为力",致使 A 小区业主维权力量随着时间的推移逐步分散。同时,作为凝聚业主力量的关键节点——维权精英,也因社会控制机制的缺乏,没能有效发挥维权精英的角色。

实际上,A 小区业委会无法有效控制业主分化的根本原因在于业委会内部的分化。A 小区业委会组织内部存在诸多问题,不仅缺乏完整的组织架构,也缺乏对业委会成员的淘汰监督机制。由小区业主选举出来的业委会成员,如果不能尽职尽责,应当采取一定的程序对其进行罢免,淘汰不作为的业委会成员。但是,A 小区业委会缺乏这种机制,因此在面对"凭心情"履职的委员,没有采取有效的举措对其进行问责,业委会内部成员之间矛盾也随之产生,内部摩擦难以避免。

二、B 小区业主整合过程

与 A 小区不同,B 小区业主的整合程度较强。B 小区业主在维权过程中将分散的业主力量逐渐整合成一个整体,从而增强了业主维权的影响力,引起政府的关注,最终促使维权冲突得到较好的治理。

(一)较为完整的沟通网络

B 小区业主在维权过程中,构建了"业委会—楼栋长联席会(监事会)—楼栋长—栋代表—业主"联系机制,逐步形成了完整的沟通网络。在议事方面,充分发挥各楼栋长和五名栋代表上传下达的作用,广泛联系小区业主。在很多涉及业主利益的具体事务上,也由楼栋长收集业主们的建议或者业主直接通过电话向业委会专职委员反映。

> 我们小区具体由楼栋长联席会成员联系各楼栋的楼栋长,由楼栋长通知五名栋代表,然后又由他们告知每一栋楼的业主。各种开

会啊、组织活动什么的，主要都是靠这种方式。（B小区楼栋长联席会OY会长）

B小区业委会依靠这一畅通的沟通机制，将维权信息及时传达给小区业主并收集整理业主意见，有效整合了业主力量和资源，增加了小区关系网络的"存量"，有利于B小区业主开展维权活动。

（二）维权的道德规则力量

"讲道理"这一文化传统成为了整合B小区业主力量的道德文化动力。B小区业主为了"讨个说法"、"争口气"，进而参与到维权行动当中。这背后隐含的深意则是"开发商、物业公司输了理，不讲道理"，没有履行双方建立的契约关系。"理"成为B小区业主参与维权的重要原因，促使小区业主自发参与到"讨伐"开发商和物业公司的维权行动当中，凝聚了维权力量。业主充分应用自身在法律框架内维权的合法性，对开发商、物业公司违背契约关系甚至采取不正当手段进行法律和道德上的制约与谴责。

同时，业委会具有较强的制度化、规则化治理能力，一定程度上也能获取业主信任。B小区业委会具有明确的组织架构、制度规范、议事准则，权力运行受到楼栋长联系会（监事会）的监督，财务每季度进行公示，接受业主监督。此外，B小区业委会成员实现了专职化，并选聘一名律师作为兼职委员，促使业委会有足够的时间和精力带领小区业主进行组织化和专业化的维权。

> 我们业委会选出三名专职委员，六名兼职委员，提供每月1800元的专职工资和180元的兼职津贴，将业委会工作进行了专职化。规定由三分之一以上委员提议即可投票决定委员去留。我们这里是栋长联系会监督业委会，业委会监督物业公司，层层监督，业委会——

楼栋长联系会—楼栋长—栋代表—业主的人事体系已经很成熟。在财务上，与物业公司签订协议，从物业费中划拨一定数额作为业委会开支，设有具体支出议事标准。此外每季度进行财务公示，由楼栋长轮流审计，每次两名；议事方面有楼栋长联席会议，业主大会每年一次，例会每周一次，邀请街道办、消防、派出所和相关部门工作人员列席参与。（B 小区业委会 W 副主任）

（三）利益保护促使内部团结

满足小区业主共同的利益需求，通过维权获取利益补偿，是业主集体行动一致性的基础。建立在业主利益受损基础上的维权行动，是业主参与维权的起点。B 小区业主权益受损主要体现在两个方面：一是规划用于垃圾站、幼儿园和小学建设的用地被开发商私自违规建成一栋商品房公开出售，并且规划中的社区活动场所、社区办公用房也消失不见。二是小区物业公司私吞小区公共收益，私自挪用水电费。

> 我们小区规划是 11 栋，但是开发商 H 公司私自将 11 栋变更为 12 栋，也就是本来规划用于垃圾站、幼儿园和小学建设的用地。你想啊，那么大一个小区，没有垃圾站怎么行，（没有幼儿园、小学）业主子女上学怎么办？而且社区活动场所、办公用房都没有，这怎么成？还想从 11 栋直接接水电到 12 栋，这肯定不行。
> 现在的物业公司都不是服务主体，就想着利益最大化，JZ 物业公司共拖欠水电费 230 万元，水费是 140 万，电费是 90 万，导致我们小区停水停电，服务也差，设备维修做不好，明明签了公共收益分配合同，它就是不执行。（B 小区业委会 D 委员）

正是由于强势的开发商和物业公司侵犯了 B 小区业主的合法权益，引致业主与开发商和物业公司的矛盾。解决开发商违规用地问题、物业公司私吞公共收益和挪用水电费问题成为小区业主维权的共同目标。业主利益受损的同质性增强了集体参与维权的可能，业主在信息共享和守望相助的维权过程中增进彼此关系，进而增强集体认同感。

> 2009年，业委会就与物业公司明确了业委会取得小区公共收益的份额，用于小区公共设施维护、组织活动等工作，并与物业签订了合同。当时，业委会至少能够获得70%—80%以上的业主信任，所以大家都比较齐心。（B小区业委会D委员）

（四）业主与业委会互相支持

业委会作为业主维权的领导中枢，只有赢得业主的信任与忠诚，才能动员小区业主，提高维权的组织化程度，整合业主资源，凝聚业主力量。业主也在业委会的领导下获得回报，进而提升对业委会支持，维持较高的参与度。在业主权益严重受损的情况下，业委会受业主委托，带领业主炒掉了老物业公司，公开选聘物业公司，扛起了维护业主利益的责任。

> 2011年，第三次召开业主大会表决同意，期满后不再续聘JZ物业，决定公开招标，选聘新物业。业委会受业主委托，提前半年开始谋划。业委会规定，新"保姆"应聘时必须满足两个要求：一是需提供供电、供水单位出具的无欠费良好记录证明；二是需提供30万元的履约保证金。经"标书审核"、"现场答辩"、"楼盘考察"三轮考核打分后，株洲LY物业以最高分84.72最终中标，JZ物业出局。（B小区业委会C委员）

由此，业主在业委会强有力的组织带动下，向业委会注入不同的支持资源。大学教授、专案律师注入智力支持，历次维权活动业主均能积极参与。

> 我们业委会成员当中有一名律师，所有维权的法律事务都交由他来处理。业委会不具有法人资格，力量很弱小。普通人根本不懂法，都是由这名律师委员来帮助业主专业化维权。（B 小区业委会 D 委员）

> 2009 年 8 月 24 日，也就是长沙市"八二四事件"。小区业委会两名副主任 HWB、WCL 在小区东门进行维权时候，被 B 小区开发商售楼部经理雇凶砍伤，这直接成为导火线，引爆业主与开发商矛盾。业主们就自发堵住了小区门前的 CL 路，当时有大批长沙市公安、特警、武警出动。小区业主们为了讨个说法，谴责这种违法犯罪行为，严惩开发商雇凶杀人，仍旧拒绝散去，一直僵持到深夜。当晚，长沙市副市长亲自出面协调，才缓和了矛盾，这个事闹得大。（B 小区业主 W 先生）

此外，B 小区业委会积极寻求区域联合，交换维权信息与资源，扩展维权力量。B 小区业委会是长沙市业委会联盟的发起者，跨界联合的积极倡导者，并成立了业委会协会筹备组，得到了长沙市许多小区业委会的支援，各小区业委会成员通过 QQ 群分享维权经验和资源共享，促进维权精英之间的相互交流，进一步增强了维权力量。

> 促使我们成立业委会联盟的是房屋维修资金提取难这件事。因小区普遍存在房屋维修资金使用难的问题，六个小区的业委会一起向管理部门提意见，最终意见被采纳，这件事让我们看到了业委会抱团的作用。各小区业委会代表就通过这个平台，交流了许多小区管理中存在的问题，受到了业主的欢迎。（B 小区业委会 W 副主任）

> 我们是业委会协会的发起者，并有一个业委会协会的筹备组，

负责具体事务的协调。(B 小区楼栋长联席会 OY 会长)

(五) 积极参与积累维权力量

B 小区业主具有明确的维权指向。由于开发商和物业公司的诸多问题，导致业主的不满情绪产生，并且逐渐意识到问题的严重性和维权的必要性，这成为业主参与维权的利益基础。

B 小区业主多由中产阶级组成，业主阶层具有较好的经济条件。作为中产阶层的小区业主所具有的社会属性与知识结构，使得业主阶层具有较强的维权意识，是 B 小区业主参与维权的基础。

同时，B 小区业主阶层的活跃与独立，为参与空间的争取创造了条件。B 小区业主在业委会的组织领导下，相互交流，促使更多业主能够积极参与到维权行动当中。同时，街道办、社区虽然是出于维稳目的介入到小区业主维权，但并没有采取掩盖矛盾的方式回避业主与开发商和物业公司的冲突。B 小区业主维权总体上没有受到外部力量的挤压，一定程度上保障了小区业主维权的独立性，从而推动 B 小区业主维权参与具有可持续性。

(六) 建构有效的社会控制机制

B 小区业委会内部建构了明确的社会控制机制，以应对业委会内部的分化，提高业委会治理能力。与 B 小区业委会同时成立的楼栋长联席会，是防止业委会内部分化的"杀手锏"。B 小区楼栋长联席会作为业委会的监督机构，一方面与业委会一道组织小区业主维权；另一方面，还需要监督业委会组织的运作、业委会委员是否履行委员的职责。一旦楼栋长联席会发现业委会委员没有发挥作用，就会按照一定的程序启动弹劾机制，罢免业委会委员的职务，从而有效避免了业委会内部成员的分化，提高业委会成员的服从能力，使业委会成员能够团结一致，围绕小区维权目标带领业主开展维权行动。B 小区业委会通过建构社会控制机制，保障了业委会内部的整体性和委员之间的团结，有助于提升业委会内部凝聚力和领导能力，促进业主整合，推动业主维权冲突的治理。

> 我们这个楼栋长联席会有的地方称之为监事会，也就是监督业委会的。之前，一名业委会委员违反了组织相关规定，我们就按照程序炒掉了他。现在我们小区业委会总共有9名委员，但是有2—3名委员经常不参加会议，他们明显没有履行自身职责。不做事的人坚决不能留在业委会，我们决定啊，在下次准备换物业公司的时候，一并将他们炒掉。（B小区楼栋长联席会OY会长）

第四节 业主整合差异下的冲突治理机制比较

一、业主整合度低，业主维权冲突难以得到治理

A小区业主业主整合度低，业主仍处于"原子化"状态，因而业主维权力量比较分散。弱小的维权力量带来的社会关注度和影响力相应弱小，因此也没能获得政府的回应与支持。政府力量既没有参与到维权冲突治理当中，弱小的社会力量也难以独自与强势市场力量抗衡，A小区业主维权冲突治理并无理想结果。

（一）维权力量弱小难以引发政府关注

作为一个利益主体，政府力量是否及时介入业主维权冲突关键在于其利益动机。如果业主维权力量强大，引发广泛的社会关注，政府部门迫于维稳压力和舆论压力，一般会更加倾向于介入冲突，力图将冲突消弭在基层；如果业主维权力量弱小，社会影响力较弱，政府部门的维稳压力和舆论压力相对较小，那么政府则会倾向回避问题或拖延问题。A

小区由于业主社会整合度低,其维权冲突就难以得到重视乃至很好的解决。政府有意无意地采用"拖"的态度应对业主维权。

> 我们的房产证问题先后得到了三任分管副市长的批复,认为小区房产证问题"特事特办",并转交给相关部门。但相关部门都认为这是一"烫手的山芋",各部门不停地踢皮球,政府不作为。前段时间,我又去找他们,政府说现在要通过不动产登记制度来解决业主没有房产证的问题,但是要先试点,我觉得就是忽悠我,实际上没戏。(A小区业委会F副主任)
>
> 我们有共同的感觉:一个是只有把事情"闹大"才能解决问题,一个是政府不作为。或许我们小区要砸死一两个人才能得到相关部门的重视。我们现在是陷入"两难"的境地,既要按照党的要求来办事,又要解决老百姓的问题。说实话,我们在社会上都是有身份有地位的人,我们每次去维权上访都觉得矮人一等,被相关部门像踢皮球一样踢来踢去。
>
> 政府承诺解决小区房产证问题,前提是要求开发商将报建费交齐。实际上,当年修建大楼的时候政府管理就不严格,报建费可交可不交,开发商为了牟利当然就选择不交。但我们业主的相关费用是交了的,这里面就涉及相关政府人员签字的问题,是谁的责任问题,政府不作为啊,本来想与政府部门打官司,但是想来想去,我们力量太弱,肯定打不赢。(A小区业委会L主任)

一方面,A小区业主希望通过把维权"闹大"来博取政府的关注,"制造出轰动的社会效应,引起政府关注","以'弱者身份'为武器进行抗争和动员,博取社会同情与支持","通过'问题化'策略将其困境建构成政府必须要重视的问题","激活各种社会力量,能够弥补公民行动资源不足"①。正是 A 小区业主维权过程中没有实现维权力量的整合，进而没有给政府造成足够的压力，因而也没有赢得政府力量的回应与支持。

另一方面，A 小区业主认为，从开发商报批报建开始，政府职能部门就出现监管不严，甚至"乱作为"的现象。而对待他们的房产证维权，政府职能部门惧怕承担责任，采取"不作为"的策略。可以看出，在开发商已经毫无踪迹的情况下，A 小区业主早已将维权冲突解决的希望诉诸政府，希望赢得政府力量的支持来解决小区存在的问题。反之，政府职能部门在某种程度上又出于自身利益的考虑，采取拖延甚至回避该小区的房产证问题。长此以往，业主则将政府相关职能部门与"寻租"、"腐败"相联系，将对开发商的矛盾。

（二）政府消极干预无益于维权冲突治理

A 小区在业主维权过程中业主整合度很低，业主维权力量没有得到显著的增强。业主维权力量弱小，社会影响力也随之较弱，破坏社会稳定的可能性自然也较小。正因如此，政府很难感受到 A 小区业主维权带来的压力，也很难对地方政府的"维稳"带来不利影响。如此一来，政府维稳压力、舆论压力都比较小，甚至出于对部门利益的维护，选择性地回避维权冲突。而对 A 小区业主而言，政府干预是业主维权取得成功的最大因素，因为单凭弱小的业主力量很难找到"消失"已久的开发商，只能将维权希望寄托于政府。相关政府部门的不作为则引发业主与政府矛盾，促使业主对开发商的矛盾升级为与政府的冲突。结果是，本已分散弱小的业主力量得不到政府力量的支持，小区业主维权冲突难以得到治理。

---

① 韩志明：《行动的选择与制度的逻辑——对"闹大"现象的理论分析》，载《中国行政管理》，2010 年第 5 期。

二、业主整合度高，业主维权冲突更易得到治理

B小区业主的社会整合程度较好，将分散的业主整合为一个力量较强的联合体，容易引发广泛的社会关注和强大的社会影响力，进而"倒逼"政府力量出手，政府也迫于维稳、舆论等诸多压力，不得不正面回应维权冲突。在这种情况下，政府积极介入业主维权冲突，从而推动业主维权冲突的有效治理。

（一）强大的业主力量"倒逼"政府力量的回应

B小区通过业主整合进而实现维权力量的集合，小区业主与开发商、物业公司的矛盾越闹越大，引发群体性事件，进而"倒逼"政府力量出面干预。由于业主力量强大，威胁到物业公司的利益，物业经理甚至雇人砍伤业委会领导。

> 2009年"8.24事件"就是我们业主力量"倒逼"政府力量出手，开发商砍人之后，小区业主自发组织起来，大概有1000多号人吧，堵了小区门口的CL路，业主拉横幅要求严惩凶手，我们要维权之类的。这实际上就上升到了群体性事件了，闹大了，政府不出面不行。
>
> 小区11栋后面的护坡问题，也是政府出面协调解决的。当时，市区两级住建委、市综治办都出面了，要不然肯定不行。（B小区楼栋长联席会OY会长）

在换物业时，政府部门出于维稳的考虑积极介入业主维权。

> 街道办主要是从维护小区稳定来谈话的。社区讲了人财物要和

平交接,街道办重点从"一拉一推"层面来谈,"拉"是表扬过去几年小区的和谐稳定,"推"是街道作为政府派出机构会协调上级有关部门和作为第三方监督物业和平交接。

因为物业公司拖欠水电费,导致小区停水停电,街道社区也不得不出手监管,还是怕业主闹事,于4月起每天监管JZ物业的资金动态,确保用于小区的日常事务管理,防止事态恶化。(B小区业委会W副主任)

从B小区业主维权看出,正是业主维权力量的强大,引发政府力量的及时介入,改变了业主维权的力量对比,推动了业主维权冲突的化解。B小区业主将与开发商的矛盾不断闹大,甚至由物业暴力诱发堵路,并最终上升为重大群体性事件,政府出于维稳的巨大压力来回应业主诉求,"倒逼"了政府力量出手。

同时,正是由于B小区强大的业主维权力量,迫使政府部门参与到B小区新老物业交接活动当中。由于区政府、街道、房管局等行政力量的出手,通过"第三方"力量的监管,才促使新老物业和平交接,否则强势的老物业公司势必不会积极配合。业主力量与政府力量的联合,改变了业主力量微弱的现状,实现了与强势市场力量的抗衡,成功化解了业主与开发商的冲突。

(二)政府力量的及时介入推动冲突治理成功

与A小区业主维权形成鲜明对比的是,B小区业主维权较好地实现了业主整合。整合起来的B小区力量较大,行动更易冲破现有秩序,其维权事件迫使政府很难置身事外,政府基于维稳的压力、政绩的考核必须介入到维权冲突之中。正因如此,业主维权得到了政府的关注,业主能够向政府部门表达自身的利益诉求。政府出于社会稳定亟需将冲突化解在社区基层,也就迫使政府回应业主的利益诉求,最终实现业主维权冲突的治理。由此，业主通过整合得到了政府力量的支持，业主有了足够的"资本"与底气参与到与开发商、物业公司的谈判中，并通过业主力量与政府力量的合作治理，化解了 B 小区的业主维权冲突，成功维护了小区业主的合法权益。

三、业主整合程度与冲突治理作用机制的比较

业主的社会整合程度与冲突治理关系可以用三段论形式来分析：

其一，业主整合的差异导致维权力量的差异。通过对两个小区业主整合机制的比较，能够清晰地看出小区业主整合程度的差异，对小区业主维权冲突治理效果的影响（见表4）。

表 6-1　两个小区业主整合程度比较

整合过程 \ 地点	A 小区	B 小区	同异比较
沟通整合	沟通交流陷入困境	完整的沟通网络	A＜B
规则整合	缺乏规则约束	较为完整的规则及执行	A＜B
利益整合	维权成本大于维权收益	维权成本小于维权收益	A＜B
交换整合	业主与业委会：缺乏信任	业主与业委会：比较信任	A＜B
参与整合	业主活跃与独立程度：弱	业主活跃与独立程度：强	A＜B
控制整合	缺乏社会控制机制	建构社会控制机制	A＜B
社会整合效果	整合度低	整合度高	A＜B

其二，维权力量的差异引发政府回应的差异。现阶段，业主整合性不足是业主维权遭遇困境的重要原因。案例表明，小区业主如果难以实现业主整合，小区冲突则难以解决。两个小区业主整合的差异导致二者维权力量的差异，也导致政府力量回应的差异。政府也是利益主体，政府部门在处理维权冲突过程中往往也有自身利益，对业主维权行动可能

采取区分性的策略。在维护社会稳定的背景下,城市基层政府通常希望将冲突消弭于社区基层,这实际上堵塞了业主表达利益诉求的渠道。维权力量的大小与政府维稳压力的大小成正比,也导致了政府回应程度的差异(见图6-2)。

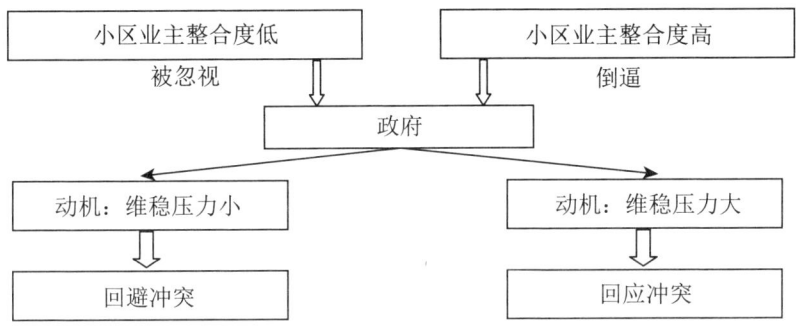

图 6-2 维权力量与政府回应的关系

其三,政府干预的差异引发冲突治理的差异。在业主力量整合的基础上,业主群体积极与政府力量发生关系,寻求政府力量的介入,能够影响冲突治理主体之间的力量变化,从而影响业主维权冲突治理的成败。政府职能部门是否作为、对待业主维权冲突的态度以及如何处理市场权利与社会权利的关系,直接影响到冲突治理的效果(见图6-3)。

可以看出,政府参与冲突治理的区分性策略导致不同的维权冲突治理效果。政府在业主整合度低时,承受的维稳压力较小,政府职能部门出于自利动机的考虑,可能采取回避性的策略,忽视小区业主维权冲突;政府在业主整合度高时,往往出于"维稳"的考量,亟需将冲突化解在社区基层,最大限度地降低对社会稳定的破坏程度。从根本上来讲,政府部门如何介入冲突能够改变社区内的力量平衡。在现实条件下,通过业主整合不断凝聚业主维权力量,进而影响政府行为,"倒逼"政府出手,是不少业主维权的无奈选择。社会力量如能寻求政府力量来改变三者的权利结构,实现对强势市场力量的抗衡,就能增加其维权成功的

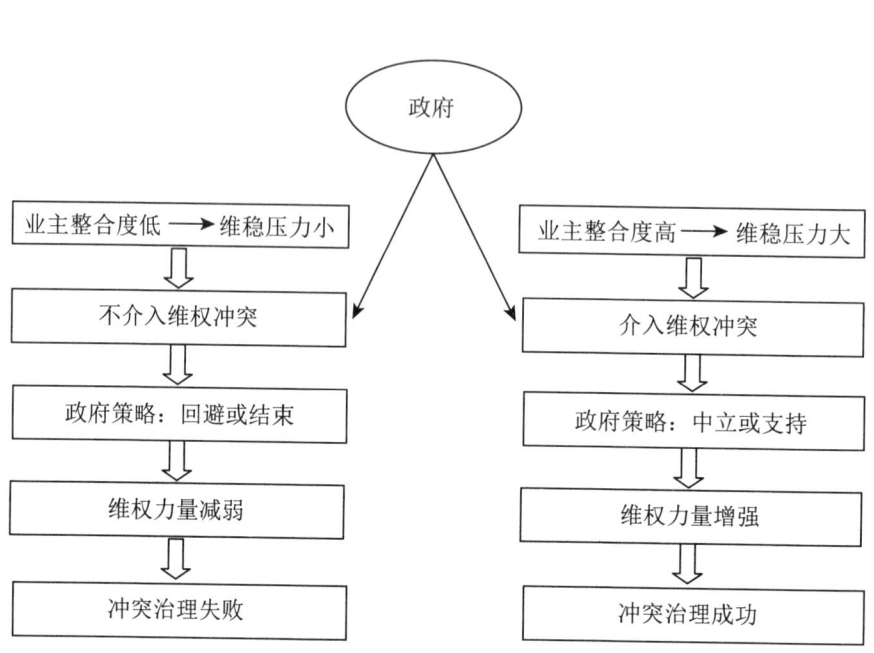

图 6-3 政府干预与冲突治理的关系

"筹码"。因此,现阶段,政府力量是否及时公正地干预维权冲突是业主维权冲突治理不可忽视的变量。

本章小结

社区业主维权冲突的治理涉及国家、市场、社会三方权利(力)的重构。现阶段,业主维权冲突的治理效果与业主整合程度、业主力量大小、政府干预程度紧密相关。在控制相应变量的情况下(没有考察业主社会整合度高、政府高度干预进而导致冲突治理失败的案例),通过对两个案例分析和比较的基础上,得出以下结论:

1. 业主整合影响政府介入冲突治理的行为

业主整合如何,能够改变国家、市场、社会三者之间的力量对比,改变业主的弱势地位。业主群体在整合已有业主力量的基础上,有将业主维权"闹大"的势能和可能,由此整合起来的业主群体"倒逼"政府力量出手,迫使政府出于维稳等诸多压力,不得不正面回应业主的利益诉求。整合起来的业主如果能够寻求政府力量的支持,可能会抗衡市场力量的强势地位,从而改变业主自身力量的不足,增加与市场主体谈判的"筹码",最终实现业主维权冲突的治理。

2. 政府如何干预业主维权影响冲突治理成败

政府干预是业主维权冲突治理成败的重要变量(见图6-4)。现实情况是,政府是否介入业主维权冲突往往基于"维稳"的考量。业主维权力量的大小与政府维稳压力的大小成正比。业主维权力量强大,社会影响力广泛,那么政府维稳压力就大,可能迫使政府采取积极的回应策略,及时介入到业主维权冲突当中;业主维权力量弱小,则几乎不会引发社会的关注,影响政府政绩的可能性也比较小,政府因而往往会采取消极的回避策略。因此,业主维权冲突的治理离不开业主力量的整合,也离不开政府适度公正的干预。可以肯定的是,业主整合程度高有助于业主维权冲突的治理。

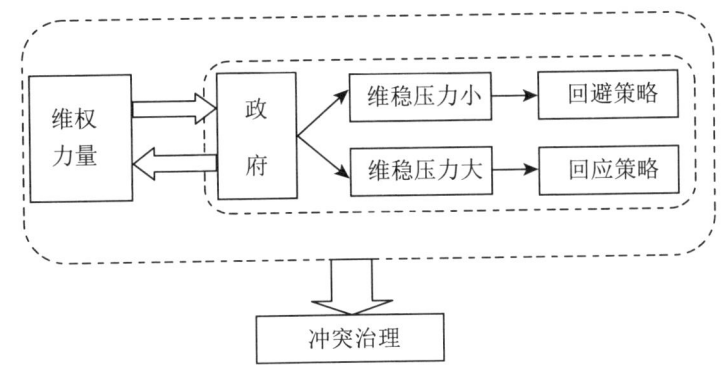

图6-4 政府干预与冲突治理的作用关系

第七章

中国城市社区业主维权冲突的总体形势

总体来看,城市住宅商品化改革终结"福利分房"时代、开启住房自有化只是第一步,其潜在的社会后果、政治后果在业主阶层房产权益受损之后逐渐显现出来,特别是伴随"业主委员会"的建立得以更多地表现出来。[①] 经过对全国九大城市的实地调研,结合相关文献,本章提出全国城市社区业主维权冲突的总体形势。

第一节 业主维权冲突具有普遍性,但是并非"价值性冲突"

一、商品房区域面临结构性、系统性和全面性的矛盾冲突

调查和既有的研究都表明:"城市社区中普遍存在的侵权行为导致业主维权行动的兴起并逐步升级,日益危及城市社区秩序的稳定。"[②] 随着房屋产权私有化程度的不断扩大和新型住宅小区的出现,社区内三驾马

---

① L. B. Read, "Democratizing the Neighborhood? New Private Housing and Homeowner Self‑Organization in Urban China", *The China Journal*, Vol. 49, January 2003, pp. 31–59.
② 蒋晓平:《城市社区业主维权研究中的理论与进路——一个文献综述》,载《中共福建省委党校学报》,2014年第3期。

车（单位+居委会+街道办）变成了四驾马车（业主委员会+物业管理公司+街道办事处+居委会）。"街头政治"等非制度化的集体维权方式对党和政府的利益协调能力提出了严峻的挑战。① 这些研究确实指出了问题的普遍性。

对全国2000多个业主的问卷调查也确实表明，物业纠纷是社区业主维权冲突的起因。超过八成的业主遭遇过各种物业纠纷。就全国的形势来看，以房产权益为中心的城市社区业主利益受到全方位、多层面的侵犯，商品房区域展现出的利益冲突具有结构性、系统性、全面性。严格来讲，几乎难以找到一个让业主完全满意的楼盘。依据业主入住小区的顺序来看，入住前后的"先交物业费再验房"、"学区房、医疗机构配备的虚假宣传"、"容积率的改变"、"违约交房"、"房屋质量低"、"一房多卖"等等，是业主进入小区面临的第一层困难；入住小区之后，物业质量差、公用场所被侵占、公有权益被私吞、房产证难拿、基础设施设备出现问题、维修基金被私用等等，是业主在物质权益方面遭遇损伤的第二层困难；难以成立业委会、法律上无主体地位、遭遇开发商和物业公司干扰及街道办等公权力干预等等，是业主在房产权益方面受损后，在自治权、公民权方面的第三层困难。安居才能乐业，有房却不省心，步步难行，小的权益损伤可忍，大的权益损伤、长久的多方面的权益损伤则考验业主的耐性。

二、城市社区业主更多是以合法手段维护个人利益

尽管如此，维护基于房屋权利的个人利益仍是城市社区业主维权的主要目标。业主维权兴起的根源在于，小区内房产商、物业公司借由对治理权力的垄断，严重挤压了业主的权利空间，造成对小区秩序

---

① 邹树彬：《城市业主维权运动：特点及其影响》，载《深圳大学学报（人文社会科学版）》，2005年第5期。

的严重破坏，导致业主必须诉诸集体行动才能保护个人权利。但是，"对业主来说，秩序是永恒的，维权只是暂时扰乱或者打破小区原有秩序格局的手段，维权的根本目的在于修正小区原有秩序格局甚至建构新的稳定协调的秩序格局……重新生成稳定协调的秩序才是业主维权的终极诉求"①。在个人力量弱小的情况下，业主通过联合，假以"公共利益"的名义来推进集体行动，实际上主要目的是"实现对自身利益的维护"。

从维权冲突的形式来看，业主在个体沟通无效的情况下，要么集体上访，要么通过法律诉讼。有研究将业主维权分为"上访维权、诉讼维权和立法维权"三种形式②。但是综合来看，尽管"业主抗争者参与到规则制定过程之中并试图厘正相关的法权清单，这并不意味着业主在主观意识上从传统的臣民向现代意义上的积极公民转化。他们仅仅以寻求国家主导的权利话语来构建自身去求的合法性。为了避免被指责为与当地政府作对，抗争者在建构抗争话语和策略时不得不向国家靠拢……结果，业主们提出的进取性诉求，不过是倚仗高阶规则之权威要求低阶规则制定者兑现国家既已赋予的权利而已"③。可以判断，业主既没有对国家与公民之间的强弱关系发起挑战，也并未实质上推动国家与公民关系的重新调整。也即是说，现有的大多业主维权处于"以共益护个益"的阶段。

---

① 王恩见、刘威：《从维权行动到秩序建构——后业主维权时期小区秩序的恢复与重建》，载《学习与实践》，2015 年第 1 期。
② 陈鹏：《当代中国城市业主的法权抗争：关于业主维权活动的一个分析框架》，载《社会学研究》，2010 年第 1 期。
③ 庄文嘉：《跨越国家赋予的权利？——对广州市业主抗争的个案研究》，载《社会》，2011 年第 3 期。

第二节　业主维权处于个体、松散联合阶段，不会冲击现有体制

在业主维权手段上，通过业委会交涉、通过居委会交涉、个人向政府部门投诉、集体起诉、个人不交物业费、个人向媒体投诉等是业主最青睐的维权手段。业主们认为作用较大的维权形式分别为网络或媒体（51.9%）、业主维权精英（36.9%）、街道办等政府单位（31.8%）、业主组织（16.8%）和居委会（16.6%）。

一、城市社区业委会成立比例和社会整合度均较低

"目前，全国各小区成立业委会的比例大概在30%左右，上海小区成立业委会的比例最高，达到了80%，但是北京、杭州、深圳等城市均在10%—30%之间"[①]。截至2014年，广东省惠州全市856个小区成立业主委员会的社区仅有126个，业委会的组建比例仅为14.7%。[②] 与此同时，全国各地的业委会的比例很低，大多城市业委会成立的比例低于30%。西安仅有200多个业委会，不足全市小区总数量的10%；[③] 湖南省长沙市有3000多个楼盘，成立业委会的是586个，还不到20%。到2013年，广州物业管理2426个住宅小区中，仅603个成立了业主组织，小区成立业

---

① 《为何广州仅25%小区有业委会》，载《南方日报》，2013年11月5日。
② 《成立业委会 困局如何破?》，载《南方都市报》，2015年6月26日。
③ 《华商报》记者王磊、实习生张歌:《西安仅有200多个业委会 不足全市小区总数量的10%》，见华商网：http://news.hsw.cn/system/2014/08/24/052005059.shtml。

委会的比例仅为24.9%①，"成都的比例也仅为20%"②，2007年北京"全市3200个住宅项目中，成立业主大会和业委会的成立率仅为17.9%"③，2013年达到26%④（见表7-1）。

表7-1 全国部分城市业委会成立的最新情况

城市	截止时间	业委会成立比例
上海	2014年	85%左右
北京	2013年	26%
杭州	2014年	20%左右
深圳	2014年	20%左右
广州	2013年	24.9%
长沙	2013年	19.5%
惠州	2014年	14.7%
西安	2014年	10%

如本书第三章和第五章所示，业委会在实际过程中的运行并不理想，一些城市实际运行且发挥作用的业委会不到20%，就全国总体的情况而言，运行较好的业委会也仅有15%。⑤ 由于业委会实际运行中的问题，业主组织在业主维权中的"受认可度"并不高，仅有16.8%的业主认为业主组织帮助业主维权有效。根据对全国九大城市的调研，业主委员会的社会整合指数仅达到8.14，总体社会整合程度不高。

大多业主委员会是基于小区共同权益受损而成立的，他们的诉求一

---

① 《广州业委会成立比例低，谁之过？》，见南都网：http://www.nandu.com/nis/201311/06/133574_4.html，2013年11月6日。
② 李羚：《物业管理中的政府治理思考》，载《经济体制改革》，2006年第4期。
③ 李洁：《本市今年年内还将出台业主大会成立和运作指导规则》，载《法制晚报》，2007年10月30日。
④ 江晓蚕：《五大原因导致业委会成立换届难》，载《深圳商报》，2014年10月21日。
⑤ 张舒：《业委会迎来后"顺产"时代》，载《法制周末》，2015年10月7日。

旦得到满足或者长期得不到满足，业委会的集体行动就会"遇冷"走向低潮。业委会要么因为完成使命，基本的动员能力不断减退；要么会因为维权无效而出现分化直至分崩离析。但是，在大多业主集体行动中，"依法维权"并且主要借助国家话语提升维权效力，是一个重要的特征。大凡组织化维权，均维持在"法权范围"以内，很少出现冲击体制的现象。

二、跨小区业主联合组织数量少，且在法律范围内活动

一些地方形成或正在筹备跨小区的业主组织联盟，但无论是从数量上还是行动上来看，都不以挑战现有体制为目的、也不足以挑战现有体制，甚至成为基层政府治理的有效补充。

（一）从数量上来看，成立跨区域业主组织联盟尚处于初级阶段，并且数量少、覆盖面小

少数地区成立了业主委员会协会或者筹委会，但是城市级业主委员会协会组织的数量还非常少。从时间序列来看，2006年，沈阳市和平区南湖街道文安路社区业主委员会协会成立，成为全国首个业主委员会协会；2012年3月，山东省青州市成立全国首家县级市业主委员会协会，2013年4月，该协会又发起成立青州市物业纠纷人民调解委员会，力图在业主和物业、开发商之间能有效调解矛盾纠纷，避免矛盾激化；2013年1月，经温州市民政局批准，温州市业主委员会协会成为全国第一家地级市业委会协会组织；2013年4月，沈阳市成立全国首家省会城市业主委员会协会；2013年11月，天津市业主委员会联合会成立，成为全国第一家直辖市业主委员会协会；2014年3月，广东省佛山市顺德区成立全国第一家"业主代表协会"（见表7-2）。

表 7-2 全国城市社区业主委员会协会成立情况

地区	成立时间	主要目的
沈阳南湖街道	2006 年 3 月	提高业主委员会的素质，成为业主委员会与物业公司之间沟通交流的桥梁
山东省青州市	2012 年 3 月	反映会员诉求、维护权益、调解纠纷
江苏省宿迁市	2011 年 12 月	宿迁市城区业主委员会协会
浙江省温州市	2013 年 1 月	整合力量协调业主与物业公司、开发商之间的关系
辽宁省沈阳市	2013 年 4 月	帮助业主维护合法权益，向政府提出建议，呼吁政府制定相关的法规细则；规范业主委员会的管理行为；提高业委会的服务能力；化解业委会和业主、物业之间的矛盾；搭建一个交流经验的平台。
天津市	2013 年 11 月	实现会员之间强联强、强帮弱，协助政府社会管理创新、城市治理、公共政策的有效制定和实施，为政府与社区之间架起相互沟通的桥梁
广东省佛山市顺德区	2014 年 3 月	为物管部门和业委会之间搭建和解平台；开展业委会成员培训，规范业委会的运作，提高业委会的小区管理水平
浙江省杭州萧山区	2014 年 9 月	为小区业委会成立、维权开展业务指导
江苏昆山周市镇	2014 年 12 月	为小区业委会组建、维权等提供全方位服务，保障业主权益

除此以外，还有不少城市的业主委员会协会正在申请或筹备过程中，他们虽然并未成立业委会协会，但还是以"业主委员会联谊会"、"业主委员会协会申办委员会（小组）"或者冠以"和谐社区论坛"（如广州的华南和谐社区论坛、北京的首一业主大会工作辅导中心、深圳的透明和谐社区促进中心）等民间组织的形式存在。例如，2005 年广东省广州市成立广州市业主委员会联谊会筹备会、2006 年北京市成立北京市业主委员会协会申办委员会、2011 年上海市业主委员会第四届年会发起"上海市业主委员会行业协会"倡议、2011 年 8 月长沙市成立业委会工作联络小组、2012 年 10 月陕西省成立陕西业委会协会筹备组、2015 年 5 月重庆

市成立重庆市业主委员会协会筹备组。除了直辖市和几个省会城市以外，部分其他城市也有成立业主委员会协会组织的意向（见表7-3）。但是，成立或筹备业主委员会协会组织的行动还仅只在少数城市。就成立业主委员会协会组织的城市来看，政府方面给予了相应的支持，这些组织也发挥了沟通物业与业主、辅助业主委员会、维持小区和谐的积极作用。

表7-3 全国各地城市业主委员会联合组织情况

（以提出业主委员会协会申请为时间点，截至2016年5月）

地区	时间	名称
广东省广州市	2005年11月	广州市业主委员会联谊会筹备会
北京市	2006年8月	北京市业主委员会协会申办委员会
广东省	2008年1月	广东省业主委员会协会筹委会
湖北省宜昌市	2010年5月	业主委员会协会筹备组、宜昌市业主大会协会申办委员会
上海市	2011年1月	和谐社区沙龙、上海市业主委员会年会
江苏省南京市	2012年4月	南京和谐社区论坛
湖南省长沙市	2011年8月	长沙市业委会工作联络小组
陕西省	2012年10月	陕西业委会协会筹备组
安徽省合肥市	2012年11月	合肥业主论坛
四川省泸州市	2013年3月	泸州市业委会协会筹委会
重庆市	2015年5月	重庆市业主委员会协会筹备组、重庆市业主委员会联谊会

（二）从行动上来看，业主协会联合组织力图将活动局限在法律范围以内，并且发挥较为积极的建设性作用

1. 已经建立了业主协会联合组织的地区，业主组织一般都明确在法律范围内活动，主要职能是维护业主合法权益，沟通物业、业主和政府关系，协助政府做好业主委员会的成立、辅导等工作。

- 江苏省宿迁市城区业主委员会协会的主要任务就是"促进业委会之间的工作交流，维护业委会的合法权益，充分发挥与政府、物业企业之间的桥梁、纽带作用，促进各小区业主委员会机构的建立，帮助解决存在的实际问题"。
- 天津市业主委员会联合会成立后，主要是"联合全市各小区业委会，实现会员之间强联强、强帮弱，提高开拓创新自我发展能力，协助政府社会管理创新、城市治理、公共政策的有效制定和实施，为政府与社区之间架起相互沟通的桥梁，促进商品房小区和谐稳定健康发展"。
- 泸州市业主委员会协会的宗旨是：遵守宪法、法律、法规和国家政策，遵守社会公德风尚；团结、组织本会会员，坚持为物业管理行业规范发展和构建和谐小区、文明小区、为政府决策服务的"双向服务方针"，积极协助政府加强物业管理，传达、贯彻执行国家的法规与方针政策，及时反映会员和广大业主的愿望和要求，在政府、其他行业协会和本协会会员之间发挥桥梁纽带作用。
- 温州市瓯海区业主委员会协会的业务范围则既包括协会自律，又包括对政府的协助。温州市瓯海区民政局在《关于准予温州市瓯海区业主委员会协会登记的批复》中明确了瓯海区业主委员会协会的业务范围，包括：(1) 在政府主管部门领导下，宣传、推广业主大会、业主委员会、社区、物业管理的法律、法规、政策，协助制定业主大会、业主委员会行业道德规范、自律准则和管理标准。向政府主管部门反映行业的建议和要求，在政府、物业管理行业和本会会员之间起桥梁作用；(2) 了解掌握业主大会、业主委员会、相关研究机构的基本情况，开展行业调查研究，解决行业工作中出现的新情况、新问题；(3) 为会员单位的管理和发展提供各类服务，收集发布区内外行业信息，举办专业培训，开展咨询服务；（4）推动行业内外的横向联合，组织区内外业主大会、业主委员会、社区建设与管理及其他社区组织等方面的交流研讨会，参加国内外行业专业会议，加强与各省市的合作，学习并推广先进的业主自治管理经验；（5）承办政府主管部门授权的业主委员会备案、培训教育、持证上岗及社区管理、项目达标考核、业主委员会工作达标考核、优秀业主委员会、优秀物业管理小区考核等工作。（6）组织和指导业主大会、业主委员会、社区、物业管理等方面的研究探索及新方法、新思路的试点、推广工作；（7）指导业主大会、业主委员会建立科学、合理、规范的管理制度；（8）接受政府主管部门及其他部门的其他工作。①

2. 正在筹备或争取成立的业主协会联合组织，往往也遵循"体制内行动"的原则。他们在起草章程草案时即宣示自己的"合体制性"，用以消除政府的疑虑获取政府支持；要么是通过举办民间的业主组织的联谊和交流，为业主组织的成立、业主权益的维护传授经验、提供帮助；要么是扩大新闻影响力、参与政府立法咨询，进而影响物业管理行业的规章制度。

- 上海市筹备和申办业主委员会协会组织的主要主体，是2006年成立的上海和谐社区沙龙。2007年12月，上海市举行首届业主委员会年会，至2014年12月已举行八届。第四届上海市业主委员会年会发起成立"上海市业主委员会行业协会"的倡议书中专门提到："学法守法，加强行业自律，规范运作，处理好与主管部门、居民委员会和物业服务企业等各方面的关系，维护社区和谐稳定。"

---

① 《关于准予温州市瓯海区业主委员会协会登记的批复》，见温州市瓯海区网站：http://www.ouhai.gov.cn/art/2013/7/8/art_2248_128703.html，2013年7月8日。

《上海市业主委员会行业协会章程（草案）》明确，协会的宗旨是：坚持四项基本原则，遵守宪法、法律、法规和国家政策，遵守社会道德风尚；在我国社会主义市场经济条件下，团结、组织本会会员，坚持为物业管理行业规范发展与构建和谐社区服务、为政府决策服务的"双向服务"方针，积极协助政府加强行业管理，传达、贯彻执行国家的法规与方针政策，及时反映会员和广大业主的愿望和要求，在政府、其他行业协会与本协会会员之间发挥桥梁纽带作用。上海市历年的业主大会和定期举办的"和谐社区沙龙"，研讨和交流的主题包括"业主委员会行业协会法律问题与筹建实务"、"物业管理服务质量评价指标体系"、"住宅小区物业管理实施方案及审核"、"设施设备维护规程与价格信息"、"住宅小区产权界定操作实务"、"商品房与售后房维修资金使用操作"、"酬金制、包干制及按实结算方式"、"商品房与售后房物业服务收费并轨"、"业主委员会内部管理"等议题。

- 北京市"业申委"将业主委员会的联合组织定位为：组织业委会之间的交流；学习、宣传有关物业、物权等方面的政策法规及条例；协助解决小区物业问题；帮助小区成立业委会等等。他们认为："物业有物业管理协会，业委会也要有自己的联合组织。有组织就有团体的声音，可以更好地维护业主的权益。"①

"业申委"自2007年1月举办北京市首届业委会年会，至2015年"业申委"已经连续举办七届全市的业委会年会，每一届都会有专家学者或者政府官员参加，议题主要涉及"理性维权、依法自治"等内容。2006年8月29日，北京市32家业主委员会向北京市建委提出《关于成立"北京市业主委员会协会"的请示》，11月10日以"北京市业主委员会协会申办委员会"的名义，书面请求市建委对请示给予答复（见表7-4）。

---

① 《北京市业委会协会酝酿成立》，载《京华时报》，2007年1月26日。

表 7-4　北京市"业申委"历届年会召开时间及其主要议题

时间	事件	主要议题
2007年1月21日	百家社区工作经验交流会暨北京市首届业委会年会	理性维权,共建和谐社区
2008年1月26日	北京市业委会第二届年会暨社区建设成果展	推进和谐社区及和谐社会的建设交流
2009年3月1日	北京市第三届业主委员会年会	落实基层群众自治,推进和谐社区建设
2010年5月9日	北京市第四届业主委员会年会	法律护航、政府保障、业主自治、积极推进业主组织建设
2011年4月9日	北京市第五届业主委员会年会	强化社区自治功能、健全社区服务体制
2012年4月8日	北京市第六届业主委员会年会	共有物权,共同管理,业主自治,化解危机
2013年4月14日	北京市第七届业主委员会年会	践行法治、政社分开、业主自治、美丽家园
2014年12月28日	北京市第八届业主委员会年会	学习贯彻十八届四中全会依法治国纲领,旗帜鲜明地继续推进业主自治事业。

在北京市历届业主委员会年会中,都有业委会代表、媒体、高校学者、房地产律师、实践领域的诸专家和业主参与。除了讨论对"依法维权"事宜(例如,有业主代表就发言建议"业协会"在北京市发起宣传和学习《物权法》运动,让全市的业主都要懂得《物权法》,用《物权法》来保护自身的合法权益),号召"理性维权"之外,在前三届的业主委员会年会中,北京"业申委"主要进行了三项工作"一是组织有关商品房研讨会交流活动,二是义务为小区提供咨询服务和帮助,三是就国家和地方的相关法律法规以及政策文件的制定提出建议"(北京"业申委"召集人陈兵语)。自 2007 年到 2009 年,北京"业申委"即组织业主交流活动 71 次。

北京"业申委"不但对小区进行义务指导,帮助业委会在成立业主大会的时候减少矛盾，组织业主论坛，共同学习新出台的政策法规，交流社区工作经验，针对物业管理问题、《物权法》实施细则、业主自治问题、最高人民法院关于审理建筑物区分所有权纠纷案具体应用法律若干问题的解释等进行研讨，也把研讨会搜集到的意见和建议提交到相关部门，政府机关在制定相关文件政策的时候对"业申委"的相关建议也有所吸收。例如，"业申委""在广泛征集业主和社会各界意见基础上，对北京相关政策的制定提出建议，其中部分建议得到采纳，也反映在了最后生效的《物权法》之中"。业主委员会协会申办委员会还积极介入社会公共活动，例如2008年年初，《新京报》举办的第一届"感动社区十大人物"评选中，在"业申委"组织下，"业申委"召集人之一张大宪先生，高票当选2008年"年度十大感动社区人物"。在最近的几届年会中，会议还设立经验交流环节，为前来参会的业委会提供操作性经验和帮助。

- 广东省业主委员会发起人力主：成立后的"广东省业主委员会协会"将依照《物权法》，积极引导业委会和广大业主依法维权，辅导各地社区依法成立业主委员会并开展活动，针对业主的合法权益提出维权专项提案，对于涉及业主共同利益的事项，必要时代表业主阶层进行集体协商。广东省业主委员会协会筹委会成立后，主要是给予业委会成立、维权进行指导，在维权资料、维权渠道、政府沟通等方面给予帮助。筹委会负责人还免费开办业主培训班、业主研讨会，创立广东省业主培训及活动基地，开设网上培训班，传播维权经验。筹委会定期于每周六组织业主研讨会，与会人员结合自己小区的实际，就现实中的许多问题进行交流，将大量第一手资料通过各种方式向有关政府部门反映。
- 湖南省长沙市于2011年8月25日，由金碧文华、鑫天鑫城小区、锦绣华天小区、白沙花园小区、金帆小区和森宇佳园小区等六家业委会等发起倡议要成立全市业主委员会协会，2011年9月17日长沙市举行第一次业委会工作交流会，2012年4月举行第七次工作交流会上，正式明确发起成立长沙市业委会协会，讨论通过了《业协会章程草案》。

《长沙市业主委员会协会章程（草案）》指出，长沙市业主委员会协会的宗旨和主要任务确定为：(1) 辅导和帮助小区业主大会的筹备，协助成立或组建业委会；(2) 为已成立业委会的小区，提供工作交流机制和平台；(3) 为业主和政府增加沟通的渠道，发挥业主大会和业主委员会在社区管理和服务中的积极作用（见表7-5）。

在业委会工作交流会会议上，业主们还讨论筹备小组组长余培祥参加《长沙市物业专项维修资金管理办法（征求意见稿）》座谈会的建议。他们还建立长沙市业主委员会工作QQ群、"我是业主"微信公众号，在群里回答业主问题，交流经验。2015年3月12日，长沙市业协会筹备组发起倡议成立业主讲师团，他们当中有经验丰富的业委会主任或业委会成员，有刚刚成立的业委会新成员，有正在参加筹备业委会的业主代表，还有长期关注业主事务的律师及法律工作者。业协会筹备组主要是加强业主维权知识的学习和培训，促进业主之间，业委会之间的工作交流。2015年8月30日，他们还举办"依法治国背景下的小区治理研讨会"，印发《业主权利60问》，传播业主维权的法律法规知识和方法。

截至2015年10月，长沙市业委会协会筹备小组已经举办了11次较为正式的工作交流会（见表7-5），从时间上来看，这种交流并不具备固定或常规的时间，往往是因特定主题或问题而举办，有时一年举办一次，有时一年举办两次，最多时候一年才四次，从议题上来看，议题也主要集中于经验分享和工作交流。

表 7-5　长沙市业主委员会协会大事表

时间	事件	主要议题
2011年8月25日	六个小区发出成立长沙市业主委员会协会的倡议	
2011年9月17日	第一次长沙市业委会工作交流会	19家业委会近40人的代表积极响应长沙市业主委员会协会的倡议
2011年9月26日	第二次长沙市业委会工作交流会	(1)讨论湖南省实施《物业管理条例》办法（草案）提出意见；(2)组建长沙市业主委员会工作联络小组，为长沙市业主委员会协会的筹备工作做好准备
2011年10月28日	第三次长沙市业委会工作交流会	讨论物业服务项目进退管理的设想
2011年12月20日	第四次长沙市业委会工作交流会	讨论政府部门在小区成立业委会的过程中，应该扮演什么样的角色？
2012年3月17日	第五次长沙市业委会工作交流会	讨论业主大会、业主委员会指导规则修改意见稿，关于加快筹建长沙市业主委员会协会的意见
2012年10月28日	第六次长沙市业委会工作交流会	(1)讨论《长沙市业协会章程草案》的起草说明；(2)筹备组负责人余培祥拟作为业委会代表参加长沙市政府举行的《长沙市政府维修资金管理办法》立法听证会，收集有关维修资金办法修改意见；(3)永宏佳园李宏介绍本小区业主状告业委会的案情
2013年4月21日	第七次长沙市业委会工作交流会	(1)正式明确倡议成立长沙市业委会协会，与会代表讨论通过《长沙市业委会协会章程》草案，并成立长沙市业协会筹备组秘书处开展筹备工作。(2)邀请中南大学专家作《长沙市业主维权状况的调研报告》

续表

时间	事件	主要议题
2014年1月8日	第八次长沙市业委会工作交流会	筹备组负责人汇报赴北京学习交流情况，讨论物业管理模式，包干制与酬金制及业协会筹备情况
2014年11月23日	第九次长沙市业委会工作交流会	讨论：(1)业委会如何解除前期物业或重新签订合同？(2)业委会如何收回公共收益或取得工作经费？(3)业委会如何监督和使用维修资金？
2015年1月11日	第十次长沙市业委会工作交流会	(1)筹备组负责人陈律师汇报赴上海学习交流及全国维权资讯；(2)业主服务公司筹建最新进展通报及与业协会合作关系；(3)协会大型宣传交流会准备情况。
2015年3月15日	第十一次长沙市业委会工作交流会	探讨和交流业委会依法依规行使权利，及规范运作。举行大型主题为"我是业主，我的权利我做主"的活动，通过消费者权益保护日的活动，促进业主和业委会之间的交流。
2015年8月30日	第十二次长沙市业委会工作交流会	依法治国背景下的小区治理研讨会

- 合肥市业主委员会和业主之间的交流主要是依托"合肥市业主论坛"。2012年11月3日，合肥首届业主论坛在合肥举行，参与此次论坛的嘉宾包括业内专家，以及合肥市各主流媒体。截至2015年10月，合肥业主委员会联合体已经举办十多次跨合肥市的主题活动（见表7-6）。

表 7-6　合肥市业主论坛大事件表

时间	事件	主要议题
2012 年 11 月 3 日	合肥业主论坛创立	
2013 年 1 月	通过两会提案	（1）尽快解决小区共有物权扯皮问题，建议有关法规细化加以明确。（2）加大力度解决业主组织成立难问题。（3）开发商自搞前期物业弊端问题，阳光公开招标市场化。2014 年继续通过省人大代表在两会提出建议
2013 年 4 月 13 日	首届安徽社区事务高峰研讨会	由中国人民大学公共政策研究院、北京市海淀和谐社区发展中心、市场星报社、安徽财经网、合肥业主论坛主办主题为："以物权法为基础推进和谐社区建设"的研讨会
2013 年 5 月 11 日	和谐社区建设现场经验交流会	国贸公寓小区交流"维护小区业主正常生活秩序，依法解聘老物业，拿回了闹市区 26 个车位，六间门面房等巨大共有物权"的经验，论坛提出一些建设性意见
2013 年 11 月 3 日	周年庆典宣传活动日	上午研讨会，下午各小区文艺汇演，用提高和普及两种思路宣传社区治理常识
2014 年 4 月 19 日	第二届安徽省社区事务高峰研讨会	由中国人民大学公共政策研究院、北京海淀和谐社区发展中心、合肥业主论坛联合主办主题为"探讨商品房社区治理体系和治理能力现代化"
2014 年 11 月 1 日	合肥业主论坛两周年庆典暨社区法律实务研讨会	社区法律实务研讨

续表

时间	事件	主要议题
2014年12月	与安徽大学马克思主义研究院合作	成立社区发展研究中心
2015年	组织参加《安徽物业管理条例》修订意见座谈研讨会	提出一批建设性意见，被立法机构采纳
2015年10月31日	小区共有物权管理研讨会暨合肥业主论坛三周年年会	主题：社区协商，业主自治

"合肥业主论坛"召集人凌德庆将"论坛"定位为"全市广大业主交流学习有关物权法规互助的平台"，在具体的小区业主维权中秉承"提出建设性意见，不干涉各小区具体事务"的原则，为小区业主提供法律咨询和经验辅助。

"合肥业主论坛"成立后，积极争取学界和法律界人士帮助，提升业主维权的法律意识和理性，举办的几次大型社区事务研讨会都是与中国人民大学公共政策研究院、北京海淀和谐社区发展中心等大学、民间组织共同主办。2014年12月，"合肥业主论坛"还与安徽大学马克思主义学院合作成立和谐社区研究中心，召集人凌德庆被聘为研究中心的常务副主任。

在线上，"合肥业主论坛"设置QQ群，成为合肥市热心业主、业主组织、社区专家、媒体法律界人士交流学习有关物权法规的常规性平台，到2015年，该群人数已超过500人；在线下，"合肥业主论坛"举办高峰研讨会，"论坛"成立后的前三年，合肥业主论坛主要骨干成员就调研辅导小区超过百次，大大普及了业主物权法规常识，"论坛"还组织业主观摩旁听"业主维权诉讼"的开庭审理过程，以此增强业主法制意识，组织业主参加《安徽物业管理条例（草案）》（简称《条例》）修订意见座谈研讨会，一些意见被吸收为相关法律条文。例如，《条例》第八十七条中的"人防设施"条款规定："物业管理区域内依法配建的人民防空工程平时用作停车位的，应当向全体业主开放，不得将停车位出售、附赠；出租的，租赁期限不得超过三年。人民防空工程平时用作停车位收取的停车费、租金，应当依照有关规定，用于该人防工程设施的维护管理和停车管理的必要支出，有剩余费用的，百分之七十纳入维修资金，其余部分可以用于补贴物业服务费。"这些条文就是吸收了"合肥业主论坛"的建议，相比于"以前人防车位出租收益都被开发商物业拿走了，现在草案意见除了有关正常维护费用以外，大多归业主了，意义巨大"（凌德庆语）。

除了上述几个城市外，湖北省宜昌市、重庆市、江苏省南京市和陕西省多地都有业主委员会协会筹备组织，这些组织共同的特点就是辅导和帮助业主在法律范围内进行业主维权和自治。

- 2010年5月26日，宜昌市业主委员会协会筹备组成立，2012年5月19日更名为宜昌市业主大会协会申办委员会。宜昌市业主委员会协会筹备小组积极参加由学术机构组织的"构建法治社区、探索理论实践"研讨会，连续举办三届业主年会，2015年10月17日，宜昌市业主大会协会举办第四次业主年会；重庆市业主委员会已经连续三年召开会联谊工作交流大会，其主题都以业主依法维权、小区内部治理为主。

- 2012年4月，由南京江南文枢苑小区业委会主任及南京慧韬物业公司经理倡议并发起的"和谐社区论坛"举办，"南京和谐社区论坛"主要是从一个崭新的角度和共荣共生的高度来审慎小区治理，以业委会与物业公司对等、并肩交流，并在专家、学者的参与下实现"业主主导、专业服务、和谐共生、科学发展"为理念，为小区治理和城市治理作出贡献。

- 2012年12月1日，陕西省业主委员会协会申办委员会联合中国人民大学公共政策研究院、北京海淀和谐社区发展中心与365地产家居网共同举办陕西省首届业主高峰论坛，论坛主题为"知业主权利、担业主责任，做小区主人建美好家园"，论坛到场嘉宾近60人，包括来自北京、南京、西安等地的专家学者发表演讲，内容涉及业主自治、业委会的成立与运作等主题；小区业主代表就小区管理和业主自治中遇到的问题和难点进行提问交流，专家学者现场答疑支招。2014年11月29日，陕西省第二届业主高峰论坛召开，主题为"法制规范交流促进"，主要是通过对西安重大社区事件、优秀物业服务社区和优秀业委会成员的梳理，探讨出业主和小区物业之间和谐相处之道。

在各地城市业主组织联合举办的活动以及有关小区自治方面的研讨中，国内一些业主维权领域的民间专家陈兵、舒可心、陈凤山、周活宁、刘生敏、崔丽娜、万吉生等常见踪影，他们也被各地邀请传授业主维权、业主自治的相关经验。这些经验的传授大多是在体制内活动，依靠现有的法律机制来维护业主权益。

三、各地小区普遍建立了用于沟通交流的网络平台

除了上述线下组织以外，几乎每个小区内的业主都有自己的QQ群和微信群，这些网络群组中往往邀请了小区维权专家和知名学者，以及具有业主维权经验的民间精英，随时进行业主维权和业主自治的信息交流与经验传播。全国影响力较大的QQ群主要有："中国业主委员会协会"、"业主事务讨论群"和"业主自治研习社"，截至2015年10月，三个QQ群分别有997人，793人和427人。从三个QQ群的日常交流来看，除了少数维权专家和积极分子外，大多业主之间的交流和联系并不十分紧密，交流的主题也集中于依法维权、业主内部管理等内容。

在"中国业主委员会协会"的QQ群中，各地业主上传共享文件524件，涉及业委会自治、业主权利、物业诉讼裁判案例、如何与政府部门打交道等问题，其中下载次数最高的分别为：《业委会运作手册》、《面对

街道办、居委会滥权,业委会怎么办》、《公共物业经营收入归业主法规》、《业主大会组织建设与业委会规范建设》、《业主手册》、《专项维修资金和小区共有资金管理》、《小区物业保安员岗位职责》、《构建和谐社区的思考》、《小区公共收益统计表》、《上海业主主导型物业管理模式的探索与实践》等。

在"业主事务讨论群"中,各地业主上传共享文件181件,其中下载次数最高的前五位分别为:《2015年财务报表》、《××大厦2015外包费用预算与人工预算》、《法院认定规划车位占用业主共用地仍归业主所有》、《业委会专家库》、《全国物业管理示范住宅小区标准及评分标准》。

在"业主自治研习社"QQ群中,各地业主上传共享文件372件,其中下载次数最高的前五位分别为:《物业与业主较量的谋略》、《业主大会议事规则样本》、《业委会获取支持及有效存续的方法构想》、《业委会实践中遇到的几个棘手问题》、《成立业委会的全部流程和时间点》(见表7-7)。

表7-7 全国部分有影响力的业主组织 QQ 群情况

群组名称	发起人	组建时间	人数
中国业主委员会协会	上海和谐沙龙 刘生敏	2012年	997
业主事务讨论群	深圳光海小区	2015年	793
业主自治研习社	北京业主 陈凤山	2012年	427

注:截至2015年10月3日。

由此来看,网络上的业主联合与交流也大多聚焦于业主维权与自治的实务问题,大多业主的维权态度理性、温和,业主之间的网络交流也避免敏感话题,但在实务操作上成为传播经验与知识的便利平台。

四、全国跨小区业主联合组织的特点

从全国业主协会组织联合的总体情况来看,这些组织有五个基本

特点。

第一，业主组织联合的形式多样化，大多并非官方授权却处于默认状态。大多业主组织的联合由少数热心业主自发组织，除了少数地方由官方批准成立外，更多是以"论坛"、"研究中心"、"沙龙"、"筹委会"等形式存在，形式多样。

第二，业主组织联合的活动并非定期化，组织化特征并不明显。受资金、场地、时间、精力等因素影响，他们的联系和线下活动并不频繁和定期化，而是更多以网络和电话交流；在各地举办的城市业主组织活动中，参加活动的业主群体、举办活动的时间并不固定，参与人员、规模受业主联合体的召集人动员能力、筹集的资金和议题限制。

第三，业主组织联合在行动上，以"体制内维权"、理性维权为基本原则。在行动上，几乎所有的业主组织联合自动地接受政府的"督导"，平常举办的活动，主要目标是协助业主理性维权，不是冲击现有体制。有学者对2010年中国综合社会调查的结果进行定量分析发现，"社区居民在社区维权过程中具有更强的集体行动倾向，正朝向理性化和组织化维权的方向发展"[①]。一些业主委员会的联合体积极组织参与物业管理相关的政策法规的立法建言，或者通过参选基层人大代表等来推进物业管理规范改革。本研究的统计也表明，对于通过上访或游行维权的形式，76%的业主选择不参加。总体来看，中国城市社区业主维权温和可控。正因如此，一些地方尽管不给业主联合相应的合法身份，政府官员还是能受邀或主动参与业主组织召集、发起的交流会、研讨会。

第四，业主组织联合在横向联系上，越来越多地吸引学者、律师、媒体的参与。由于各地业主维权的现象日益增多，业主联合组织的活动特色鲜明、主题明确、合法合理，因而容易引起学者和媒体的高度关注，有影响力的业主年会或研讨会，基本上都可以看到媒体、学者和律师的

---

① 毛启蒙：《社区业主维权的发展趋势》，载《城市问题》，2014年第12期。

身影。

第五，业主组织联合发起人或参与人中已经有"职业化"、"商业化"人士出现。在各地城市业主年会或大的活动中，常见有影响的职业化的民间业主自治专家，受邀在各地传授经验，也有更多的律师介入业主组织活动，他们"看到商品房小区蕴含着丰富的商机，极力宣传和推销所谓的'民主是有价格的'和'经营社区'的价值理念，在帮助业主成功维权的同时，他们也获得自己的收益"①。有的业主为了提高对物业管理的经验和知识水平，甚至参加注册物业管理师考试。目前不少拥有业主维权经历、在本地业主群体中有号召力的业主，开始开办业主委员会咨询机构、法律服务机构、物业管理第三方评估机构，开发商业化业主自治的 APP 软件等等。

第三节 从"社区内冲突"走向"街头冲突"有一定的可能

在全国九大城市的调研分析发现，59.0%的业主认为同物业公司之间的冲突最有可能激化，其次是同开发商之间的冲突有可能激化（47%），同街道及上级部门的冲突有激化的可能最低，但是也达到了28.2%。统计表明，有冲突经历的业主更容易参加上访或者游行。也就是说，在一定条件下，从业主维权可能从社区内部冲突升级为"街头冲突"。事实上，在矛盾激化、问题久拖不决或政府不当干预的情况下，确实有业主集体走向街头，出现堵路、越级上访等现象，由此，小区内的冲突就会突破小区边界，升级为社区业主同政府部门等的冲突（见图7-1）。

---

① 陈鹏：《当代中国城市业主的法权抗争——关于业主维权活动的一个分析框架》，载《社会学研究》，2010年第1期。

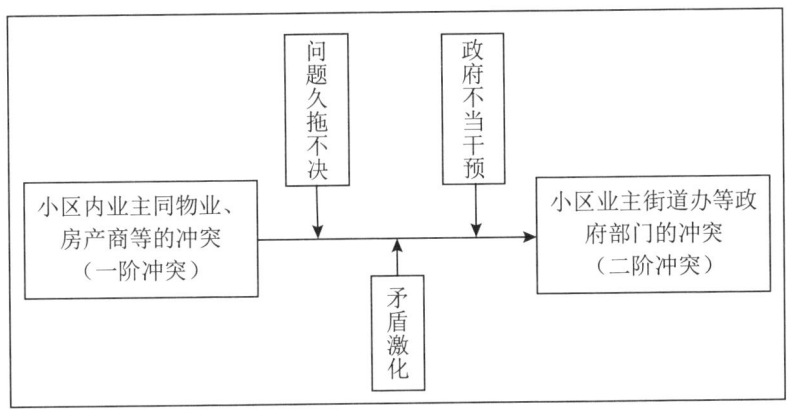

图 7-1 小区维权冲突升级逻辑

表 7-8 统计了近五年城市住宅小区业主"堵路维权"的现象,根据网络搜索,一共抓取了 32 件堵路维权事件。在 32 起案例中,尽管有"堵路维权"组织者被依法判刑或拘留,但是其主要起因大多是物业服务质量差、业主共同产权被侵占和房产商违约,业主维权的对象也并非政府,而是依靠"集体行动"取得媒体和政府关注,从而通过外部施压解决小区内部问题的"无奈之举"。

例如,发生在 2009 年 8 月 24 日长沙市 B 小区的"堵路维权"事件,就是因为小区内的会所、垃圾场和幼儿园等配套措施不到位,房屋又屡屡出现质量问题,业主同物管公司出现多次摩擦,业委会多次出面维权,一直没有结果。此后,物业公司违法占用物业管理用房,再次与业委会产生冲突,双方矛盾越来越尖锐,开发商售楼部经理为达到让小区业主不再"找麻烦"的目的,雇佣黑社会砍伤 2 名业委会成员,进而引起众怒。小区内业主自发上路维权,堵路维权持续近 5 小时,其目的就是"为了得到高级别的政府官员出面重视,解决小区问题和砍人事件"(小区业主语)。其结果是长沙市副市长出面,成立了专案组,及时破案,原规划的一套商业用房 200 平方,调整为小区业主活动中心,达到物业管理用房规划面积。

表 7-8 城市商品房住宅小区业主堵路维权现象（2011 年—2015 年 10 月）

时间	维权小区	规模	持续时间	起因	报道媒体
2011 年 4 月 10 日	山东青岛李沧区枣山家园	400 多人	100 分钟	房子迟迟不能交付，索要违约金又被开发商推脱	《齐鲁晚报》
2011 年 5 月中旬	陕西省宝鸡市均利广场	未知	未知	10 年未交房	《新京报》
2013 年 1 月 13 日	广西南宁"英伦 18"小区	数十人	20 分钟	屡被停电	《当代生活报》
2013 年 1 月	山东省青岛市鸿海佳园		未知	延期交房，违约金低	
2013 年 6 月 23 日	黑龙江哈尔滨润园翡翠城小区	数百人	未知	小区物业差，房产证未办理	东北网
2013 年 9 月 18 日	广东省广州市天园街某小区	20 人	未知	小区游泳池被拍卖	《广州日报》
2013 年 11 月 14 日	陕西西安市万国花园小区	未明	未明	供暖费用的是"节节高升"，小区自备锅炉要拆、管网改造要收费 800 万，小区业委会难成立，曾有业主被打断腿	腾讯网
2013 年 12 月 22 日	陕西西安金宇蓝苑小区	100 人	未知	每天停电	华商网
2014 年 3 月 15 日	河北燕郊纳丹堡小区	未知	7 小时	物业违约涨价	光明网
2014 年 5 月 10 日	广东惠州东江学府楼盘	未知	未知	开发商私改规划，业主维权被打	《南方日报》

中国城市社区业主维权冲突的总体形势

续表

时间	维权小区	规模	持续时间	起因	报道媒体
2014年5月18日	江苏南京瑞尔大厦	30人	3小时	未获规划，烂尾楼，11年未交房	新华网
2014年7月10日	云南昆明"沸城"商品房小区业主	未知	1小时	5年未交房	云南网
2014年8月23日	云南昆明呈贡一新小区	堵小区大门	未知	物业服务态度差、物业费收费过高、强卖车位、指定装修公司	云南网
2014年8月31日	四川成都双城小区	停车堵路	未明	外来车侵占消防通道	四川新闻网
2014年9月3日	四川泸州维多利亚小区	100人	40多分钟	电梯故障得不到修理	泸州新闻网
2014年10月14日	湖南省长沙市某小区	未明	未明	小区的停车位被占用	腾讯网
2014年10月29日	安徽合肥博澳丽苑小区	数百位	1小时	物业公司计划将公共地下室改造成停车位	财新网
2014年11月12日	济南西部某小区	100人	1小时	入住两年不供暖	《济南时报》
2014年11月	海南省海口市福祥家园小区	部分业主	40分钟	原物业公司拖欠电费，小区遭停电	海南特区报
2014年12月19日	陕西西安鸿基新城	未明	1.5小时	小区物业限电、配套设施不全	《华商报》
2015年1月5日	广东省广州市翡翠绿洲小区	未明	未明	车位价格高、物业随意涨价	和讯网
2015年1月18日	吉林长春高格蓝郡小区	100人	2小时	开发商在没有交房的条件下要交房	中国吉林网

续表

时间	维权小区	规模	持续时间	起因	报道媒体
2015年2月1日	河南省郑州市某小区	未明	未明	开发商未取得竣工手续而强制交房	《大河报》
2015年4月1日	山东威海华新家园小区	上百人	未明	不买停车位不让进小区	威海信息港
2015年4月10日	湖北武汉市江夏区某小区	100人	未明	成立业委会、停车位和物业前期遗留问题	《楚天都市报》
2015年4月19日	河南省郑州市某小区	未明	3小时	小区开发商私自更改合同,将小区内绿化区域建为停车带	《人民日报》
2015年4月21日	福建省福州市海润滨江小区	数百人	近4小时	小区会所所有权纠纷,业主维权遭迫害	东南网
2015年5月2日	福建省厦门市万禹广场	200人	3个多小时	项目因超面积建设等问题被有关部门勒令停工,延期交付使用	《厦门晚报》
2015年5月11日	四川绵阳润园翡翠城小区	数十人	20分钟	协商交房期限无结果	四川在线
2015年7月31日	广西南宁南宁市红日江景小区	80人	未明	3年未领取房产证	《南国早报》
2015年9月12日	广西钦州翰林福第小区	未明	未明	物业收费涨价、物业管理服务差	《北部湾晨报》
2015年9月12日	上海市普陀中环名品公馆	私家车高架桥堵路	未明	逾期700天未交房	新民网

可以看出,在一些案例中"集体维权—政府部门虽协调不能彻底解

决—集体维权再现—政府再协调……"存在循环往复的现象，从而积累了矛盾，最终引发"非理性"的体制外维权。也可以看出，尽管存在"小区内冲突"向"小区外冲突"升级的可能，但是这种可能相对于全国数量众多的小区来看，数量和量级均不大。

第四节 城市社区业主维权行动难以发育为成熟的"公民社会"

尽管有学者将业主维权和业主集体视为中国公民社会的"先声"，但是，就业主维权组织和行动的属性来看，这样的看法有一些过于乐观了。从定义和特征来看，"公民社会是国家和家庭之间的一个中介性的社团领域，在这一领域由同国家相分离的组织所占据，这些组织在同国家的关系上享有自主权并由社会成员自愿结合而成，以保护或增进他们的利益或价值"[1]。俞可平教授将公共领域也纳入"公民社会"的范畴之中，指出："我们把公民社会当作是国家或政府系统，以及市场或企业系统之外的所有民间组织或民间关系的总和，它是官方政治领域和市场经济领域之外的民间公共领域……组成要素是各种非政府和非企业的公民组织。"[2]除了组织上的特征以外，公民社会尚需具备公共利益追求、公共参与等精神内核，具有强烈的公共领域和公共意识，"公民社会的核心标准，是公民个体或组织，为维护或争取公民权利和利益而展开的公民行动"[3]，这些公民行动，并不包括私人领域的活动。公民社会独立于国家和市场，旨在保护和促进公共利益，将国家运行置于公民社会的监督之下，进而完成国家和社会的调整，使得政府与社会和谐相处。也即，成熟的公民

---

[1] 何增科：《公民社会与第三部门》，社会科学文献出版社2000年版，第64页。
[2] 俞可平：《中国公民社会：概念、分类与制度环境》，载《中国社会科学》，2006年第1期。
[3] 杨国斌：《互联网与中国公民社会》，载《二十一世纪》，2009年第8期。

社会组织需要具备三个特征：第一，超越个体利益，有强烈的公共利益和公共领域意识；第二，突破臣民意识，对国家权力的自觉监督或制约；第三，突破情绪化参与，形成积极可持续的公民参与。

但是，目前的城市社区业主组织及其行动在这些特征上的表现显然比较"趋弱"，还不足以表现出成熟公民社会的特征。

一、业主集体行动难以超越"个益与共益"

尽管有学者乐观地判断"业主们经由'组织化'和'运动化'的维权实践，实现了从'自在小区'（neighbourhood – in – itself）到'自为小区'（neighbourhood – for – itself）的转变"①。但是，大量案例研究表明，业主被组织起来大多是在"问题紧迫"的情况下，主要目标是解决自身问题。问题一旦解决，业主组织的后续维持就趋于解散乃至解题。业主委员会在最初对业主的调动与整合，仅仅由小区内部个体利益受损而起，随着个体利益得到维护或者长期得不到维护，集体行动趋于崩盘。有学者也认为："维权人士主要考虑的是私人利益，尽管其中带有公共性的成分，但是最终还是以维护自己的利益为根本出发点。在历经波折获得成功之后，多数参与者便不再参与自身利益之外的其他事务。即便未能取得理想效果，多数情况下也只能考虑以法律途径解决问题，而不会转化为一种政治诉求。"② 也就是说，业主之所以发起维权行动、组成联合组织，更多集中于物质性利益冲突，还没有上升到价值性冲突，从属于自在阶级而非自发阶级。

本书第五章中的案例就发现：经历"争夺产权"与"炒物业"维权事件之后，小区持续了一年多的平静。当再次需要整合业主力量维权时，

---

① 刘威：《从"去单位化"到"去社区化"：城市基层社会再整合的"结"与"解"》，载《学术论坛》，2011年第6期。
② 肖俊：《业主维权、政治参与与城市基层民主的前景》，载《人大研究》，2007年第3期。

业主的态度却发生了巨大的改变：面对小区的物业诸多问题，业委会再次举起维权的大旗，决定召开小区业主大会，讨论合同期满之后再次更换物业。但是，小区业主维权的态度却让业委会犯了难，业主参与积极性急剧下降，不再关心小区公共事务，业主整合面临失败。业委会内部出现分化，自治能力不断降低，与业主之间缺乏信任，小区治理陷入困境。小区业委会共计9名成员，但有3名委员长期不参与业委会工作，只领工资不做事，消极怠工。业委会成员之间产生矛盾，关系逐渐疏远，进一步影响了业委会的运作。业委会工作得不到业主的积极配合，小区治理陷入困境。

可以看出，业主维权的目的更多是维护自身或小区的利益，很难超越个体或局部利益，他们之间的联合更多是"暂时性的"，即使有较长的组织存在期，也更多局限在"个体利益"和"小区内共同利益"的范畴，难以形成超越小区范围的对其他公共议题或公共利益的关注。有研究也表明，"业主组织在起初一段时间内也的确颇有成效，业主们通过业主群以较为团结的姿态成功应对问题。然而，随着共同危机的集中式缓解，小区业主群的活跃程度明显下降，对业主的凝聚力与向心力显著弱化，自组织状态趋于松散"[①]。事实上，一旦业主维权的目的达成，业主组织和集体行动很容易随之陷于低潮，甚至因为业主之间的利益分化而走向分裂。

二、业主组织维权很少涉及重塑国家与社会关系的诉求

大多数业主组织的成立不但运行在国家和地方政府严苛的法律框架内，在成立过程中也已经屏蔽和过滤掉政府不希望的"不稳定要素"，在具体维权中主动服膺当下的法律、政府规定，以此最大效度、最小成本

---

① 李磊：《城市业主网络自组织相关问题研究》，载《社会科学家》，2014年第7期。

地维护本小区的利益。

尽管"业主抗争确实参与到规则制定过程中并试图厘清相关的法权清单,但这并不意味着业主在主观意识上从传统的臣民走向现代意义上的积极公民转化。从其抗争诉求上来看,当代中国城市业主抗争者并没有在规则制定层面重塑国家权力与公民个人之间的契约关系,相反,他们仅仅以寻求国家主导的权利话语来构建自身诉求的合法性。因此,他们的抗争诉求并不会对国家与公民之间的宪法契约中的从属关系构成任何挑战"[①]。

三、业主维权参与具有偶发性,难以积极参与其他公共议题

如前几章的调查统计,城市社区业主参与维权本身存在冷漠的现象,绝大多数的维权行动参与者是"业余人士",缺乏对业主维权的知识、经验,在一些具体的维权行动中(特别是违法的体制外维权行动)体现出"情绪化"参与的特征,一旦激动的情绪被释放出来、又难以获得预期的维权目标的时候,业主参与就会走向低落。

现有的业主参与,更多情况下是少数维权精英"调动"的结果,维权精英对业主的调动显然也不是寻求对国家体制和政策"施压",他们更加愿意尊严法律、寻求法律的支持,从而降低参与成本,加上业主职业、时间、精力的限制,短期参与和偶然参与、参与冷漠现象十分突出。因而,对由业主参与而营造持久的公共空间、并且形成对其他议题的公共参与,可能是过于乐观了。

[①] 庄文嘉:《跨越国家赋予的权利——对广州市业主抗争的个案研究》,载《社会》,2011年第3期。

本章小结

本章主要是从总体上分析了城市社区业主维权的形势与走向，在每一节的标题中均能体现相应的结论。这里仅仅进行简述：

1. 业主维权冲突还从属于"物质性冲突"层面，并没有上升到"价值性冲突"层面。这也就意味着，业主维权以保护或追索自身利益为主，并不会提出其他冲破体制的要求。

2. 业主群体的组织化程度较低、社会整合程度较低，不会冲击现有的体制。但是在问题久拖不决、面临潜规则或者被打被报复等情况时，业主维权冲突可能突破社区界限，形成社区外冲突。

3. 城市社区业主群体难以发育为成熟的公民社会。本章从公民社会的三个特征入手，发现业主维权难以超越个人利益、难以重塑对国家社会关系、难以形成可持续的公民参与，由此，对业主组织公民社会的期待还过早，有些乐观了。

第八章

中国城市社区业主维权冲突形势的成因

中国城市社区业主维权冲突的形势既有管理体制的原因，也与业主阶层的属性地位紧密相关。可以讲，发生在商品房小区内的业主维权，是房地产市场监管、物业服务行业监管失灵，在下游社区的集中爆发。也即，社区业主维权是"上游问题下游化"的结果。

第一节 商住小区内的"权责失衡"是业主维权的深层因素

业主维权冲突的根源，在于主体间"权利和责任失衡"。有学者将维权困境归因于现阶段国家主导型的权力再分配机制及当前存在的不对称和失衡的权力分布状态，认为转型期中国社会权力分布特征体现为国家领域的权力让渡和社会领域的权力增长缓慢，而市场权力却扩张迅速并凭借其强大的延伸性压缩了社会权力发展空间。[①] 还有学者指出，在国家、社会、市场的权力结构体系中，社会权力只有通过联合政府权力形成对市场权

---

① 徐琴：《转型社会的权力再分配——对城市业主维权困境的解读》，载《学海》，2007年第2期。

力的有效制衡才能避免侵权行为的发生。① 换言之，业主维权之所以发生，很大程度上就是因为业主的社会权力不足以抗衡或制约市场权力。

一、业主的市场权利受到其他主体的挤压和干预

1. 业主群体与市场主体相比处于"弱势权利"地位

本书在第三章第三节就已经表明，业主维权的起因在于住房权益受损，在此不再赘述。

应该讲，业主与房产商和物业之间本来是由市场来调节的"权利主体"，但是由于在实际运行中，业主往往处于相对弱势地位，必须寻求政府力量的支持，才能维持与市场主体的均衡。

但是，一项在北京市的研究发现，"在房地产开发和物业管理领域，以开发商和物业公司为主体，包括房管局小区办、地方法院和街道办事处等相关政府部门和政府官员在内的、一个具有分利性质的房地产商利益集团已经形成。该集团的强势地位，使开发商和物业公司敢于普遍而广泛地侵害广大业主的合法权益"②，这正是业主维权运动兴起的深层原因。

2. 政府监管的漏洞可能留下业主"权利损害"的隐患

市场主体尽管有"趋利"的本性，但是，政府监管方面的漏洞，以及在业主维权过程中的不当行为，事实上形成了对业主群体的"二次伤害"，容易引发维权冲突升级。这里将引入一个在 C 市 W 区的案例进行说明。

一般而言，商品房住宅小区从规划建设到验收，以及最后的管理，是一个完整的"闭环结构"，涉及政府内部各个部门职责（见图8-1）。依据我国相关法律法规：

---

① 朱燕、朱光喜：《城市住宅小区业主维权的现状、困境与对策》，载《城市问题》，2008年第9期。
② 张磊：《业主维权运动的产生原因及动员机制——对北京市几个小区个案的考查》，载《社会学研究》，2005年第6期。

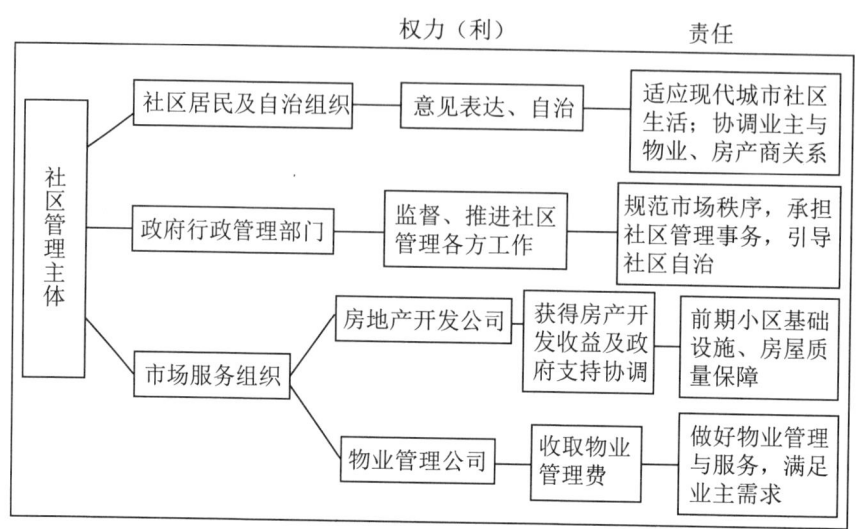

图 8-1 社区治理上下游的权责

（1）国土局负责预审建设项目用地，对涉嫌土地违法的单位或者个人，停止办理有关土地审批、登记手续，保证社区办公用房、物业管理用房和共有区域的土地，如果商品房小区缺乏配备社区公共用房，则不会得到审批；

（2）规划部门负责确定供地规划条件时，要明确社区用房的具体位置、功能比例及面积；

（3）建设部门负责按照已审批的规划，如果建设质量不过关或社区办公用违规，则不会给予竣工验收备案；

（4）房地产开发主管部门，对城市规划要求配套的基础设施和公共设施的建设情况进行验收，对于违反规定的用房和公共面积，坚决不能进行产权登记；

（5）房屋交付使用之后，房管局负责监管物业企业市场行为；

（6）民政等职能部门主要负责小区命名和指导社区建设等职责；

（7）街道办等指导业委员筹备并且指导业主自治。

但在实际工作中，商品房住宅小区在建设和管理过程中容易出现"职责脱嵌"等现象，这给业主利益受损留下了"隐患"。基层政府的规划局、国土局在前期建设方面，国土局、建设局对房屋质量验收和后期监管的把关方面存在工作上的漏洞，可能造成"房屋质量、公房被占用、共有面积被侵权"等影响业主利益的"后患"。以下访谈记录可以印证上述判断：

规划局W科长在访谈中说明前期的规划审查是没问题的，但是项目竣工验收时建设局却基本没有通知过规划局人员到现场勘察实际用地是否与规划用地相符，房管局和建设局也并未在房产证发放中让社区用房标准发挥实际作用，房产证基本是房管局一个部门说了算。比如，很多新建楼盘小区没有配置社区用房就拿到了房产证开始预售。

W区已经查处了一批未经验收擅自交付使用的案件。

建设局副局长为难地说道："新建的工程项目现在这么多，每个进度都不一样，要能够随时跟其他各局的联动监管是很困难的，而且这最后的产权大权握在房管手里，我们也说不上什么话。国土局勘点和审核也花时间，这两个部门光顾着做审批登记手续时间都很紧了，后期验收管不得那么多，难免会有漏网之鱼啊，而且图纸和审批书都已经给房管了，发不发证他们说了算。""竣工验收备案大多数都是施工方和监理方自己来交材料备案，只要材料里反映的跟原先的审批材料基本一致，我们也就给备案，说明竣工验收完成了。"

房管局N科长则回应："产权批准虽然在房管局，但是工程竣工验收我们也是通知了你们的，那经常是你们来人或者来函拖了时间，每个局都拖一点时间或者不给答复,让我们怎么办,我们还得跟开发商交代。"

在市场监管方面,住房保障局的监管也存过松的问题,企业资质水平普遍较低。在W区全区50家物管企业中,有33家为三级资质,这种低资质企业比例过高的情况会给物业服务质量的保证带来隐患;除去310位管理人员,剩余2000多名从业人员只有45%持有岗位资格证书。面对这样的低水平物管企业,住房保障局和房管局没有采取很好的措施提升企业资质和上岗人员专业水平。

由于担心业主联合起来冲击基层社会稳定,一些基层政府通过拖延、不当干预等方式,阻碍业委会的成立。

由此来看,一些地方政府对于房地产和物业行业监督的薄弱,也对业主权利形成了损害。确实有事实表明,不少房地项目在开发建设环节中就存在质量问题,一些房地产项目本身存在"背后交易"现象,导致房屋本身存在质量问题、房屋面积容积率缩水、配套设施建设跟不上等严重问题,一些房产商在房产保质期还未过,就注销公司,因而将纠纷问题挤压到物业管理阶段。对于房地产和物业市场监管不严,也是导致业主维权问题丛生的一个重要原因,现行物业管理市场的大多企业"资质不高",业主对服务不满意,就使得小区陷入一种恶性循环。

3. 一些基层政府单位的不当干预挤压业主权力空间

在新建的商品房小区中,一些街道办、居委会干部在购房时或者享受购房优惠,或者曾经得到优先选房的优惠,或者受到物业公司减免物业费等私下的好处。"有的并持续享受着各种明的、暗的开发利益。作为开发利益的分润者"①,加上对维护社会稳定的考虑,部分政府工作人员

---

① 陈映芳:《行动力与制度限制:都市运动中的中产阶层》,载《社会学研究》,2006年第4期。

非但不支持业主合法维权，而且将业主组织视为"社会稳定的威胁"，因此它们往往遵循一种"不出事"逻辑①，"极力掩盖辖区中各种矛盾和冲突，尤其是集体上访和其他群体性事件"②，一些地方干部更多从负面看待业委会或业主维权，要么阻挠业主维权，要么在业主维权过程中推诿扯皮、不作为。

有研究直截了当地指出，"当前业主维权事件频发和小区秩序格局失调的重要原因是政府权力过度化和业主权利不足之间存在一定的张力"③。一些基层政府部门往往选择"择机介入"④，拖延问题解决的最佳时机，从而激化矛盾、推动冲突升级。

二、法律制度层面对业主的市场权利有诸多限制

（一）业主在"前期物业制度"中处于弱势地位。业主与房产商或小区物业签订的《前期物业管理合同》不是业主与物业公司谈判的结果，《合同》的条款往往是规定了业主的义务，却规避谈业主的权利和对物业公司责任的限定，造成事实上的"霸王条款"。

（二）物业管理"包干制"模式对业主的限制。业主直接向物业公司缴纳费用，所有费用有物业公司来支配，一些公共收益未经业主许可直接进入物业公司账号，业主无法约束物业公司，因而业主很难有效约束物业公司。

（三）法律规范上的漏洞容易引起业主权利争议。例如，《物权法》

---

① 钟伟军：《地方政府在社会管理中的"不出事"逻辑：一个分析框架》，载《浙江社会科学》，2011年第9期。
② 石发勇：《业主委员会、准派系政治与基层治理：以一个上海街区为例》，载《社会学研究》，2010年第3期。
③ 张磊、刘丽敏：《物业运作：从国家中分离出来的新公共空间——国家权力过度化和社会权利不足之间的张力》，载《社会》，2005年第1期。
④ 王星：《利益分化与居民参与——转型期中国城市基层社会管理的困境及其理论转向》，载《社会学研究》，2012年第2期。

第七十四条第一款规定,"建筑区划内的规划车位、车库应当首先满足业主的需要"(见表8-1),对于"应当首先满足业主的需要"的规范性质,学界与法律界人士各说纷纭。有学者认为是"强制性规定"①,有学者则认为是非强制性规定。事实上,由于我国实行预售房制度、房产商急于收回成本、物业公司力图增加收入,往往在业主不知情的情况下,甚至在业主还未入住的情况下,提前将车库、车位出卖或出租给小区之外的人员,法律上对于此种行为缺乏"违反本条规定的具体法律后果"②。

表8-1 部分法律制度对业主市场权利的限制

法律文件名称	法律条文内容	争议之处
《物权法》	建筑区划内的规划车位、车库应当首先满足业主的需要	是否强制性
《物权法》《物业管理条例》	应制定对业主有效的管理规约	管理规约事实上由开发商制定,往往造成对业主的侵权

再如,《物权法》第七十六条、第七十七条、第八十三条规定:"制定和修改建筑物及其附属设施的管理规约,应当经专有部分占建筑物总面积过半数的业主且占总人数过半数的业主同意;业主不得违反法律、法规以及管理规约,将住宅改变为经营性用房,业主应当遵守法律、法规以及管理规约。"《物业管理条例》还特别明定:"管理规约应当对有关物业的使用、维护、管理、业主的共同利益、业主应当履行的义务、违反管理规约应当承担的责任等事项依法做出约定,管理规约应当尊重社会公德,不得违反法律、法规或者损害社会公共利益,管理规约对全体业主具有约束力。"但是,我国《物权法》和《物业管理条例》并无"对于管理规约应规范的事项"③的规定。

---

① 崔建远:《物权:规范与学说——以中国物权法的解释论为中心(上)》,清华大学出版社2011年版,第418页。
② 刘阅春:《"应当首先满足业主需要"的规范性质探究》,载《法律科学》,2013年第5期。
③ 陈华彬:《论区分所有建筑物的管理规约》,载《现代法学》,2011年第4期。

从实际情况看，管理规约往往由开发商在出售房屋时规定，开发商往往作出对自己有利的规定，从而在占用业主共同道路、电梯广告、出租或出卖车位等方面作出侵犯业主利益的规定。由此，"原始管理规约（业主临时公约）的公平性问题即凸现出来"①。

第二节 业主特性和组织权利受限制约了业主的组织化水平

一、大多业主属于中产阶层，是社会发展的稳定器

本书第三章的数据分析已经表明，中国城市社区业主大多属于中产阶层。从主观动机和客观行动各方面来看，他们并非是现有体制和基层秩序的挑战者。

（一）从主观意识来看，从属于中产阶级的业主阶层本身温和、理性，大多数人不会选择体制外维权

因为业主阶层身份职业多样，拥有不同的资源，普遍具有较高的文化，"也是各自行业领域的精英骨干。这种高质的人力资源为学法、研法、普法、护法、修法提供了很好的智识基础和保障"②，这"使其具有权利意识能够整合资源进行依法维权，但同时也决定了他们维权行动的温和与保守"③。

---

① 陈华彬：《论区分所有建筑物的管理规约》，载《现代法学》，2011年第4期。
② 陈鹏：《当代中国城市业主的法权抗争——关于业主维权活动的一个分析框架》，载《社会学研究》，2010年第1期。
③ 胡荣、刘艳梅：《中间阶层在公共领域中的维权行为——厦门市U小区公摊纠纷个案分析》，载《中共福建省委党校学报》，2006年第8期。

(二) 从客观条件来看，业主阶层追求的主要目的是维护个体合法权利，加上他们都有工作、难有闲暇，因而参与集体维权的机会相对有限

本书的调研发现，54.9%的业主反映，业委会和集体维权面临"业主参与率低"的困难，其中41.1%的业主反映没有时间参与集体活动。业主参与维权的行动还受到工作环境、政府干预等潜在或显在因素的影响，一些研究分析了业主阶层行动选择的类型和方式，选择"不参加"维权的业主职业身份为"各级政府官员、社会名流和投资商"，在"中途退出"的往往是体制内工作人员，这批人员往往是政府通过各种渠道寻求所在单位施压，让维权者因为怕影响工作或失去工作而退出维权，真正能够坚持到最后的仅是"无业者、自雇佣者、年轻白领和离退休人员"（见表8-2)[①]。

此外，由于各个小区的动员能力不足、小区维权精英的能力和专业化水平有待提高，使得业主集体行动发生的概率并不高。

表8-2 业主行动选择特征

行动选择	职业身份	选择理由
不参加	各级政府官员、社会/文化名流、各种投资商等	"与开发商认识的""购房享受优惠的"
中途退出	国家"单位"系统职工、律师、银行职员等	"单位里有压力""政府找到我们公司了""怕失去从业资格"
最后坚持者	自雇佣者、年轻白领、离退休人员、无职人员	"我们不怕什么"

资料来源：陈映芳：《行动力与制度限制：都市运动中的中产阶层》，载《社会学研究》，2006年第4期。

---

① 陈映芳：《行动力与制度限制：都市运动中的中产阶层》，载《社会学研究》，2006年第4期。

二、业主自组织的权利受到限制

虽然"法律的出台赋予和拓展了业主的维权知识,给予业主一定的请求权与构建维权的话语基础,缓解了维权的合法性困境"①,但是法律本身对业主集体参与有很大的限制,强大的市场主体对业主自组织权利也有相当的限制,业主自组织治理失灵,也给业主自组织的权利带来负面影响。

(一)现行法律制度和执法过程对业主组织权利的限制

按照《物业管理条例》,小区的入住率和入住面积要达到50%,才能成立业委会,但是因为很多小区入住率不高、楼盘规模过大(动辄上万户、上十万户),给业委会的成立带来了先天的"阻碍"。

1. 在诉讼资格层面,业主代表大会和业委会的诉讼资格并没有得到很好地理清,业主委员会的联合组织迟迟得不到法律认可

早在1994年国家建设部33号令《城市新建住宅小区管理办法》中便第一次正式要求我国住宅小区要成立管委会(即业委会)。我国《物业管理条例》第八条规定:"物业管理区域内全体业主组成业主大会。业主大会应当代表和维护物业管理区域内全体业主在物业管理活动中的合法权益。"业主委员会,由特定物业管理区域内全体业主通过召开业主大会选举产生,经房地产行政管理部门登记,代表业主利益实行自治管理,维护全体业主合法权益的业主大会的执行机构,要对业主大会负责,受业主大会和广大业主们的监督。

但是,对于业主代表大会和业委会是否具有诉讼资格则一直处于争

---

① 刘子曦:《激励与扩展:B市业主维权运动中的法律与社会关系》,载《社会学研究》,2010年第5期。

议之中。《物权法》未能对业主大会的诉讼主体资格作出明确的规定。《民事诉讼法》第四十九条规定："公民、法人和其他组织可以作为民事诉讼的当事人。""而业主委员会要想成为民事主体，要么具备法人资格，要么属于其他组织。法人必须符合以下四个条件：依法成立；有必要的财产或者经费；有自己的名称、组织机构和场所；能够独立承担民事责任。而业主委员会没有自己独立的财产，也不能独立承担民事责任，其法律后果只能由业主来承担。"① 由此，业委会很难具备法律诉讼资格。从现有法律法规来看，关于业主委员会的诉讼主体地位，并没有给予明确的界定。

《物权法》仅规定业主对侵害自己合法权益的行为，可以个人名义提起诉讼，但对业主委员会能否为了业主的公共利益而成为诉讼原告主体却未提及。而2007年修订的《物业管理条例》和2009年出台的《业主大会和业委会指导规则》，也未对此确认。②

地方法规对于业委会和业主代表大会的法律诉讼资格也十分含糊。1994年《深圳经济特区住宅物业管理条例》中曾规定业委会具有社团法人地位，但在1999年修改后的《深圳经济特区住宅物业管理条例》中却将此删除，除了少数地方例如《北京市高级人民法院关于审理物业管理纠纷案件的意见（试行）》、《浙江省物业管理条例》中明确了业主委员会诉讼主体地位之外，各地的地方法规都回避了业委会法律地位的规定。业委会代表着全体业主的利益，其法律地位的不明确，直接会影响到业主维权。

2. 在法律诉讼层面，业主委员会的法律诉讼常常受阻

首先，由于业主委员会的诉讼主体资格在法律规定中含混不清，许多以业主委员会名义发起的诉讼都因其在法律上不具备原告地位而被法

---

① 李文练：《浅议业主委员会的诉讼主体资格》，见光明网·人民法院频道，2014年3月12日。
② 张帆：《社会管理创新法治化视野下的业主委员会发展探析》，载《东南大学学报（哲学社会科学版）》，2012年第5期。

院拒之门外,"驳回起诉"成为业主诉讼的常态。① 由此,业主需以个人名义对侵权现象提起诉讼。但是,个人诉讼却要承担不菲的费用,并且遭遇司法资源相对丰富的市场主体。根据《诉讼费用交纳办法》规定,业主需要缴纳价值不菲的案件审理费,而且根据"谁主张,谁举证"的民事诉讼举证原则由业主承担举证责任,高昂的诉讼成本将许多维权业主挡在了法院大门之外。②

其次,对于业主委员会协会等跨小区的业主联合,大多数地方政府采取不支持的态度。在法律上,依照《物业管理条例》规定,业主委员会不具有"法人"资格身份,不具备独立承担法律责任的能力,业主委员会自身无财产,因而难以构成缴纳会费的条件;依据《社会团体登记管理条例》第二条规定:"社会团体,是指中国公民自愿组成,为实现会员共同意愿,按照其章程开展活动的非营利性组织。公民和国家机关以外的组织可以作为单位会员加入社会团体。"业主委员会是否属于该条规定中的"国家机关以外的组织",也成为城市政府不给业委会联合组织"身份证"的一个理由。

另外,业委会还经常受到房管部门和街道办等的行政干预。《物业管理条例》第十条规定:"同一个物业管理区域内的业主,应当在物业所在地的区、县人民政府房地产行政主管部门或者街道办事处、乡镇人民政府的指导下成立业主大会,并选举产生业主委员会。"但是,各地陆续明确要求:"业主大会、业主委员会的成立以街道办为主进行筹备,业主大会会议的召开应当接受居委会的指导和监督。"《珠海市业主大会规程(修订)》提出,在成立业委会之前由各街道办代表担任筹备组组长。《北京市物业管理办法》和《北京市住宅区业主大会和业主委员会指导规则》

---

① 郏正、王恩见:《法律机会结构变迁与业主诉讼维权的兴起》,载《社会科学战线》,2014年第6期。
② 郏正、王恩见:《法律机会结构变迁与业主诉讼维权的兴起》,载《社会科学战线》,2014年第6期。

规定:"业主提出申请 60 天内,街道办事处应给予批复并指定业主大会筹备组组长。"各地对业委会的筹备和成立均有类似规定,并且规定:"业主委员会应当自选举之日起十五日内,将成立情况向区主管部门备案。"但是,这些部门本该行使对业委会的备案制,往往演变成一些基层政府单位控制业委会、阻碍业委会成立的"武器"。一些基层政府出于"维稳"的考虑,宁愿将业主群体视为"乱源",对于业主群体态度冷漠甚至直接干预业主维权,将法律规定的"业委会成立备案权"转化为事实上的"审批制",对业委会的成立处处设限。根据调查,分别有 20.7% 和 26.4% 业委会成员反映,街道办或政府部门以及物业或者房产商阻碍业委会的成立,从而造成业主组织权利的受限。

3. 在法律诉讼成本方面,业主组织的时间和资金成本较高

例如,重庆市江北区"在审判周期方面,在 2009—2012 年期间已经审结 47 个案件中,平均审理周期为五个半月,远远高于一般案件的审理周期;与一般案件相比,涉业委会物业纠纷的案卷也远比一般案件要复杂"①。业主与业主组织往往又承担举证责任,这种举证更难获得房产商和物业公司的配合,因而时间成本和资金成本更大。

(二)市场主体对业主组织的限制

中华人民共和国住房与城乡建设部 2009 年颁布的《业主大会和业主委员会指导规则》第八条规定:"物业管理区域内,已交付的专有部分面积超过建筑物总面积 50% 时,建设单位应当按照物业所在地的区、县房地产行政主管部门或者街道办事处、乡镇人民政府的要求,及时报送下列筹备首次业主大会会议所需的文件资料:物业管理区域证明;房屋及建筑物面积清册;业主名册;建筑规划总平面图;交付使用共用设施设

---

① 王庆:《审理涉业主行使成员权案件的问题与对策——以重庆市江北区法院审理物业服务纠纷案件为视角》,载《法律适用》,2013 年第 3 期。

备的证明;物业服务用房配置证明;其他有关的文件资料。"但是这些资料往往掌握在开发商或物业公司手中,为了维护自身利益,开发商或物业公司很多情况下并不愿意在业委会的成立提供这些资料,往往采取拖延、推诿或自称丢失等手段,用以杯葛或推迟业委会的成立。《业主大会和业主委员会指导规则》虽然规定"建设单位和物业服务企业应当配合协助筹备组开展工作",却并未对如何配合协助、不配合协助方面的惩处等作出详细规定。

我国《物业管理条例》将物业服务分为前期物业管理和后期物业管理,第二十一条规定:"在业主、业主大会选聘物业服务企业之前,建设单位选聘物业服务企业的,应当签订书面的前期物业服务合同。"第二十二条规定:"建设单位应当在销售物业之前,制定临时管理规约,对有关物业的使用、维护、管理,业主的共同利益,业主应当履行的义务,违反临时管理规约应当承担的责任等事项依法作出约定。"第二十六条则规定:"前期物业服务合同可以约定期限;但是,期限未满、业主委员会与物业服务企业签订的物业服务合同生效的,前期物业服务合同终止。"由此,很多住宅小区采取"父业子承的物管模式",即:物业服务公司是房产商的二级公司,一旦业主委员会成立,则极有可能更换物业服务企业,触动开发商利益,因而,业委会组织的成立和运行一般会受到房产商集团阻挠或不配合。

目前,我国大量小区进入"养老"期,但由于前期缺乏基建、维修资金、质量保证等监管,动用"维修基金"的过程要么困难重重,要么被少数公司不法违规冒领冒用维修基金。根据财政部和建设部2007年颁布的《住宅专项维修资金管理办法》,住宅专项维修资金一般用于维修"由住宅业主或者住宅业主及有关非住宅业主共有的附属设施设备,一般包括电梯、天线、照明、消防设施、绿地、道路、路灯、沟渠、池、井、非经营性车场车库、公益性文体设施和共用设施设备使用的房屋等"。第十条规定:"业主大会成立前,商品住宅业主、非住宅业主交存的住宅专项维修资金,由物业所在地直辖市、市、县人民政府建设(房地产)主管部门代管。"第十五条规定:"直辖市、市、县人民政府建设(房地产)主管部门或者负责管理公有住房住宅专项维修资金的部门应当在收到通知之日起30日内,通知专户管理银行将该物业管理区域内业主交存的住宅专项维修资金账面余额划转至业主大会开立的住宅专项维修资金账户,并将有关账目等移交业主委员会。"第二十二条规定:"住宅专项维修资金划转业主大会管理前,需要使用住宅专项维修资金的……住宅专项维修资金列支范围内专有部分占建筑物总面积三分之二以上的业主且占总人数三分之二以上的业主讨论通过使用建议。"但是由于一些业委会未经成立,难以动用维修基金;或者即使成立业委会,也因小区规模大,业委会动员能力不足,难以达到动用维修基金条件;或者成立以后,物业公司往往会在业主不知情的情况下,挪用维修基金。

与此同时,物业管理行业协会在各地普遍建立,跨小区的业主委员会协会组织却数量寥寥,这在一定程度上反映了市场主体的强势。此外,由于建设单位和物业公司具有资本优势、信息优势,往往关乎地方经济发展,又具有司法资源,会形成小区内强势的一方。在一些关键问题上存在"黑箱作业"、缺乏监管的问题,不但限制业主组织活动,也更易造成对业主利益的损伤。

表 8-3 业主维权的限制因素

法律限制	市场主体限制	自组织限制
1. 双过半规定,遭遇"小区规模庞大"、入住率不高、空置率高的阻碍	1. 建设单位和物业服务企业往往不配合配合协助筹备组开展工作	1. 法律意识不足
2. 业委会不具备法人资格	2. 业委会并无前期物业合同和管理规约的制定权	2. 组织不力、动员不足

续表

法律限制	市场主体限制	自组织限制
3. 业主个人诉讼成本过高	3. 建设单位和物业服务企业自身资本实力、司法资源等优于业主	3. 容易分化、缺乏监督
4. 业委会不具法人地位，业委会联合组织建立受阻	4. 物业行业普遍建有行业协会	
5. 业委会成立"备案制"事实上成为"审批制"	5. 建设单位和物业服务企业拥有信息优势，侵害业主知情权，违法违规获取利益	

（三）业主自身条件不足对自组织的限制

业主自身及其组织内部治理不善也构成对业主组织及其行动的限制。大体来看，业主自身有三个方面的因素制约了业主有组织的发展：

1. 法律知识不足。在我国，房地产和物业管理方面的法律法规主要有《房地产法》、《行政诉讼法》、《物业管理条例》、《合同法》、《物权法》、《业主大会和业主委员会指导规则》、《住宅专项维修资金管理办法》等。但是，"据统计，业主对它们的知晓在'比较了解'程度以上的不足20%，而不太清楚和根本不清楚的则各占到40%"[①]。特别是在维权行动时，大多业主缺乏专门法律知识，导致尽管在自身，却步步难行。

2. 组织不力，动员不足。大多业主维权基于小区内共同的利益基础进行维权，但是业主参与率低，难以形成组织化的区域性集体行动。

本书第五章的数据分析已经表明，54.9%的业委会成员或维权积极分子认为业委会和集体维权面临"业主人心不齐，参与率低"的困难；反映业委会和维权小组组织能力差的占了31.9%；反映没有运营资金的占了

---

① 隋凤琴：《城市住宅小区业主维权途径探讨》，载《人民论坛》，2013年第2期（中）。

27.7%；反映没有时间的占了41.1%、没有奉献精神的占了33.5%。事实上，业主委员会形同虚设是当前绝大多数城市业主委员会的普遍现象。

在绝大多数住宅小区，很多情况下业主不管碰到什么问题，往往不会想到业主委员会，而是物业公司。一些业主委员会在行使权利或义务时，都比较被动，对自己的职责不重视。只要不出大问题，只要业主或物业公司不督促、不反映，他们就不主动去做工作。有的不通过协商或合法程序来解决与物业公司的矛盾，甚至有些业主委员会主任以业主的"主人"自居，稍有不满，就到物业管理处大吵大闹，影响物业管理秩序、侵犯业主利益。

3. 容易分化，缺乏监督。《物权法》第七十条规定："业主对建筑物内的住宅、经营性用房等专有部分享有所有权，对专有部分以外的共有部分享有共有和共同管理的权利。"但是由于在法律上缺乏对业委会内部监督的规定，事实上业主自治也忽略了对业委会的监督，尽管法律规定业主大会会议可以采用集体讨论的形式，也可以采用书面征求意见的形式，但因为会议需要双过半的门槛，这都意味着不小的组织成本。如此高的组织成本是对委员时间和精力的巨大消耗，头几次大会可能因为涉及迫在眉睫的利益问题，业主和委员都较有热情，但随着眼前问题的解决，许多业委会就会采取"多一事不如少一事"的态度。业委会一旦选出，往往就脱离了业主大会的监督，业主共同决策是否得到执行、执行效果如何，往往不得而知。

也有研究提出"熟悉的陌生人"命题：经过长时间的持续互动，行动精英也有可能从伙伴变成对立者，并进一步变成"熟悉的陌生人"，由此"精英悖论"使中国业主共同行动异化走向"寡头统治"和"准派系斗争"，从而背离了原有的共同利益诉求（参见图8-2）。[①]

[①] 何艳玲、钟佩：《熟悉的陌生人——行动精英间关系与业主共同行动》，载《社会学研究》，2013年第6期。

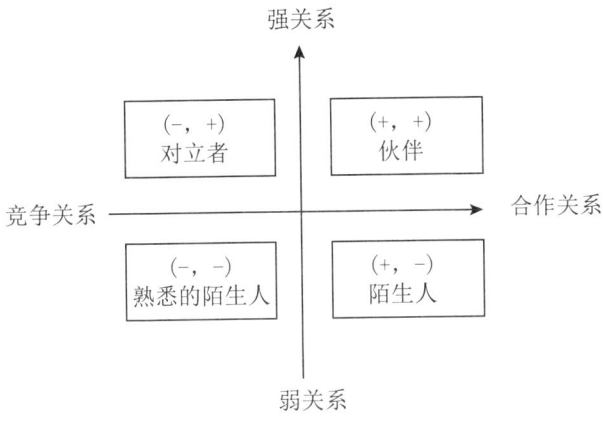

图 8-2 熟悉的陌生人

资料来源：何艳玲、钟佩：《熟悉的陌生人——行动精英间关系与业主共同行动》，载《社会学研究》，2013 年第 6 期。

在缺乏监督和制衡的状态下，业委会可能逐渐脱离"业主大会执行机构"的位置，向开发商和物业公司的利益偏转。而阻止这种偏转——罢免腐化的业委会委员往往比选举他们更加困难，因为罢免业委会需要召开业主大会，而组织召开定期业主大会的权利却在业委会手中，只有经 20% 以上的业主提议，业委会才会召开业主大会临时会议，并且需要有一半业主同意才可罢免业委会成员。换句话说，是否能成功罢免业委会成员，很大程度上取决于业委会而非业主。①

我国《物业管理条例》虽然规定业主和业主大会都有权监督业主委员会的工作，但是对监督权的行使、监督机构、监督方式等都没有明确规定，也没有规定业主委员会超越业主大会授权范围所为民事法律行为的法律效力以及业主委员会对此应承担的责任，这就很容易造成"人人

---

① 刘子曦：《激励与扩展：B 市业主维权运动中的法律与社会关系》，载《社会学研究》，2010 年第 5 期。

监督、人人都没法监督"的局面。

上述问题导致了现实中很多业主委员会超越代理权的范围或者在根本没有得到业主大会的授权下,以自己或者全体业主的名义为民事法律行为;甚至还出现了滥用职权、挪用专项维修资金和不惜损害全体业主利益而谋私利的情况。例如,上海都市庭院业主委员会在业主大会上要求颁发"重大贡献奖",受奖者是业主委员会主任、副主任以及其他"索赔有功人员",奖金总额为16万余元,后因业主非议未能全部兑现。此后,业主们陆续发现业主委员会存在诸多问题:业主委员会未经业主同意,私自和开发商签订赔偿协议;藏匿开发商补偿给全体业主的架空层、底层车库;将部分房屋私自出租给个别业主65年;私自向外发包13个小区物业工程;用维修基金购买超市水票作为奖励发放等等。由于缺乏有效的监督,一些业主委员会滥用职权现象严重。特别是在公共维修基金都交给业主委员会管理的情况下,由于业主监督权无法有效行使或者业主委员会工作缺乏透明度和公开度,许多业主根本不知情,也无法进行监督,产生了许多矛盾。

因而,一些业委会成员在早期的维权中尚能秉持公利,随着时间的推移反而成"导致和加剧少数既得利益业主精英排斥大众参与的寡头统治和准派系政治,进而有损于基层治理和社区民主"[1]。还有一些物业公司或开发商往往是操控少数业主去申请业主委员会,从而形成市场主体的利益代言人。"随着功利主义的泛滥和整个社会对物质利益的追逐,业主之间也容易存在的不信任心理和功利主义思想,导致人们一旦参与各种组织,往往倾向于联合其中与自己有相似观念或共同利益的少数人形成派系,以巩固权力和谋取私利。"[2]

---

[1] 石发勇:《业主委员会、准派系政治与基层治理——以一个上海街区为例》,载《社会学研究》,2010年第3期。
[2] 石发勇:《业主委员会、准派系政治与基层治理——以一个上海街区为例》,载《社会学研究》,2010年第3期。

第三节 权利救济长期受阻和权利意识觉醒容易引发维权冲突升级

正如阿伦特所言,"占有财产意味着握有一个人自身生活的必需品,因而潜在地成为一个自由人……私有财富成为进入公共生活的前提条件"①。在维护以房权为核心的行动中,业主们意识到"自身的社会位置,也可能改变其结构性位置",有学者甚至直言"行动锻造公民,抗争产生社会,维权改变中国"②,业主依法维护产权的抗争是走向公民权的过程。③ 事实上,商品住宅的私有产权性,使业主作为私有产权人,有权根据契约和交换原则,维护、要求和主张与权利地位相当的利益。④

一、权利受损是业主群体伸张合法权利的起点

房产权利受损是业主维权的起点,经过维权行动,业主不断明确自己的权利边界,也不断学习和伸张法律文本中的权利。与农民维权、工人维权不同,业主阶层大多收入较为稳定、教育程度较高,是社会中产阶级的主体,他们更倾向于学习、研究和应用法律,因而更易产生明确的权利意识。也正是由此,业主"能够对客观的法律机会进行积极建构,激活似乎处于沉睡状态的法律,使潜在的法律机会转化为实际的诉讼行动成为可能"⑤。

---

① 〔美〕汉娜·阿伦特:《人的条件》,竺乾威译,上海人民出版社1999年版,第49页。
② 郭于华、沈原、陈鹏主编:《居住的政治》,广西师范大学出版社2014年版,第27、36页。
③ 沈原:《走向公民权——业主维权作为一种公民运动》,见沈原:《市场、阶级与社会——转型社会学的关键议题》,社会科学文献出版社2007年版。
④ 孟伟:《日常生活的政治逻辑:以1998—2005年间城市业主维权行动为例》,中国社会科学出版社2007年版,第29页。
⑤ 郇正、王恩见:《法律机会结构变迁与业主诉讼维权的兴起》,载《社会科学战线》,2014年第6期。

二、专家和律师的介入有助于催化业主权利意识

专业律师、职业化维权专家和学者的介入，一定程度上为提升业主权利意识发挥了催化作用。一些专业律师发挥自身所长，又力图从物业管理市场中分享律师代理费用、或者注册公司直接服务业主维权；一些常年专注于业主维权的维权专家和学者经常在全国各地业主大会交流，传授依法维权的知识和经验，也有力地提升了业主的权利意识。

三、现代信息技术有利于业主权利意识的扩展

"随着房地产市场的进一步发展，越来越多的业主是年轻白领，他们是最熟悉新信息技术的一个社会群体，可以预见，未来的业主抗争主体与新信息技术之间具有选择性亲和关系，新信息技术在业主集体抗争中的作用将越来越重要"[1]。本书前面章节也已经指出，网络、论坛、QQ群和微信群已经成为各地业主小区普遍存在的交流方式，业主们通过现代信息技术工具交流维权经验和知识，能够有效地提升权利意识。

四、权利救济受阻最易使业主维权冲突升级

如果维权时间过长或者政府干预失当，则会增强业主"权利救济"的难度。调查显示，权利救济"问题久拖不决"成为最主要的冲突激发点，38.3%的业主认为一旦物业纠纷、与房产商等的冲突长时间得不到解决，就可能采取上访或游行等维权行动；其次是损失很大的情况下，34.5%的城市业主选择了这个选项；再次是被打或被报复（25.5%）、政府不管或与

---

[1] 黄荣贵、桂勇：《互联网与业主集体抗争：一项基于定性比较分析方法的研究》，载《社会学研究》，2009年第5期。

物业房产商勾连的也容易造成冲突的升级（12.3%）。在维权过程中，业主权利意识也不断增强，进而扩大冲突升级的可能。对全国九大城市485名业委会成员或维权积极分子的调研表明，61.4%的人认为"我们有权成立业委会"，这反映出，公民权利已经成为组建业委会的主要诉求。

第四节 房地产与物业服务市场结构与业主需求存在张力

除了上述一些原因意外，房地产市场和物业管理市场发展滞后于业主需求的矛盾，还将长期存在，这就决定了未来中国城市社区业主维权可能还要面临数量的扩张和程度上的增强。

一、房产市场结构及监管缺乏容易留下业主维权冲突隐患

（一）中国房地产市场扩张速度大于城市居民的消化速度，中国房地产市场缺乏有力的调控和监管，容易为业主维权冲突埋下诸多隐患

我国房产市场迅速扩张，超越当前城市居民的刚性需求，容易因住房率不高而引发物业成本高、物业服务差、业委会难以成立、维修基金难动用等下游问题。

根据调查，"我国城镇家庭住房来源中购买商品房所占比重在2000年为8.92%迅速增加到2010年的26.38%（参见表8-4）"[1]。2000年中国城镇人均住房建筑面积为20平方米，到2011年增加为32.7平方米（见图8-2），"1986—2013年全国商品房销售面积共达92.44亿平方米"[2]，根据西

---

[1] 易成栋、张中皇：《中国城镇家庭住房状况分析——基于第五次和第六次人口普查资料》，载《中国房地产市场》，2013年第16期。
[2] 艾经纬：《中国有多少房子：115万平方公里平原上4%是住宅》，载《第一财经日报》，2014年5月30日。

南财经大学中国家庭金融调查与研究中心发布的《城镇住房空置率及住房市场发展趋势2014》，2013年中国家庭自有住房拥有率达90.8%。

表8-4 2000、2010年中国城镇家庭住房来源和产权的构成

来源	自建	购商	购经	购公	租公（廉）	租商	其他	自有	租赁
2000年	35.71	8.92	5.96	23.51	14.42	6.13	5.36	71.10	20.55
2010年	31.47	26.38	4.07	12.94	2.45	18.60	4.10	74.86	21.05

资料来源：根据2000年、2010年人口普查汇总资料计算。其中2000年为租赁公房，2010年为租赁廉租房。2010年购买商品房与购买二手房合并为购买商品房，租赁其他住房与2000年的租赁商品房对应。

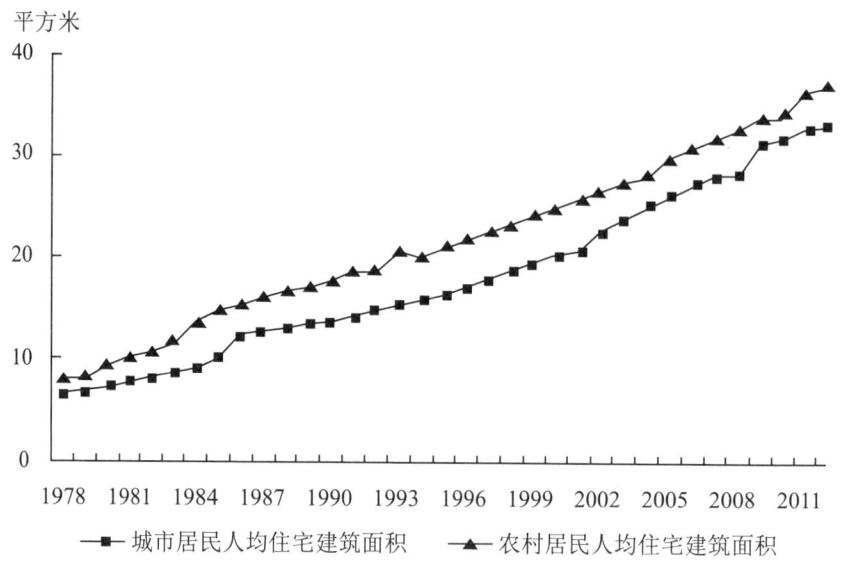

图8-5 城市居民与农村居民人均住宅建筑面积变化

中国家庭自有住房拥有率的提高，一方面说明我国城镇居民住房条件得到大幅改善，另一方面如此巨大的住宅自有率，也恰恰隐藏着巨大数量级的潜在冲突。例如，一个小区可能出现的问题数量不多，但是扩

展成全区域的、全市的或者跨省市的规模，解决和处理问题的数量就十分可观了，有关部门处理的压力和工作量也会十分巨大。在长沙市开福区，业主通过12345投诉热线就向住建部门反映了诸多物业管理方面的问题。其中，2014年投诉78件，2015年投诉113件，2016年上半年就投诉了142件。对于仅有五个编制的物管科而言，工作压力可想而知。

（二）中国商品房规模的扩张以及布局不合理，导致供给量逐渐大于城镇居民住房需求量

由于住房市场供大于需，导致住房空置率居高不下，进而为社区治理埋下隐患，其中一个最大的影响在于，法律上成立业委会需要"双过半"的条件，这等于为业主委员会的成立设置了天然的门槛。

根据西南财经大学中国家庭金融调查与研究中心发布的《城镇住房空置率及住房市场发展趋势2014》，2013年"城镇地区多套房拥有率达21%、城镇地区自有住房空置率为22.4%、经济适用房空置率高达23.3%"[1]，重庆、上海、成都、武汉、天津、北京等城市的空置率均在20%上下（见表8-5）[2]。"三线城市住房空置率情况最严重，为23.2%；二线城市和一线城市依次位居其后，分别为21.2%与21.8%"[3]。

表8-5 各市小区住房空置率

城市	空置率	城市	空置率
重庆	25.6%	武汉	23.5%
上海	18.5%	天津	22.5%
成都	24.7%	北京	19.5%

---

[1] 许岩：《2013年我国城镇地区住房空置率达22.4%》，载《证券时报》，2014年6月11日。
[2] 高晨：《2014年全国城镇住房空置率高达22.4%》，载《京华时报》，2014年6月11日。
[3] 记者 叶锋：《报告称中国城镇住房空置率超20% 官方统计多不公开》，见新华网，2014年6月10日。

城市新城区成为入住率偏低的集中区域,腾讯网、腾讯房产研究院与《中国房地产报》、《腾讯智慧》联合发布《2015年5月全国城市住房市场调查报告》,通过对全国196个城市468130份有效问卷的统计显示:"三四线城市郊区或新城区的空置率明显高于警戒水平",一些三四线城市需要十年以上才能消化目前的房产库存。① 在刚性需求下降、改善性住房需求乏力的情况下,"大国空城"的现象,不但为业主委员自组织的成立设置了高门槛,也会大大提升物业公司入住的成本,形成"物业公司弃管"或"以提价保质量"等现象,进而加剧住宅小区的乱象,推高基层社区的管理风险,衍生一系列的新冲突。

一些地方为了追求GDP发展,在鼓励房产发展时缺乏前瞻性,存在盲目性,甚至对于房产市场出现的问题睁一只眼闭一只眼,漠视问题发生,监管不严,将很多隐患向下游积压。

由于违反建设程序、工程地质勘察失误或地基处理失误、设计计算失误、建筑物材料不合格、施工管理失控等原因,一些住宅房出现开裂、渗漏、变形、倾斜等工程质量问题。中国消费者协会发布的《2014年受理投诉情况报告》,2013年全年共接到房产及建材类投诉24599件,涉及质量问题的达到49.1%,可见质量问题已经成为房屋的首要解决的难题(见图8-6)②。中国建筑防水协会发布的《2013年全国建筑渗漏现状调查项目报告》显示,全国住宅楼顶层渗漏率高达91.81%,渗漏水现象极为普遍。勘查2202个地下室发现,近半数地下室存在明显渗漏症状,渗漏率为44.64%。③ 其中,不少城市地下室渗漏率均高于70%。

此外,房子跟人一样,也会面临老化的问题。一定会面临房子维修等难题,但是,由于居民意识淡薄,相关法律法规并不完善,使用维修

---

① 《独家调查:住房空置率整体未触及警戒线分化加剧》,见腾讯网,2015年6月4日。
② 石宏毅:《凤凰房产315房屋质量调查 谁动了我们的房子?》,见凤凰网,2015年3月16日。
③ 记者 朱祝何:《调查报告:2013年全国住宅楼顶层渗漏率超90%》,见中国质量新闻网:http://sc.cqn.com.cn/fangchanzhiliang/173194.html,2014年7月7日。

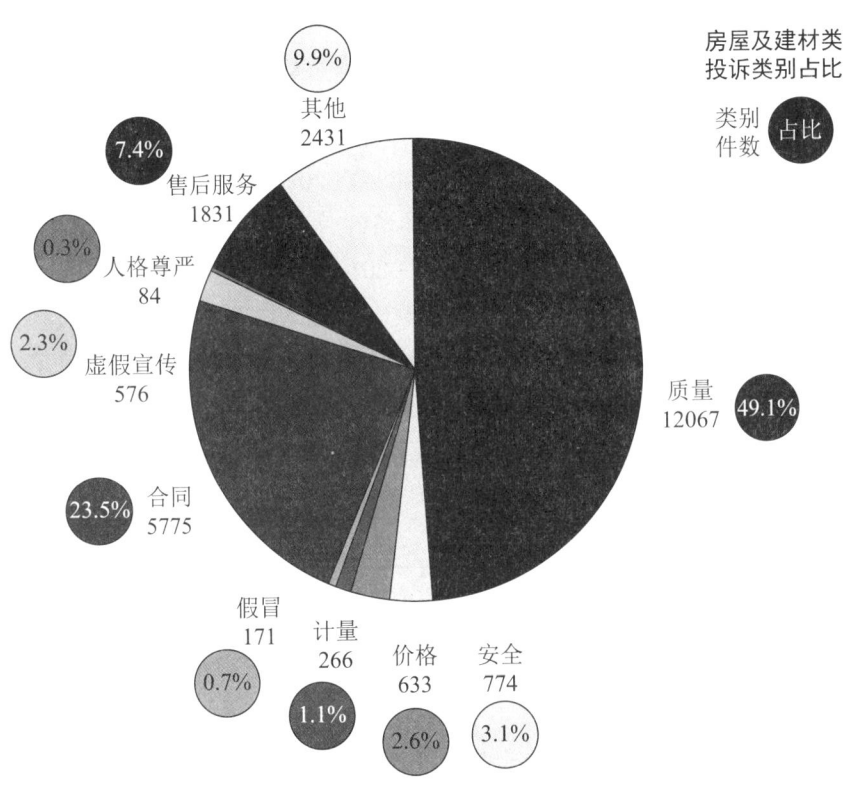

图 8-6 业主维权各类投诉件占比

资金时,还有两个"2/3"的门槛,客观上也会因为房子质量问题而引发小区内的矛盾冲突。

二、"少子化"与"老龄化"叠加,加剧住房空置率和物管困境

人口结构是影响住房需求的重要因素,中国又恰逢"老龄化"与"少子化"叠加的态势。根据国际经验,人口抚养比的这种长期上升趋势将会一定程度上导致住房刚性需求的下降。

(一)"少子化"可能会带来住房空置率上升

未来 20 年中国城市住房需求的总体走势将会呈现出"上升—平稳—下降"的"倒 U 型"特征,拐点大致出现在 2020—2025 年间,届时中国城市的住房需求将不再具备快速增加的条件。① 从年龄结构和住房需求来看(如图 8-7),"80 后"一代在 2001—2014 年左右进入婚配年龄,如果此时段内影响房价的其他因素不变:改善性需求、投资性需求以及供给不变下,由于此时段内新增需求逐年增加且很大,房价会面临上涨的压力;"当'90 后'与'00 后'出生低谷一代开始进入成人和婚配年龄时,即 2013 年左右,由于 1990 年以后出生人口逐年下降,则 20 年后每年新增成年人口数量也将逐年下降,住房需求将逐年下降。"②

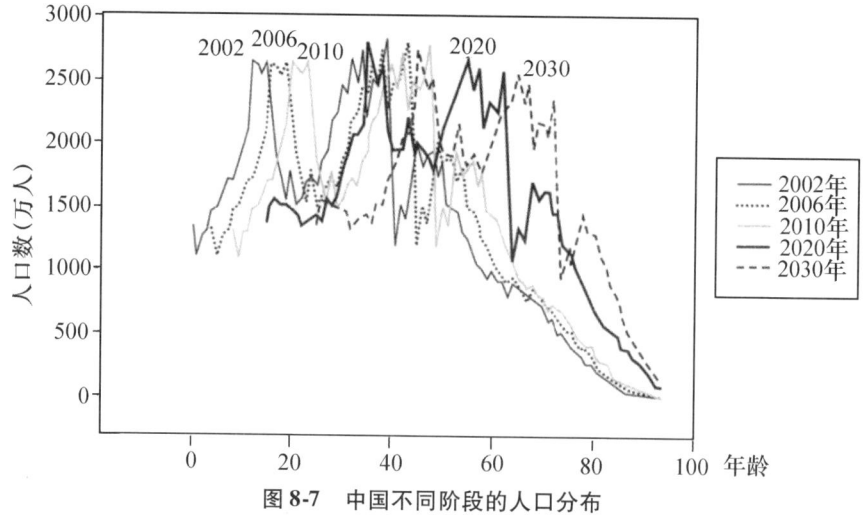

图 8-7 中国不同阶段的人口分布

资料来源:杨华磊:《出生高峰、人口结构与住房市场》,载《人口研究》,2015 年第 3 期。根据 2003 年和 2011 年《中国卫生统计年鉴》和《中国人口与就业统计年鉴》数据整理、推演得出。

---

① 李超、倪鹏飞、万海远:《中国住房需求持续高涨之谜——基于人口结构视角》,载《经济学研究》,2015 年第 5 期。
② 杨华磊:《出生高峰、人口结构与住房市场》,载《人口研究》,2015 年第 3 期。

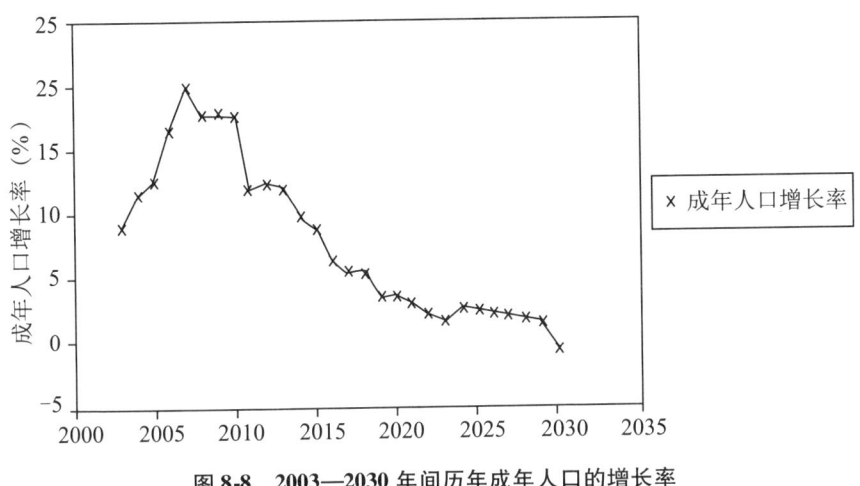

图 8-8 2003—2030 年间历年成年人口的增长率

资料来源：杨华磊：《出生高峰、人口结构与住房市场》，载《人口研究》，2015 年第 3 期。根据 2003 年和 2011 年《中国卫生统计年鉴》和《中国人口与就业统计年鉴》数据整理、推演得出。

（二）"老龄化"将加剧住房空置率

不少研究表明，人口老龄化对住房需求有显著影响[①]。从表 8-5 可以看出，我国 65 岁老年人口占全国人口的比重不断上升，少儿抚养比不断下降和老年抚养则稳步提升，也就是说，未来中国家庭结构将伴随"老龄化"与"少子化"的趋势，更多地呈现出"4-2-1"或"4-2-2"结构。这种结构维持一定时期之后，人均占有的住房会增多，城镇人口对于房屋的需求会降低。

---

① Robert F. Martin, "The BabyBoom: Predictability in House Prices and Interest Rates", International Finance Discussion Papers, Number 847, November 2005, http://www.federalreserve.gov/pubs/ifdp/2005/847/ifdp847.htm; Levin, Montagnoli, Wright, "Demographic Change and the Housing Market", *Urban Studies*, Vol. 46, 2009.

表 8-5　全国人口年龄结构和抚养比①

年份	总人口(年末)	按年龄组						总抚养比(%)	少儿抚养比(%)	老年抚养比(%)
		0—14 岁		15—64 岁		65 岁及以上				
		人口数	比重(%)	人口数	比重(%)	人口数	比重(%)			
1996	122389	32311	26.4	82245	67.2	7833	6.4	48.8	39.3	9.5
2000	126743	29012	22.9	88910	70.1	8821	7.0	42.6	32.6	9.9
2005	130756	26504	20.3	94197	72.0	10055	7.7	38.8	28.1	10.7
2010	134091	22259	16.6	99938	74.5	11894	8.9	34.2	22.3	11.9
2011	134735	22164	16.5	100283	74.4	12288	9.1	34.4	22.1	12.3
2012	135404	22342	16.5	100334	74.1	12728	9.4	34.9	22.2	12.7

现实的情况是，二线城市和人口基本面向好的三线城市开始从规模扩张转变为结构优化，总体呈现"量减价稳"阶段；其他三四线城市由于人口规模和房地产市场增长后劲乏力，可能会面临"有量无价"的萧条局面。② 由此可以判断，由于城镇居民对住房的需求不断降低，房空置率将会有一个量级的提高。

住房空置率过高，一般会带来物业管理成本上涨的问题，甚至会出现因为物业费居高不下、物业与居民矛盾激化，难以成立业委会进而造成后续物业管理的困境，例如"北京市业委会成立比例低，有效运行的业主委员会占比更低，直接导致专项维修资金支取使用率仅为 1.38% 等问题难以解决"③，这些情况一旦持续，也会导致大量的"弃管小区"现象。已经有调查表明，由于空置率高、物业费标准低、收缴率低、业主不同意涨价等原因，近年来不少城市"弃管"小区数量呈上升趋势。

---

① 杨巧：《人口老龄化背景下我国住房需求变化趋势与养老地产发展研究》，载《金融发展研究》，2013 年第 11 期。
② 李超、倪鹏飞：《未来二十年中国住房需求将剧烈变动》，载《经济参考报》，2015 年 8 月 24 日。
③ 中国物业管理协会：《制约行业发展的主要问题》，见中国物业管理协会官网：http://www.ecpmi.org.cn/NewsInfo.aspx? NewsID = 3414，2013 年 10 月 25 日。

2012年到2013年，长春市有20多个小区被物业弃管，2015年武汉市东湖高新区和江夏区有7个小区"弃管"，沈阳市弃管住宅区1502个（包括商品房小区、安居房小区和回迁小区等）。

三、物业市场发育不完善容易引发业主同物业方的冲突

（一）全国物业服务企业资质有待提高

根据建设部2007年颁布的《物业服务企业资质管理办法》，物业服务企业资质等级分为一、二、三级，这三级企业资质证书的颁发和管理分别由国家住建部、省级住房建设部门和设区的市政府住建部门负责。《物业服务企业资质管理办法》同时规定了三类企业的资质标准，其中包括注册资本分别为300万元以上、50万元以上和30万元以上，以及专业类的专职管理和技术人员数量等等。但是，就目前的物业市场来看，符合国家规定的三级以上企业并不能满足现有城市社区物业管理的需求。

例如，2014年武汉市共有物业企业1786家，管理的物业项目达2800个，其中居民小区项目为1800多个，2013年市民针对物业企业服务的投诉达8000多起，276家物业公司因服务不达标被注销资质；[1] 2015年，在济南注册的695家物业服务企业中，一级资质企业仅26家，二级资质企业仅64家，其余均为三级或三级暂定资质的企业；[2] 南宁全市共有物业管理企业618家，其中一级资质57家，二级资质69家，三级资质398家，暂定三级资质94家；[3] 截至2014年，长沙市1000多家物业企业，只

---

[1] 记者 廖桥:《江城整治不达标准物业 276家公司被注销资质》，载《楚天金报》，2014年9月15日。
[2] 樊მ思:《山东物业窘境:"东家""管家"失和 监管力度不够》，见大众网，2015年8月25日。
[3] 记者 凌剑伊:《南宁"弃管"小区数量上升 八成小区未成立业委会》，见新华网: http://www.gx.xinhuanet.com/dtzx/nanning/2015-06/19/c_1115669977.htm，2015年6月19日。

有 30 多家是一级资质，还有六七十多家是二级资质。

（二）全国物业行业从业人员素质不高

从全国物业企业从业人员的素质来看，截至 2012 年底，我国物业管理行业已拥有 71000 余家企业，612.3 万从业人员，管理各类房屋面积 145.3 亿平方米，年营业收入超过 3000 亿元，全国共有 43919 人获得物业管理师资格，仅占全国 612.3 万从业人员的 0.7%，全国平均每家物业服务企业仅 0.6 名物业管理师，远远不能满足行业发展需要。[①] 也就是说，如果物业企业资质不高，物业服务水平跟不上，业主就可能拒交物业管理费，为了维持企业低成本运营，物业企业就会降低服务的水平，业主对服务不满意，就陷入一种物业与业主利益互损的恶性循环。

与此同时，面对快速扩展的物业管理市场，房管部门缺乏强有力的监管。例如，一些城市区域在住建部门仅仅由 3—5 名工作人员对几十家物业公司或上百个住宅小区实施监管，一是人员不够，二是很难完成细致严格的监管任务。

总体来看，中国城市物业服务市场起步晚、膨胀快、欠规范，还难以满足城镇社区业主的需求，为业主与物业管理企业之间的矛盾留下诸多隐患。

本章小结

本章主要跳出小区谈维权，既分析现时的小区内权利义务关系，也分析小区建设和治理过程的历时性"上下游关系"。通过上述分析，本章

---

① 中国物业管理协会：《制约行业发展的主要问题》，见中国物业管理协会官网：http://www.ecpmi.org.cn/NewsInfo.aspx? NewsID=3414，2013 年 10 月 25 日。

得出以下结论：

1. 从共时性因素来看，"业主—市场主体—政府"三角关系失衡，是业主维权冲突的结构困境，应当给予业主群体充分的赋权。在小区以内，业主在"业主—市场主体—政府"三角关系中处于最弱势地位。业主不但遭受市场主体"趋利行为"带来的权利损害，在法律制度层面还受到"组织权利"的限制，一些基层政府基于维稳和事实中的不规范利益关系的考量，对于业主联合行动存在不同类型的限制。需要认清，业主大多是中产阶级，是社会的稳定器，不能激化矛盾，将他们推向基层管理体制的对立面。面对日益扩大的城市住房阶级，应当适时而为，赋予其相应的市场权利、组织权利，用以平衡各主体间的权责关系。

2. 从历时性因素来看，"政府内部职责体系"脱嵌、市场供需失衡，是业主维权冲突的外部因素，应当构建整体治理的体系。业主维权是发生于商品化住宅小区的无奈行动，业主维权的起因虽然与权利受损直接相关，但是其利益受损的每个环节与政府各个工作程序紧密相关，从"规划—国土—住建—房管—街道办"各个层面都负有前后相接的不同责任，一旦监管不严，就会留下业主维权冲突的"隐患"；同时，住房市场的结构失衡、住房建设企业、物业服务企业的资质问题，也容易造成对业主权利的损害。由此，应当梳理政府部门的相应职责，建构无缝隙的政府体系，形成有效的整体治理体系。

总体而言，我国城市社区业主维权冲突是城市化进程中"公民权利需求"与制度供给不足之间的产物，是住房市场上游问题下游化的结果。房产市场供需失衡、市场主体发育不善与缺乏监管，为住宅小区的后续治理带来了诸多隐患，继而由于法律制度不完善、业主组织发育不良等原因，形成业主维权冲突久而不决的现象。

第九章

中国城市社区业主维权冲突的整合机制

有上述分析可知,对于业主维权冲突问题,既不能就事论事停留于"社区内部观察",也不能驻足当下止步于"当前问题把脉",必须打通业主维权冲突的"上下游关节",引入时空坐标,才能更好地处理问题。本书不侧重于在调整房产市场和住房结构上做文章——根据市场需求和人口结构调整房产市场无疑是非常重要的、且有难度的深层问题,这一点要得到充分的重视。因专业所限这里重点提出解决现有问题的可能思路。

从冲突治理角度而言,对业主维权冲突不能简单地采取压制或者"大闹大解决、小闹小解决、不闹不解决"的策略。要从根本上化解、预防业主维权冲突的发生,应该从深层次上考虑冲突整合策略。一般而言,社会整合是依靠社会自身实现整合,政治整合则是政治上占优势地位的政治主体对将不同的社会和政治力量,有机纳入到一个统一的中心框架中,实现政治社会一体化,维持社会稳定和国家认同的过程。[①] 业主维权冲突之所以无法得到解决和预防,既有社会自组织整合力较低的原因,也有政治体制无法整合新生社会力量的原因。因而,应当更好地、更深入地思考业主维权冲突的整合策略。

---

① 吴晓林:《现代化进程中的阶层分化与政治整合》,天津人民出版社2012年版,第33页。

第一节　总体原则：对城市业主群体要进行积极的体制整合

如前文所述，城市社区业主阶层从属于中产阶级，大多温和、理性，不会冲击现有体制。但是在特定的条件下，例如利益表达长期无法得到重视、问题久拖不决、受到打击报复等等，则不免发生一些体制外的维权行动。"如果一个社会中具有相应的政治理性和合法行动能力的城市中产阶层也无法有效地表达自己的利益诉求，或者权力一味地依赖法律、政治、甚至暴力的限制和威胁来压制这样一些市民群体的组织化表达行动，那么，市民就可能选择更具社会破坏性或政治风险的集合行动或革命，来实现自己的利益诉求和政治诉求"[①]。对于当下中国各地普遍发生的业主维权现象而言，政府部门应当改换原有的"压制性维稳"思路，转变为"以维权促维稳"的思路。业主维权并非社会的乱源，业主权益受损、业主组织无法得到吸纳、业主集体行动难以奏效，才是加剧社会冲突的深层原因。由此，对于新兴的城市业主群体要实施积极的体制整合。

只有赋权社会组织，让社会组织分享法律赋予的权利，才能将社会冲突在体制内消化。当前业主维权事件频发和小区秩序格局失调的重要原因是政府权力过度化和业主权利不足之间存在一定的张力[②]，当政府不愿向业主组织分享权利甚至为业主维权设置重重障碍时，业主群体只能依靠体制外渠道进行维权。

[①] 陈映芳：《行动力与制度限制：都市运动中的中产阶层》，载《社会学研究》，2006年第4期。

[②] 张磊、刘丽敏：《物业运作：从国家中分离出来的新公共空间——国家权力过度化和社会权利不足之间的张力》，载《社会》，2005年第1期。

第二节 赋权社会组织，促使业主群体与市场组织对等协商

应当明确，业主维权的主要对象不是政府，而是物业公司或开发商，商品房小区的矛盾主要是"社会与市场"的矛盾，基层政府要破除"刚性维稳"的思路，将庞大的业主阶层推向政府的对立面，长期发展下去会影响政府的权威性和合法性。应当赋权业主组织，支持其依法维权，获得与市场组织对等协商的权利，进而将冲突解决在社区范围以内。

一、要建立健全相关法律法规，明确业主组织的法律地位

要在法律层面明确"业主、业主大会、业委会、物业管理服务企业或其他管理人均有可能成为业主共同权益诉讼的适格当事人。其中，业主基于对业主共同权益的原生管理权而成为适格当事人；业主大会作为全体业主行使共同管理权的组织而享有依附于业主的对业主共同权益的管理权，从而成为适格当事人；作为业主大会常设机构意义上的业委会或基于法定的明文规定或基于全体业主的明确授权而享有的对业主共同权益的次生管理权，从而成为适格当事人"[①]。在我国的立法和司法实践中，非法人团体（或称非法人组织）已成为实际存在的第三类民事主体。要在法律上明确，业主委员会为非法人组织民事主体。

应修改及完善民事立法对民事主体的设定，赋予业主委员会这类非法人组织与自然人、法人同等的民事主体资格，明确其民事权利能力和民事行为能力。

---

① 王恩见：《机会空间、基层治理与业主诉讼维权》，载《吉首大学学报（社会科学版）》，2014年第4期。

二、要支持和鼓励业主组织、业主组织联合体的发展

"脱离了国家进行社会培育在现阶段的中国是不可行的,更有效的办法或许是国家有意识地培育社会,使其成为能与市场等协商的社区主体"①。各地政府要依法支持和培育城市社区的业主组织,出台政策支持符合成立业委会条件的社区抓紧成立业委会,实现业委会的全覆盖,增强业主组织的自治能力。

(一)可以借鉴一些发达地区的经验,保证业委会运作的经费

例如,《上海市住宅物业管理规定》,业主委员会运作经费由业主大会决定,可以从停车费、广告费等公共收益中提取,也可以从物业管理费中提取;杭州市1997年就规定了业委会的经费可以从物业管理费中提取1%,北京市规定可以从物业管理费中提取3%—5%作为业委会的活动经费。

(二)要进一步提高业主自治能力,实现业主组织的内部整合

完善《业主公约》,明确业主委员会的成立、权利义务罚责,在业主组织内部成立监督委员会,对业主委员会进行监督和制衡。"业主大会内部监督机构的职权主要为对专项维修资金、物业共用部分经营收益的管理和使用的监督权,对业主委员会委员行为的监督权,以及就业主共同利益事项的提案权,对业主委员会决议事项提出质询或建议;就业主委员会委员损害业主共同利益的行为,要求纠正;对违反法律法规、管理规约或业主大会会议决议的业主委员会委员提出罢免建议;检查和调查

---

① 黄晓星:《国家基层策略行为与社区过程:基于南苑业主自治的社区故事》,载《社会》,2013年第4期。

专项维修资金和物业共用部分经营收益的管理和使用情况；就业主共同利益事项向业主大会会议提出提案"①。

（三）要支持和鼓励业主组织联合体发挥积极作用

研究已经表明，业主组织联合体是依法、理性维权的支持者，要支持他们在培育和辅导业主委员会成立，促进业主组织与市场主体、政府沟通，引导业主委员会体制内维权方面发挥作用。可以通过向第三方购买公共服务的形式，让业主组织的联合体组织参与到城市社区业主自治辅导、业主理性维权的经验交流等工作中来。

三、立足我国房产小区的现实，降低业委会成立和运行的门槛

中国的商品房住宅小区一般面积较大、人口众多，"双过半"的法律规定要么成为成立业委会的障碍，要么成为业主大会作出重大决定的障碍。

各地市要出台政策支持符合条件的小区成立业主委员会，依法对阻碍业委会成立的主体作出惩处，从过程上降低业委会成立的门槛。同时，在业委会重大决定上降低要求。例如，我国很多房产已经进入"养老维修"阶段，但是因为小区规模过大，难以达到动用维修基金的条件，导致基层社区出现难解之矛盾。"因此在相关法律中规定业主大会会议无法决议的解决办法非常必要。在业主大会会议由于无法达到法定人数和决议生效票数而无法决议，需召开第二次业主大会会议的情况下，可以考虑将决议生效票数降为专有部分占建筑物总面积超过三分之一的业主且占总人数超过三分之一的业主。结合中国实际，在业主总人数超过一千人的区分所有建筑物社区，可以考虑将决议生效票数降为专有部分占建筑

---

① 薛源：《论业主管理决策权的法律保障》，载《西北大学学报》，2013 年第 5 期。

物总面积超过五分之一的业主且占总人数超过五分之一的业主"[①]。

同时,通过培训和示范,提升业委会能力和素质,支持和培育资质高的物业服务企业,支持专门的业主服务机构或业主委员会协会组织,引入第三方专业评估和服务组织,在小区领域进行业务辅导、法律援助,架构"政府+业主组织+物业公司"为主体的协商平台、"政府+业主组织+第三方组织"的物业管理监管平台和发展服务平台,社区居委会和政府部门发挥居中协调和依法行政的职能。

第三节 健全市场体制,确保业主群体与市场组织利益增进

理论上讲,业主群体与市场主体在城市商品房住宅小区有共同的利益,双方都希望小区和谐稳定、达成善治。但是,发生在物业小区内市场主体侵权、业主抗交物业费等现象,是基层小区容易产生种种乱象。有必要健全市场体制,实现业主利益与市场组织利益的共同增进。

一、要对房产供需市场进行动态预警

房产市场不简单是一个关系经济增长的问题,也会引发一系列的社会后果。住房建设超前于居住需求、人口结构变化影响住房需求、物业服务市场滞后于业主需求,都会形成业主维权冲突的"隐患",有些后果是无法弥补的。因而,有必要对房产市场和物业服务市场进行动态预警,依据城市化发展、人口结构变化等合理规划住房小区,引导物业企业发展,为预防业主维权冲突做好"入口规整"。

[①] 薛源:《对业主大会议事规则"未投票视为有效同意"条款的检讨》,载《华南师范大学学报(社会科学版)》,2014年第4期。

二、要加快培育和健全市场组织体系

当前,房地产企业与物业服务企业均存在不健全的问题。特别是在三四线城市和城市郊区,低资质甚至无资质的房企与物业服务企业甚至就是当地开发建设和物业服务的主角,在政府监管不严,甚或由于一些基层干部疏忽、执法不严甚至存在暗箱操作的情况下,业主维权冲突更易发生。政府既要严格监管市场主体,同时又要为市场组织的健康发展创造条件。例如,应当适时增强对物业服务企业的支持,当前,政府对于物业服务企业的税收比率偏高,向服务业收税,都是百分之三左右的税率,物业服务是百分之五点六营业税,提高了物业企业的运营成本。在物业服务企业经营成本上涨、居民排斥物业服务费上涨的环境下,可以适当降低物业服务的税率。当然,降低税率不是目的,还应当通过制度调整,让物业服务企业的服务、成本收益规范化和制度化。

三、支持和培育高资质物业企业的发展

通过适当的市场培训、适当降低企业发展成本等措施,加快培育一批资质高、服务好、具有较强竞争力、美誉度高的物业服务企业。通过物业管理行业协会,强化对物业服务行业从业人员的培训和培养,加强行业自律,建立诚信档案,开展先进经验交流和学习,推广成功的物业管理模式。

四、保护业主和物业企业的合法权益

要修改现有法律条文,平衡业主与房产商、物业公司等的地位。现有法律对房产商、物业集团的规定和义务明显偏少,使其处于强势地位。

（一）改革现有物业管理模式，试点和推广物业缴费"酬金制"

在占主体的"包干制"体制下，往往是"干得越好，得的越少"，"酬金制"则是根据物业公司的服务支出计算物业费用，再由业主缴纳。物业公司成本公开透明，业主可随时查账，这样，可以很好地维护业主的"主人地位"。要逐步试点和推广物业缴费的"酬金制"。

（二）调整法律，对于小区共有产权、共有物业尽快确立

要尽快调法、释法，确保产权交由全体业主共同所有，强化对物业企业、房产商违法、违规后果的追究机制，对"共有部分、专有部分、业主间的基础法律关系、业主间的共同事务的事项、业主间利害的调节事项、对违反义务者的处置事项等"[①]。要在小区公摊面积、物业收费机制、纠纷解决等方面尽快出台可操作性的法律细则；加强对市场主体的监管，杜绝和严惩房产开发过程中"权钱交易"导致的房屋质量问题，加强对物业公司的监管，加强执法力度，鼓励利益各方通过民事调解和司法程序等手段解决矛盾，将各种诉求纳入到体制范围内有序释放。

（三）在前期物业制度中，破除"父建子管"的物业服务体制

房产商在选择前期物业时，要委托第三方进行公开的招标投标，选择服务标准高、信誉好的物业服务企业。而非"父建子管"、"兄建弟管"，形成事实上的霸王条款和不利于业主的物管体制。

（四）提升小区各方履行合约的水平

物业管理合同是规范经济管理活动的手段之一，要细化委托管理合

---

① 陈华彬：《论区分所有建筑物的管理规约》，载《现代法学》，2011年第4期。

同的条款,如管理事项、管理服务质量、管理服务标准和要求等均应更明确,双方权利和义务方面更应在合同中详尽规定,如双方发生纠纷、冲突,对于违规拒缴、抗缴物业费,违反管理公约的业主,应当通过司法途径解决;对于违约的物业公司更应在法律上追责,建立物业服务行业档案,形成物业服务退出机制。

第四节 提升法律意识,推动城市社区的共同治理

市场主体、政府主体和业主尽管有不同的利益追求,但是在小区范围内又具有共同的利益。在理念层面,各方之间最大的公约数是法律意识。当前,各方对于城市商品化住宅小区的不当行为,大多都是因为不具备法律意识、不具备契约意识,违规违约造成的。因而,提升法律意识和契约意识,才能推动城市小区的善治。

一、培育业主依法自治的意识

要促进社区自治和业委会的良好发展,必须要加强对业主自治意识和主人翁地位的培育。社区意识包括居民的自治观念、社区归属感与参与意识等。要培养社区居民的社区意识,引导居民参与社区管理,依照法律和契约伸张权利,进行自治和维权,业主才能享有主人地位,关心公共利益,参与到社区的管理中。业主自治组织和政府要加强宣传和培训,让业主认识到《业主公约》的法律地位,使业主能自觉地依法接受和配合物业管理,自觉缴纳与所得服务相应的管理费用,业主委员会也能依法操作,依法承担相应责任。

二、依法形成无缝隙的政府管理体系

小区建成使用之后,在社会力量还未发育的情况下,业主群体处于弱势,往往容易受到利益上的侵犯。政府要从主动干预或压制的场域退出,不但严格规范政府各个部门的行为,而且要在房地产建设到后期社区管理过程中,都要依法行政、严格执法,依法形成城市商品房住宅小区的"闭合"(见图9-1),防止出现政府部门之间的衔接漏洞,预防市场主体违法违规行为。

(一) 在楼盘规划阶段,严格保障公有住房

国土局在出让国有土地时就应对规划提出要求,保证社区办公用房、物业管理用房和共有区域的土地;规划局定点、定量、定位审查公用房和共有面积的位置,必须进行公示、听证,审批前工程许可,审批后严格管理,竣工时严格审查。

(二) 在楼盘建设阶段,严控房屋质量和办公用房

城建局负有房屋验收、房屋质量监管的责任有必要牵头制定《住宅小区质量监管办法》,实行"商品房质量保证金"制度,建立房屋质量保证体系;房管局在验收阶段,对于违反规定的用房和公共面积,坚决不能颁发房产证。

(三) 在社区建设阶段,及时引入社区管理机制

民政局、街道办要为社区建设搭建平台,在社区命名、居委会成立上把关,条件成熟一个建设一个,不成熟的要有代管社区,同时指导社区和业主委员会编制《物业委托合同》;房管局负责制定《物业企业管理

办法》,建立物业企业准入机制和行业管理体系;社区居委会和其他社区组织要形成成熟的自治意识和制度体系。

对于社区管理,上述各个环节涉及社区管理的内容应当引入街道办和居委会"备案制"和会签制,赋予基层组织社区管理的知情权,掌握详尽的信息,推进社区管理的无缝对接。

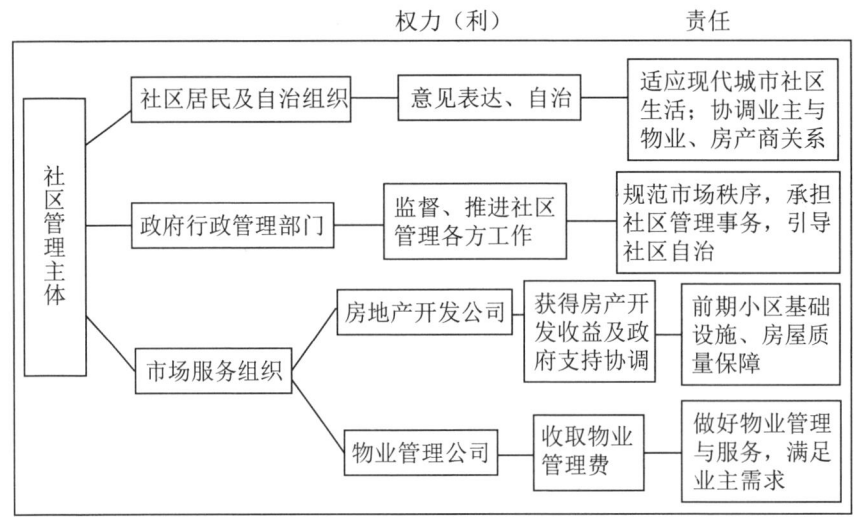

图 9-1 社区治理主体权责图

三、提高企业依法履约水平

要提升业主在制定和修改业主公约中的话语权,在法律和企业中,明确业主与物业企业之间的"主仆关系",推动物业服务行业制度化、规范化、透明化。推进规范《前期物业服务合同》、《物业服务合同》规范示范文本,规范和细化合同内容,普及依法履行合同、契约观念,促进开发建设单位、业主组织、物业服务企业依法履行职责,依法承担起合同约定的各自责任和义务。建立物业服务企业不良信誉档案制度,约束物业服务企业提升服务意识，提高服务水平。

第五节　引入大数据技术，推进小区治理现代化

要善于利用现代信息技术、网络工具和大数据库技术，对于中国城镇房地产市场、物业服务市场与人口结构、业主服务需求等进行科学的分析，对于可能出现的风险和危机进行提前预警，并依照可能发生风险的类型和程度，进行房地产产业结构、物业服务结构的调整。推动房地产体制转型，推动地方逐渐放弃"土地财政"，避免对房地产行业的过度依赖，同时为将来可能居高不下的"高空置率"做好法律政策上的调整工作；在微观层面，开发小区适用的APP，提升业主通过网络和现代技术参与小区治理、监督物业和业委会工作的机会，构建物业服务信息、账目公开、投票表决的网络平台，提升业主参与治理的热情，通过大数据掌握业主的诉求，对业主维权冲突的问题进行预警，进而提升小区治理现代化水平。

参考文献

英文

Anna Veglery, "Differential Social Integration among First Generation Greeks in New York", *International Migration Review*, Vol. 22, No. 4, Winter 1988, pp. 627 – 657.

Aubry T., Myner J., "Community Integration: A Comparison of Persons with Psychiatric Disabilities in Housing Programs and Community Residents Who Are Neighbours", *Can. J. Commun. Ment. Health*, Vol. 15, 1996, pp. 5 – 20.

Asghar Fathi, "Expressive Behavior and Social Integration in Small Groups: A Comparative Analysis", *The Pacific Sociological Review*, Vol. 11, No. 1, Spring 1968, pp. 29 – 37.

Barbalet, J. M., *Citizenship: Rights Struggle and Class Inequality*, Milton Keynes: Open University Press, 1988, pp. 90 – 91.

Barbara Coyle McCabe, "Privatizing Urban Services through Homeowners Associations: The Potential and Practice in Phoenix", *International Journal of Public Administration*, Vol. 29, Nos. 10 – 11, 2006, pp. 837 – 847.

Benjamin Gregg, *Thick Moralities, Thin Politic: Social Integration across Communities of Belief*, Durham, NC: Duke University Press, 2003.

Benjamin L. Read, "Assessing Variation in Civil Society Organizations: China's Homeowner Associations in Comparative Perspective", *Comparative Political Studies*, Vol. 41,

参考文献

2008, pp. 1240 – 1265.

Cynthia Hewitt de Alcántara, "Social Integration: Approaches and Issues", *Development in Practice*, Vol. 5, No. 1, Feb. 1995, pp. 61 – 63.

David J. Kennedy, "Residential Associations as State Actors", *The Yale Law Journal*, Vol. 3, 1995, pp. 761 – 793.

Diamond, L., *Developing Democracy: Toward Consolidation*, Baltimore: Johns Hopkins University Press, 1999.

Dilger, Robert-Jay, "Residential Community Associations: Their Impact on Local Government Finance and Politic", *Public Management*, Vol. 76, 1994, pp. 16 – 21.

Durkheim (1893), "The Division of Labor in Society", New York: Free Press edition, 1933, pp. 353 – 410; Durkheim, *Suicide*, New York: Free Press edition, 1951, pp. 145 – 240.

Daniel Druckman, "Nationalism, Patriotism, and Group Loyalty: A Social Psychological Perspective", *Mershon International Studies Review*, Vol. 38, No. 1, Apr. 1994, pp. 43 – 68.

Edward W. Haurek and John P. Clark, "Variants of Integration of Social Control Agencies, Social Problems", Vol. 15, No. 1, Summer 1967, pp. 46 – 60.

Edward W. Haurek and John P. Clark, "Variants of Integration of Social Control Agencies", *Social Problems*, Vol. 15, 1967.

Eisenstadt, S. N., "The Absorption of Immigrants", London: Routledge and Kegan Paul, 1954, p. 13.

Eldon E. Snyder, "A Study in the Development of Social Integration in a New Social Group", *Journal of Educational Sociology*, Vol. 36, No. 4, Dec. 1962, p. 163.

Eugene A. Wilkening, "Changing Farm Technology as Related to Familism, Family Decision Making, and Family Integration", *American Sociological Review*, Vol. 19, Feb. 1954, pp. 29 – 37.

Evan McKenzie, "Planning Through Residential Clubs: Homeowners' Associations", *Institute of Economic Affairs*, 2005, pp. 28 – 31.

Feng Wang, Haitao Yin, and Zhiren Zhou, "The Adoption of Bottom-Up Governance in China's Homeowner Associations", *Management and Organization Review*, Vol. 3, 2012, pp. 559 – 583.

Frederickson, G. M., "Models of American Ethnic Relations: A Historical Perspective", in D. A. Prentice and D. T. Miller (eds.), *Cultural Divides: Understanding and Overcoming Group Conflict*, New York: Russell Sage Foundation, 1999, pp. 23 – 34.

George C. Hemmens, "Reviews: At Home in the CID Privatopia: Homeowner Associations and the Rise of Residential", *Journal of Planning Education and Research*, Vol. 14, 1995, pp. 230 – 232.

Glenn R. Harris, Alison Grover, Betsy Hale, Robert Hedin, "The Role of Lakeshore Homeowner Associations in Environmental Management", *Environmental Management*, Vol. 3, 1979, pp. 195 – 203.

Giddens, Anthony, *The Consequences of Modernity*, Cambridge: Polity Press, 1990, pp. 10 – 13.

Hawkins B. W., Percy S. L., "Residential Community Associations and the American Intergovernmental System", *Publius: The Journal of Federalism*, Vol. 27, No. 3, 1997, pp. 61 – 74.

Herbert S. Klein, "The Social and Economic Integration of Portuguese Immigrants in Brazil in the Late Nineteenth and Twentieth Centuries", *Journal of Latin American Studies*, Vol. 23, No. 2, May 1991, pp. 309 – 337.

H. B. Fokidis, "Homeowners Associations: Friend or Foe to Native Desert Avifauna? Conservation Concerns and Opportunities for Research", *Journal of Arid Environments*, Vol. 75, No. 4, 2011, pp. 394 – 396.

James Byron Stirling II, "The Role of Leadership in Condominium and Homeowner Associations", *Journal of Leadership & Organizational Studies*, Vol. 5, No. 1, 1998, pp. 148 – 155.

Jeremy R., "Groves. All Together Now? An Empirical Study of the Voting Behaviors of Homeowner Association Members in St. Louis County", *Review of Policy Research*, Vol. 6, 2006, pp. 1199 – 1218.

Jill L. Tao, Barbara C. McCabe, "Where a Hollow State Casts No Shadow: Homeowner Associations in Local Governments", *The American Review of Public Administration*, Vol. 42, No. 6, 2012, pp. 678 – 694.

Jonathan H. , "Turner: Emile Durkheim's Theory of Integration in Differentiated Social Systems", *The Pacific Sociological Review*, Vol. 24, 1981.

Kalb, D. , "The Ghost of Milton Friedman: Dissident Remarks on the New Social Orthodoxy", unpublished paper, 1997, p. 5.

Kasper Roerup, "Homeowners' Associations—A New Framework for Housing in Lithuania", *Facilities*, Vol. 16, No. 11, 1998, pp. 302 – 307.

Kevin Lo, "Approaching Neighborhood Democracy from a Longitudinal Perspective: An Eighteen-Year Case Study of a Homeowner Association in Beijing", *Urban Studies Research*, Vol. 2013, 2013.

Kingston, Thompson and Eichar, "The Politic of Homeownership", *American Politic Research*, Vol. 2, 1984, pp. 131 – 150.

Kluckhohn, Clyde and Florence, "American Culture: Generalized Orientations and Class Patterns", *Conflicts of Power in Modern Cullure*, Bryson, L. , Finkelstein and MacIver (Eds.), N. Y. : Harper, 1947, p. 249.

L. B. Read, "Democratizing the Neighborhood? New Private Housing and Homeowner Self-organization in Urban China", *The China Journal*, Vol. 49, January 2003, pp. 31 – 59.

Laura Langbein, "Efficiency, Accountability, and Private Government: The Impact of Residential Community Associations on Residential Property Values", *Social Science Quaterly*, Vol. 85, No. 3, 2004, pp. 640 – 659.

Levin, Montagnoli, Wright, "Demographic Change and the Housing Market", *Urban Studies*, Vol. 46, 2009.

Luigi Tomba, "Residential Space and Collective Interest Formation in Beijing's Housing Disputes", *The China Quarterly*, 2005, pp. 934 – 951.

Luhmann, Niklas, "Anspruchsinflation im Krankheitssystem", in P. Herder-Dorneich/ A. Schulter (Hg.), *Die Anspruchsspirale*, Stuttgart: Kohlhammer, 1983, p. 29

Moen, P. , Dempster-McClain, D. , & Williams, R. M. , Jr. , "Social Integration and Longevity: An Event-history of Women's Roles and Resilience", *American Sociological Review*, Vol. 54, 1989, pp. 635 – 647.

Naomi Gerstel, "Divorce, Gender, and Social Integration", *Gender and Society*, Special Issue to Honor Jessie Bernard, Vol. 2, No. 3, Sep. 1988, pp. 343 – 367.

Nicos Mouzelis, "Social and System Integration: Habermas' View", *The British Journal of Sociology*, Vol. 43, No. 2, Jun. 1992, pp. 267 – 288.

P. C. Joshi, "Role of Culture in Social Transformation and National Integration", *Economic and Political Weekly*, Vol. 21, No. 28, Jul. 12, 1986, pp. 1224 – 1232.

Peter M. Blau, "A Theory of Social Integration", *The American Journal of Sociology*, Vol. 65, No. 6, May 1960, pp. 545 – 556.

Phyllis Moen, Donna Dempster-McClain, Robin M. Williams, Jr., "Social Integration and Longevity: An Event History Analysis of Women's Roles and Resilience", *American Sociological Review*, Vol. 54, No. 4, Aug. 1989, pp. 635 – 647.

R. Linton, "Cultural and Personality Factors Affecting Economic Growth", B. F. Hostelitz (ed.), in *The Progress of Underdeveloped Areas*, University of Chicago Press, 1952, p. 86.

Read Bain, "Cultural Integration and Social Conflict", *The American Journal of Sociology*, Vol. 44, No. 4, Jan. 1939, pp. 499 – 509.

Robert F. Martin, "The Baby Boom: Predictability in House Prices and Interest Rates", International Finance Discussion Papers, Number 847, November 2005.

Sandra O'brein, Gordon Bazemore, "A New Era in Governmental Reform: Realizing Community", *Public Organization Review*, Vol. 4, 2004, pp. 205 – 219.

Scott M. Myers, "Childhood Migration and Social Integration in Adulthood", *Journal of Marriage and Family*, Vol. 61, No. 3, Aug. 1999, pp. 774 – 789.

Schimank, Uwe, "Oekologische Gefaehrdungen, Anspruchsinflationenund Exklusionsverkettungen-Niklas Luhmanns Beobachtung der Folgeprobleme funktionaler Differenzierung", in Ders./Ute Volkmann (Hg.): Soziologische Gesellschaftsdiagnosen I. Opladen/Wiesbaden: Leske Budrich, 2000, p. 133.

Segal S., Aviram V., *The Mentally Ill in Community-Based Sheltered Care and Social Integration*, New York: Wiley, 1978, p. 33.

Susan A. McDowell, "The Home Schooling Mother-Teacher: Toward a Theory of Social Integration", *Peabody Journal of Education*, Vol. 75, No. 1/2, 2000, p. 203.

Steven Dijkstra, Karin Geuijen & Arie Deruiter, "Multiculturalism and Social Integration in Europe", *International Political Science Review*, 2001, Vol. 22, No. 1, p. 56.

Susannah B. Lerman, "Victoria Kelly Turner, Christofer Bang: Homeowner Associations as a Vehicle for Promoting Native Urban Biodiversity", *Ecology and Society*, Vol. 17, No. 4, 2012, pp. 45 – 57.

Tomba. L. , "Residential Space and Collective Interest Formation in Beijing, Housing Disputes", *The China Quarterly*, Vol. 1, 2005, pp. 934 – 951.

Thoits, P. A. , "Stress, Coping, and Social Support Processes: Where Are We? What Next?", *Journal of Health and Social Behavior* (Extra Issue), 1995, pp. 53 – 79.

United States, Advisory Commission on Intergovernmental Relations (ACIR), "Residential Community Associations: Private Governments in the Intergovernmental System", Washington, D. C. : United States, Advisory Commission on Intergovernmental Relations. U. S, 1989, p. 7.

Verberg, Norine, "Homeownership and Politic: Testing the Political Incorporation Thesis", *Canadian Journal of Sociology*, Vol. 2, 2000, pp. 169 – 195.

William H. Form and H. Kirk Dansereau, "Union Member Orientations and Patterns of Social Integration", *Industrial and Labor Relations Review*, Vol. 11, No. 1, Oct. 1957, pp. 3 – 12.

William Rogers, Measuring the Price Impact of Municipal Incorporationon Homeowner Associations", *Land Economic*, 2010, Vol. 86, No. 1, pp. 91 – 116.

Yongshun Cai, "China's Moderate Middle Class: The Case of Homeowners' Resistance", *Asian Survey*, Vol. 5, 2005, pp. 777 – 799.

中文

〔美〕汉娜·阿伦特：《人的条件》，竺乾威译，上海人民出版社1999年版。

〔德〕于尔根·哈贝马斯：《后形而上学思想》，曹卫东、付德根译，译林出版社2001年版。

〔法〕马尔图切利《现代性社会学——二十世纪的历程》，姜志辉译，凤凰出版集团、译林出版社2007年版。

〔美〕L.科塞：《社会冲突的功能》，孙立平等译，华夏出版社1989年版。

白杨：《选举的仪式化功能——从业委会选举来看城市基层民主实践中的博弈》，载《社会科学》，2003年第5期。

毕天云：《社会冲突的双重功能》，载《思想战线》，2001年第2期。

邴正、王恩见：《法律机会结构变迁与业主诉讼维权的兴起》，载《社会科学战线》，2014年第6期。

曾鹏：《社区网络与集体行动》，社会科学文献出版社2008年版。

曾文慧：《社区自治：冲突与回应——一个业主委员会的成长历程》，载《城市问题》，2002年第4期。

常健、韦长伟：《当代中国社会二阶冲突的特点、原因及应对策略》，载《河北学刊》，2011年第5期。

陈华彬：《论区分所有建筑物的管理规约》，载《现代法学》，2011年第4期。

参考文献

陈鹏：《从"产权"走向"公民权"——当前中国城市业主维权研究》，载《开放时代》，2009年第4期。

陈鹏：《当代中国城市业主的法权抗争——关于业主维权活动的一个分析框架》，载《社会学研究》，2010年第1期。

陈文、黄卫平：《城市社区业主维权：现状、成因与对策》，载《中州学刊》，2009年第3期。

陈文：《城市社区业主维权：类型与特点探析》，载《贵州社会科学》，2010年第4期。

陈鑫：《业主自治：以建筑物区分所有权为基础》，北京大学出版社2007年版。

陈映芳：《行动力与制度限制：都市运动中的中产阶层》，载《社会学研究》，2006年第4期。

陈玉珍：《物业管理与业主自治：物业管理业主委员会资格探析》，载《社会主义研究》，2007年第3期。

崔建远：《物权：规范与学说——以中国物权法的解释论为中心（上）》，清华大学出版社2011年版，第418页。

丁元竹：《2010年：中国的三种可能前景——对98名政府和非政府专家的调查与咨询》，载《战略与管理》，2004年第4期。

高晨：《2014年全国城镇住房空置率高达22.4%》，载《京华时报》，2014年6月11日。

顾一琼、夏芸：《物业服务纠纷激增》，载《文汇报》，2012年8月9日。

郭于华、沈原、陈鹏主编：《居住的政治》，广西师范大学出版社2014年版。

韩志明：《行动的选择与制度的逻辑——对"闹大"现象的理论分析》，载《中国行政管理》，2010年第5期。

何艳玲、钟佩：《熟悉的陌生人——行动精英间关系与业主共同行动》，载《社会学研究》，2013年第6期。

何增科：《公民社会与第三部门》，社会科学文献出版社2000年版。

胡鞍钢、王磊：《转型期社会冲突事件处理的瓶颈因素与应对策略》，载《河北学刊》，2007年第3期。

胡联合、胡鞍钢：《辩证理性地看待社会矛盾与冲突》，载《中国社会科学院报》，2009年4月14日。

胡联合、胡鞍钢：《冲突的社会功能与群体性冲突事件的制度化治理》，载《探索》，2011年第4期。

胡荣、刘艳梅：《中间阶层在公共领域中的维权行为——厦门市U小区公摊纠纷个案分析》，载《中共福建省委党校学报》，2006年第8期。

黄荣贵、桂勇：《互联网与业主集体抗争：一项基于定性比较分析方法的研究》，载《社会学研究》，2009年第5期。

黄卫平、陈家喜：《城市运动中的地方政府与社会——基于N区业主维权案例的分析》，载《东南学术》，2008年第6期。

黄晓星：《国家基层策略行为与社区过程基于南苑业主自治的社区故事》，载《社会》，2013年第4期。

贾高建：《社会转型与社会冲突》，载《中共中央党校学报》，2005年第4期。

姜朋：《游移与错位——透过和业主大会、业主委员会的关系看居委会的法律角色》，载《浙江社会科学》，2006年第1期。

蒋晓平：《城市社区业主维权研究中的理论与进路——一个文献综述》，载《中共福建省委党校学报》，2014年第3期。

经伦：《"城市开发"名义下的业主维权障碍解析》，载《南京社会科学》，2011年第8期。

李超、倪鹏飞、万海远：《中国住房需求持续高涨之谜——基于人口结构视角》，载《经济学研究》，2015年第5期。

李超、倪鹏飞：《未来二十年中国住房需求将剧烈变动》，载《经济参考报》，2015年8月24日。

李浩明：《京沪穗三地调查：九成公众不满物业管理》，载《文汇报》，2002年2月28日。

李洁：《本市今年年内还将出台业主大会成立和运作指导规则》，载《法制晚报》，2007年10月30日。

李骏：《社区建设：构建中国的市民社会》，载《人文杂志》，2003年第3期。

李磊：《城市业主网络自组织相关问题研究》，载《社会科学家》，2014年第7期。

李立勋等：《从业主维权刍议中国城市社区管治重构》，载《人文地理》，2007年第6期。

李羚：《物业管理中的政府治理思考》，载《经济体制改革》，2006年第4期。

李强：《关于城市农民工的情绪倾向及社会冲突问题》，载《社会学研究》，1995年第4期。

李文练：《浅议业主委员会的诉讼主体资格》，见光明网·人民法院频道，2014年3月12日。

李卓：《权利的社会本原——在社会冲突与社会合作的视野下》，载《法制与社会发展》，2006年第2期。

林国强：《浅谈业主委员会的性质地位与权利义务》，载《中国房地产》，1996年第11期。

刘保玉、孙超：《论业主委员会的法律地位——从实体法与程序法的双重视角》，载《政治与法律》，2009年第2期。

刘威：《从"去单位化"到"去社区化"：城市基层社会再整合的"结"与"解"》，载《学术论坛》，2011年第6期。

刘娅：《居委会自治性质的重新探讨——居民委员会与业主委员会的自治性比较》，载《中国行政管理》，2005年第5期。

刘勇：《社会冲突视阈下的稳定机制构建》，载《求实》，2010年第4期。

刘宇：《业主委员会法律地位之思考》，载《法学杂志》，2009年第9期。

刘阅春：《"应当首先满足业主需要"的规范性质探究》，载《法律科学》，2013年第5期。

刘子曦：《激励与扩展：B市业主维权运动中的法律与社会关系》，载《社会学研究》，2010年第5期。

卢海燕：《业主委员会制度的缘起、现实困境与制度选择》，载《城市问题》，2007年第2期。

毛启蒙：《社区业主维权的发展趋势》，载《城市问题》，2014年第12期。

孟伟：《日常生活的政治逻辑：以1998—2005年间城市业主维权行动为例》，中国社会科学出版社2007年版。

孟伟：《建构公民政治：业主集体行动策略及其逻辑——以深圳市宝安区滢水山庄业主维权行动为例》，载《华中师范大学学报》，2005年第3期。

孟伟：《日常生活视野下的业主维权与城市政治》，载《理论探讨》，2007年第4期。

木泉、肖树伟：《业主维权怎一个"难"字了得》，载《社区》，2002年第9期。

倪正茂：《小区维权：民主政治的实验场》，载《三联生活周刊》，2003年第52期。

庞玉珍：《中国社会结构变迁与新型整合机制的建构》，载《社会科学战线》，1999年第3期。

彭建军：《业主委员会的法律地位分析》，载《中南民族大学学报》，2006年第5期。

沈原：《市场、阶级与社会——转型社会学的关键议题》，社会科学文献出版社2007年版。

施芸卿：《机会空间的营造——以B市被拆迁居民集团行政诉讼为例》，载《社会学研究》，2007年第2期。

石发勇：《关系网络与当代中国基层社会运动——以一个街区环保运动个案为例》，载《学海》，2005年第3期。

石发勇：《业主委员会、准派系政治与基层治理：以一个上海街区为例》，载《社会学研究》，2010年第3期。

隋凤琴：《城市住宅小区业主维权途径探讨》，载《人民论坛》，2013年第2期（中）。

孙荣、范志雯：《社区共治：合作主义视野下业主委员会的治理》，载《中国行政管理》，2007年第12期。

谭成策、聂洪达：《业主管委会成立前的物业管理》，载《住宅科技》，1996年第11期。

王恩见、刘威：《从维权行动到秩序建构——后业主维权时期小区秩序的恢复与重建》，载《学习与实践》，2015年第1期。

王恩见：《机会空间、基层治理与业主诉讼维权》，载《吉首大学学报（社会科学版）》，2014年第4期。

王庆：《审理涉业主行使成员权案件的问题与对策——以重庆市江北区法院审物业服务纠纷案件为视角》，载《法律适用》，2013年第3期。

王星：《利益分化与居民参与——转型期中国城市基层社会管理的困境及其理论转向》，载《社会学研究》，2012年第2期。

吴晓林：《现代化进程中的阶层分化与政治整合》，天津人民出版社2012年版。

吴晓林：《中国城市社区业主维权研究综论》，载《城市问题》，2013年第6期。

夏建中：《北京城市新型社区自治组织研究》，载《北京社会科学》，2003年第2期。

夏建中：《中国公民社会的先声——以业主委员会为例》，载《文史哲》，2003年第3期。

肖俊：《业主维权、政治参与与城市基层民主的前景》，载《人大研究》，2007年第3期。

徐勇：《绿色崛起与都市突破——中国城市社区自治与农村村民自治比较》，载《学习与探索》，2002年第4期。

许岩：《2013年我国城镇地区 住房空置率达22.4%》，载《证券时报》，2014年6月11日。

薛源：《对业主大会议事规则"未投票视为有效同意"条款的检讨》，载《华南师范大学学报（社会科学版）》，2014年第4期。

薛源：《论业主管理决策权的法律保障》，载《西北大学学报》，2013年第5期。

严红：《业主委员会监督机制之法律思考》，载《政治与法律》，2006年第1期。

杨爱兵：《业委会生存处境的法社会学分析——从一则案例说起》，载《郑州大学学报》，2008年第2期。

杨国斌：《互联网与中国公民社会》，载《二十一世纪》，2009年第8期。

杨华磊：《出生高峰、人口结构与住房市场》，载《人口研究》，2015年第3期。

杨巧：《人口老龄化背景下我国住房需求变化趋势与养老地产发展研究》，载《金融发展研究》，2013年第11期。

杨淑琴：《社区冲突：理论研究与案例分析》，上海三联书店2014年版。

易成栋、张中皇：《中国城镇家庭住房状况分析——基于第五次和第六次人口普查资料》，载《中国房地产市场》，2013年第16期。

俞可平：《中国公民社会：概念、分类与制度环境》，载《中国社会科学》，2006年第1期。

翟校义：《社区居民委员会与业主委员会的权利结构及其在北京市政策执行中的演化》，载《北京行政学院学报》，2008年第6期。

张帆：《社会管理创新法治化视野下的业主委员会发展探析》，载《东南大学学报（哲学社会科学版）》，2012年第5期。

张紧跟、庄文嘉:《非正式政治:一个草根NGO的行动策略——以广州业主委员会联谊会筹备委员会为例》,载《社会学研究》,2008年第2期。

张静:《公共空间的社会基础》,见中国青少年发展基金会非营利组织研究委员会编:《扩展中的公共空间》,天津人民出版社2002年版,第16页。

张康之:《在政府的道德化中防止社会冲突》,载《中国人民大学学报》,2002年第1期。

张磊、刘丽敏:《物业运作:从国家中分离出来的新公共空间——国家权力过度化和社会权利不足之间的张力》,载《社会》,2005年第1期。

张磊:《业主维权运动产生原因及动员机制——对北京市几个个案小区的考察》,载《社会学研究》,2005年第6期。

张卫:《当代西方社会冲突理论的形成及发展》,载《世界经济与政治论坛》,2007年第5期。

赵连山:《论城市住宅小区业主自治》,载《税务与经济》,1998年第4期。

郑杭生:《破解在陌生人世界中建设和谐社区的难题》,载《学习与实践》,2008年第7期。

郑坚:《网络媒介在城市业主维权行动中的作用》,载《当代传播》,2011年第3期。

钟伟军:《地方政府在社会管理中的"不出事"逻辑:一个分析框架》,载《浙江社会科学》,2011年第9期。

周玉忠、景剑峰、孙威力:《业主梦业主魂》,广州经济出版社2007年版,第1页。

朱光喜:《小区业主维权难的多维分析》,载《城市问题》,2010年第12期。

朱燕、朱光喜:《城市住宅小区业主维权的现状、困境与对策》,载《城市问题》,2008年第9期。

庄文嘉:《跨越国家赋予的权利?——对广州市业主抗争的个案研究》,载《社会》,2011年第3期。

附录 1

部分调研录音

时间：2014 年 5 月 29 日
受访人员：C 市住建委工作人员

问：现在出现的业主维权现象是不是有制度没跟上的问题？

答：对，相关的监管、制度都没跟上。物业服务企业也是伴随着房地产业迅速发展的，因为建了房子就需要人来管，所以这几年（物业服务）企业数量也迅速地膨胀，使得整体来说，物业服务企业的服务水平不是很高。目前 C 市的物业服务企业的一个矛盾就是，现有的服务水平跟业主在自治方面的觉醒以及对于比较高端的物业服务的需求，是有很大差距的。就是所以这一块导致目前的矛盾纠纷很多。

我这么多年有几个这样的感受，就是说，为什么我们现在的管理，包括业主委员会的运行不顺畅呢，这其实跟中国的大背景有关。我们说物业就是个小社会嘛，这个政府也是个大物业，干的这个事情都是相关的。这里面呢有几个主体，开发商是一个主体，一个是物业服务主体，一个是业主消费主体。这里面一般是开发商建好房子以后来选定前期物业，他们来管，后面业主进驻之后，最终是业主和物业两个主体之间的问题。这里面就存在着契约，一般有两份契约，一份就是前期物业服务的那个契约，一个就是后面正式的物业服务的契约，这后面的契约就存在一个问题，因为合同的两个主体啊，物业公司是一个法人，业主委员会是一个自治组织，这里面就涉及一个民主的问题。因为我们玩的是民主，多数赞同，事情就通过了，但是这里面，目前的民主程度、民主进程相对来说是不够的，所以在这里面就会出现很多问题。

而与此相关的就是开发商的楼盘是有问题的，这点我虽然是住建委的，但是我不避讳地讲，房子漏水、开口的情况非常多，这些问题严格来说都是开发商的问题。但是因为开发商有的就走了，而且跟目前一整套的城镇建设体系没有完善是相关的。有的企业开发一个楼盘，成立一个公司，之后又把它注销了。又成立一个公司又注销，在国外都是不可想象的，所以有的时候会发现房子还在保质期内，开发商不存在了，有这样的问题。

问：那接下来的后续问题有多少？

答：接下来的问题呢，有起码百分之十到二十左右。有300家开发商找不到了。可以这么说。为什么开发商建设的楼盘有问题，最后能够顺利地通过，还是跟一些政府部门的不作为和乱作为有关，不是住建委一家能够解决得了的，每一个开发商背后可能会有一个大领导，否则他玩不转的，拿不到地的。你看X社区，那都是有领导（帮忙）给了地的，有的问题说之前漏水的问题，你说我解决不了吗？那些验收的时候他看不出来吗？肯定看得出来。但是你这边一有问题，那边领导就放话出来。有很多问题都是大领导做的，我们就是跟着擦屁股。我们那里，你想想，全市3000多个楼盘，只要几个楼盘出问题，我就要到那里去。

问：你们科室多少人？

答：五个人。

问：解决不完的事情是吧？

答：对，而且我们现在的物业管理越来越受到社会各界的重视。

所以说物业管理到了一个深水区了，而且物业管理还有一个特点，它不是一个单位能够解决的。我给您举个例子啊，住改商，我估计Y小区肯定有住改商的，也就是住宅改成商业，最典型的改成托儿所，改成麻将馆，改成私房菜馆。

问：那这是严重违反规定了？

答：对，对，但是就这一个问题它都涉及到什么？首先，工商，有没有办理营业执照。那好，改成托儿所，改成培训机构，教育部门有没有相应的资质，然后只要有噪声，环保部门的问题。如果改成私房菜馆，同样的，有食品安全啊，药品啊，然后又涉及环境污染，等等。

问：这是违反规划了呀。

答：对，违反规划了，那又涉及规划部门。也就是说，它是需要多个部门协同配合的，一起才能够解决的问题。那还有违章搭建，违章搭建是归城管管，那小区还有很多问题。

问：养鸡养鸭的谁来处理？

答：那养鸡养鸭也是城管。还涉及一个什么问题呢，物业服务收费，是属于政府指导价，涉及物价部门。

问：那您说到这个，我就想到医生，医生都是分科很细的，不可能一个医生什么都看。那现在分科都越来越细，你看完这个科，他叫你到那个科去看。这就像政府的职能机构一样，是不是有这种感觉，分细了之后反而不能更加有效地解决问题了？

答：这个涉及的部门太多了，从拿地开始，一直到最后的民政局。

而且这里有个什么问题呢，有效的部门协同配合的问题。而且往往情况就是机构设置是根据原来的情况设定的，但是中国现在处于急剧的变化中，很多情况都是原来没有的，而且经济基础，也就是生产力是最活跃的，上层建筑的东西有可能跟它之间是相互背离的。现在中国的政治体制有些是不能适应经济的发展的，需要的。

问：两个部门或者几个部门在协调的时候，最根本的问题就是需要各个单位的一把手拍板，这些拍板的人其实不一定知道事情，大家期待着他们能把工作做好之后，他们又拖拉了。是这样吧？这个才是根本问题吧。

答：然后麻烦的事情都想推走，有利益可图的事情都想往自己身上揽。所以中国改革开放30年以来，也经历了一个深水区，就是政治改革是怎么去改的问题。而且很明显的就是，有些地方政府不能去动，有些地方应该承担的，他也没有承担。其实说句实话，我们现在的日子非常难过。就是从上下的监督、媒体的监督、还有就是，现在政府服务的水平和广大人民的觉醒以及对政府优质公共服务的需求是存在巨大差距的。你提供的服务很难达到目前老百姓的这些需求的。所以在这样一个转型时期，矛盾特别复杂。说到底，物业的矛盾是整个社会的矛盾投射到物业领域的，不简简单单就是说物业服务企业和业主之间的矛盾。它是一个很复杂的行为。这些问题的解决有赖于时间，慢慢地推进，我们现在只不过是能够把它延缓。因为我都讲了，目前的几大矛盾啊，还有以后大概的措施。

所以绕回到这个问题上来，怎么解决。我刚刚有两句话没讲，为什么中国的物业难解决，我归纳的，也不一定正确。它在一个契约精神缺乏的环境里玩契约，很多业主不愿意按合同来办事的，很多物业公司也不会依照合同来提供所对应的服务的。如果大家都按照法律的规定，都按照相互之间合约的规定，那就没那么多问题了。但是我们不说这么深刻。你说，啊，这个要写很虚的话，要通过进一步加强民主与法制，充满活力的和谐相处的氛围，那都是没影的事情。那都太虚了，所以说我们绕回来，从小的方面着手的话，还是应该要让物业服务企业提升自己的服务水平和服务能力。

我们跟物业公司交流也是这样说的，你想做大做强，必须从业主下手，而且C市也有很多这样的楼盘，你只有把物业服务做好了，业主充分信任你了，你才玩得下去。那下面就是物业费收取的问题，上次Y小区的业主自焚事件，也跟物业公司催缴物业费有一定的关系。对不对，当然也不是主要原因了，他还是因为房屋质量问题，那是另外一个问题了。你只有把服务做好，业主认可你了，他才会愿意交物业管理费。然后,物业服务企业,你觉得人力成本上涨,确实目前人力成本上涨很快,物业服务企业不是开发企业,他没什么利润的,所以在这种情况下需要涨,那业主同意你涨了,所以相对应的,我们也有些措施,当然这措施有些也作用有限,就是"双百工程",在C市培养一百家规模企业,然后就是推广一百个示范项目。通过我们建设系统有一个评鉴评优的工作,每年都在推,就是通过示范项目展开行业的交流学习。

你就说,当你从二级变成三级的时候,自然企业就会来争取这个荣誉了。我们只能去定时培训,每年通过行业协会,通过政府这一块请专家做行业培训,另一方面,就是推动企业做大做强。就是通过资质升级和行业评优来实现。我们的手段也只有这么多,当他升成一级资质企业的时候,他管的盘多了的话,就会自然而然的珍惜。还有一个就是前期物业招投标,现在开发企业也认识到了,包括你们中南大学这种高等院校和政府机关也都知道了,现在很多政府进行招投标的时候,包括前期物业招投标的时候,会很明确地要求一级企业,或者至少是二级企业,那么三级企业就进不去,那么一级二级企业接的量多了,自然就会注重它的管理体系,这是一个市场必定推动的结果。因为必须要考虑人员怎么设置,制度怎么安排。

问:在前期物业的时候,政府有什么干预措施吗?

答:限制三级企业的进入。

问:限制?C市的政府做到了吗?

答:目前基本上做到了,包括开发商在招投标的时候,还有就是,有优秀项目的会有加分。

问:也就是说在开发商招投标以后?

答:不是的,前期物业招投标是在办预售之前,我们那边是要监管的。现在这一块也不能说完全干预死,因为行政对市场的干预程度也不能太深。但是我们会有意识地引导,而且开发商也意识到,好的物业服务,对它的房屋销售是非常有好处的。

问：C 市是怎么引导他们的？

答：就是我们在做示范文本的时候和审查办案的时候都在跟他们讲，另一方面就是在做示范文本的时候，就要求他们尽量采用一级资质或者是高等级资质的物业公司来接管。

问：但大部分还是开发商自带物业？

答：我们做了件非常大胆的事情，不批三级资质，就是调结构，这还是我提出来的，就是物业行业调结构，我们也不说得很虚，怎么调，就是总量减少，优质资源，我们限制三级资质的成立，然后我们在现有的基础上让三级资质升成二级，升成一级，然后减少总量，通过一些兼并，一些大的企业自然就会兼并一些小企业，这样来减少三级企业的量。C 市有五六百家企业就足够了，不需要这么多，其实2008年的时候只有两百多家，就是这几年大开发大建设成立了很多公司，我不准你成立了。一般情况下我们是不允许成立的，也就是说你不能开发一个楼盘就成立一家物业公司，自然就得选聘好的，要选聘就选个好企业。所以就要促进优质企业做大做强，最后所有企业的调整就是所有项目的量，这是分子，分母就是企业的数量。优质资源就是一二级资源和国优啊省优啊，项目的比例越大，说明它的结构越优化。我们能够想到的办法都已经想到了，在这一块就是限制它，以前就是开发一个楼盘建立一个公司来监管，现在就是一方面限制一方面引导，慢慢地让结构比较合理，那好，它做大做强了就要来追求品质了，另外它抗风险的能力就增加了。

另外一个，不珍惜就不会做一些常规的举动。我们也是深刻地认识到了这些小企业给我们带来的麻烦，因为之前做监管，一个楼盘一个企业在管，之后玩不下去了，物业服务水平跟不上，业主拒交物业管理费，但是这种企业又不能亏本，所以他怎么办，就会降低服务的水平，一方面，可能是（原来要求）20、30岁的保安，给你换成50、60岁的保安，原来一天扫两次，给你改成一天扫一次，降低成本。业主对服务不满意，就陷入一种恶性循环，进一步不缴费然后水平恶化，终于有一天在 C 市待不下去了。因为那个水,是一个总表,一个分表。电是专电,Y小区应该也是要通过物业公司买电的,所以你都是预交了电费。物业公司一旦玩不下去了,就会把那个电费卷走。一个楼盘的电费被卷走了,好,麻烦到我们这边来了,那业主就肯定不同意,其他人就上市政府去堵路,那我们就来处理。但是我们根本就处理不了,为什么呢?他就管那一个项目,不看物业管理,你怎么去追踪?公安部门都未必处理得了,不要说我们这个没有执法权的小部门。

但是如果一个企业十几个项目,你还想继续发展,那么我们制得住你。有的时候也没办法,有时候不完全是物业公司的问题,我们也逼迫它,必须要承担起来,否则就玩不下去了。这其实也不见得是对的(有一些去自焚的完全就不可取),那确实是的,别人的错误你自己去承担,这个思路就不对。

反过来说,政府里面还在建一个诚信体系。这个诚信体系就是说如果你确确实实有重大的问题,而且我们也会甄别,如果确实是你的问题,进了诚信体系之后就是一个评判,而且这也是影响你的资质升级、评优评先包括招投标,尤其是招投标。也就是说那些做得强的管理水平高的企业就让他做大做强,那些小的、管理水平又不行的企业就想办法让他淘汰掉。但是反过来讲啊,所有的小企业,也不能让他们死光,如果死光那也有问题,为什么呢?你们也知道那些老旧小区,只有几万平米的小区,大的公司是不愿意去接的,因为利润率不高,而且住得可能都是些地保护什么的,但是它们也应该有物业公司去管。

我还解释一下,就是物业管理在市政府内部分两块,由物业服务企业的归我们管,社区物业,就是那种开放式的小区,没有物业公司的归城管管,每一年财政的经费是城管在收。比如说很多小区没有围墙,不像商品房是归物业公司管,因为它具有专业性。像这些开放社区的管理很简单的,首先是老房子,七八十年代的房子,没有电梯,水也是直接上楼入户。你们可能对物业管理也不是很熟,物业管理的核心不是保洁也不是秩序维护，而是设施设备的维护维保，因为这些设备的维护保养是能够延长房屋的使用寿命的，保洁只是面上的东西你看着舒服，当然它也很重要，包括房屋的日常维护保养，还有公共设施设备的维护保养，如果保养到位，可以用十几二十年，如果维护得不好，五到十年就坏了，坏了以后就是几百万，到时候谁出啊。

问：维修基金你们怎么动？

答：维修基金是这样的，我们有一个维修基金管理中心。我们具体不管维修基金，但是我们是可以指导他们使用的，因为维修基金属于物业管理的一部分，我们有四十来号人专门管这个事情。维修基金这块目前有一个很大的问题，一是2003年甚至2007年开发的项目没有维修基金，到时候维修是个问题，还有就是目前的使用问题，你们应该了解，有些事项是过半同意就批，有些事项是三分之二同意就批。在《选举法》里面，过半同意叫做大多数，三分之二同意叫做绝大多数，维修基金就存在使用难的问题。这又是一个，拉回去了，民主的问题，中国人没有那种大局观和规则意识，电梯坏了要动维修基金是不是？二十几楼的跳起来了，急得要死，一至六楼的不急，尤其是一楼的，你让他签字，他肯定不签的，因为对他的生活没有太大的影响。

问：现在有的小区发电梯卡，进电梯要输密码，我有卡才能进，但我得交钱。一到六楼你可以不使用，没关系。

答：往往现在有一个很难，大开发大建设，使得空置率很高，也许有的人都有几套房，这样就存在一个非常大的问题，要么就是业主找不到，还有就是签字的话，很难签或者签过半，而且造成了巨大的资源浪费。所以说屋顶漏水了，下面的不急，电梯坏了，下面的不急。还比如说，有时候门禁坏了要修门禁，每个人要求又不一样。

是的这就造成一个问题，因为你没装修，你就没做防水，那个风吹雨打水流进去了，你又不管，其实这个事情某种程度上来说，物业公司也是受害者。为什么呢？楼下业主对待物业公司最好的方式就是拒交物业管理费。我在这里讲了半个小时了，我说的这些只是物业矛盾纠纷的一小部分，所以其实还是那句话，大社会的一些问题反映到小区里了。和谐社会不要说那么多，每个小区能管好的话，那整个社会就和谐了。

那下面我再讲一个物业公司的事情，开发建设主体、物业服务主体、业主自身，其实最薄弱的就是业委会。整个物业管理要想最终达到问题的解决，必须是业委会这块的职能正确地发挥，它作为一个纽带，作为业主的代表，首先要监督物业服务企业，因为行业监管怎么监管，天天不吃不睡也监管不到位，街道社区也不见得，为什么呢，现在太多的社会事务了，真正能够监督物业服务企业的就是业委会了。

其实这就是一种代议制，代议制民主，我们选代表出来，应该是这样的，选出来一个机构，里面不一定都是专职的，但是要有专职的，就是有一定比例的专职人员在这儿。目前来说，全市500多家业委会真正发挥作用的不到100家，发挥正能量的。而且这里面有这样一种倾向，往往成立业主委员会，他自身就不纯洁。有些是业主有私利动机的，比如说他自己去谋私利，把这个公司搞走，他自己来搞，而且小区啊是有公共部分收益的，停车、户外广告、电梯的广告等等都是有收益的，这些按道理是归全体业主所有的。

现在还有一个倾向很不好，成立业委会是去跟物业公司谈条件，不是代表公正的立场和业主的利益，比如说你要搞物业，每个月就交多少钱到业委会这里来，或者你不搞了，那我找别的物业公司来，也是每个月要交多少钱。所以这里面就是说体系不健全，而且中国的话，没有民主制度的基因，所以有些真的想为小区做事情的业主在这个过程当中会很痛苦，在这个过程中肯定会损害一部分人利益。而且想在座的我们，都不可能来搞这些事情，要上班要上课，哪还有精力来管这个事情，往往都是一些年纪大的人，甚至一些无所事事的人，在这里搞，真正的精英，你说业主里面没有精英吗？

谁都是业主，人才还是有的，但是人才往往没有参与到管理中来。

说句实在话，你们在学校里面，我也在学校里面，天天要投票，那我还觉得麻烦呢。所以这个部分的确实就使物业服务企业没有监督，另外，业主方面也没有一个组织去协调。比方说物业公司去催交物业管理费，效果是不好的，但是经过业委会去经过确确实实的测算，目前一块钱、一块二的物业费已经不够了，要一块五才行。因为说句实在话，在座的对于服务的要求相对来说是比较高的，有时候我们不在乎那几毛钱物业费，你只要能够把服务做好，我们晚上回来人很舒服，我有什么问题物业公司准时来处理，我多给个几毛钱无所谓。但是因为缺少管理，所以使得目前这块不顺畅。

问：我想北京、上海、广州还是会做得好一些，因为有些大楼盘啊，作为先驱，而且政府管理这块相对也会完善一些，包括业主这块整体的素质也会高一点，年轻人的综合素质、接受新事物的能力也都要高一些。所以说咱们有没有可以借鉴他们这一块比较成功的一些经验？

答：其实你刚刚说的这几个城市我基本都去过，首先我们讲深圳，深圳它有它的特点，外来人口比较多，应该说原住民现在几乎都不在深圳了，都去香港了，移民出去了，很多都是改革开放之后去的，平均年龄好像只有三十六点几岁，也就是说这是非常年轻的一个城市，而且经济高度发达，也就是大家不差钱，物业管理费都是六块七块八块呢，很多小区的保安都是年轻帅气的小伙子，我们这儿都是一些老头子，因为他收费有区别，另外一个呢，经济活跃，因为这个呢业主都不跟物业公司发生联系的，很多都是拿一张卡，开通代缴的业务，到了年底或者每个季度，物业费直接就划走了，这是经济方面的原因。

另外一个，就是这些人素质普遍比较高。这是物业管理的一个基础，一是有钱，也就是说业主就要求一个比较高的物业服务水平，另外一个，他那里物业服务企业一二级资质企业占的比例就比较大，因为他那里是全国第一家物业服务企业，就是1981年在深圳成立的。其实物业服务这块，我国在法律上完全就是搬香港的，而深圳离香港最近，它搬得最彻底最早，所以它一级资质企业比较多，然后整个条件比较好，而且政府的监管，政府的效率他们那边比我们效率高多了，它形成了包括房屋质量在内的一套体系，但深圳有它自己的问题，也有全国共性的问题。所以那边的物业肯定要好管一些，而且我们也借鉴他们的一些经验，因为他们是经过了实践检验的，包括江苏、浙江。

其实政府这一块有很多的问题，当然我们住建委有住建委的问题。首先，政府财政对物业行业要扶持，因为他是涉及千百万老百姓、业主生存的问题。但是目前非常遗憾，向服务业收税，都是百分之三点几的税率，物业服务是百分之五点六营业税，还不包括其他的税。还有一个，小区有公共照明对吧，业主电梯也是公共能耗，这里面其实都属于经营用电。其实国家发改委也有文件说这个电应该按照居民用电来算，但是现在的小区都算公共用电、商业用电，现在电费，五毛多是居民用电，但是公共照明的电是九毛多，所以这里面就体现了政府对物业这块扶持不够。扶持不够就使得物业服务这块运转困难，赚不到钱。

我们现在说规范化、制度化、常态化那都是在它赚得到钱的情况下发展规模，物业公司还在贫困线上挣扎，是不会注意自己的形象的。有饭吃就行了，当基本温饱解决之后，才能考虑发展的问题，所以这一块我就觉得政府，还有价格机制很僵化，C市现在还有很多十几年的楼盘，还是五毛八毛。你说，十年前你请个保安，四百块钱，就可以请到一个，他们说那时候十年前，2000年左右，四百到六百就可以请得到驻港部队的退伍军人，人家还可能老家给你拿两只鸡，送点礼，现在招一个保安，起码两千。这里面，给保安是两千，但是物业公司实际上要给三四千，为什么？五险一金吧，在这里这么跟你讲吧，不见得每个险每个保安都有，但是大部分保安都有三险一金，有一些的的确确没有的，我也不避讳地讲，但是大部分还是有，因为现在，自从2008年《劳动合同法》颁布以后，这一块是越来越规范了，所以物业公司这块，政府给的支持不够。所以很痛苦，有时候物业公司来个人你跟他说要制度化、规范化、体系化，说句不好听的，他听不懂，毕竟这个行业从业人员素质就不高。所以政府要在服务经费引导上，在税费上，在一些能耗方面有所支持。

问：也就是说在物业管理这块，每一方都有问题。

答：对，每一方都有问题。都是社会关系错综复杂在这里造成的主体问题。所以每一方都要得到大的改进或者解决，但是问题就是每一方都解决不了，有的时候带企业去参观一些项目，我们都不好带他们去，因为不可复制，为什么？像有些项目做得好，中建大厦、电力那些，是不计成本的，公司有钱，一年给你几百万，只要把服务品质做好就行了。但是普通小区，没办法，有一些是开发商为了促销售。所以目前来说，还有整个市场非常混乱，物业公司会用一些不正当的手段，比如说停车费拿走了，还有就是公共部位的收益，它也拿走，有时候我们都不好把这滩水弄得太清楚，真的业主觉醒了要把这个收入的时候，那收一块、一块五不行，维持不了，没有这个浑水摸鱼的话，他早就退出来了。因为赚不到钱啊，大开发大建设终有结束的那一天，那开发商不是慈善家，开发完了走的时候不会留什么下来的。

而且大开发大建设往后会越来越多问题，越来越难搞。

问：所以有的事情能自己解决的，我们都自己解决最好。

答：其实你们之前说的政府来解决业主（的问题），现在可以这么讲，做了很多的尝试，12345热线，市长那个信箱，基本上业主的投诉我们都会有效处理，但是不代表有效解决。因为解决不了，有的东西不见得业主提出的就是合理的、正当的。矛盾有这么几类啊，其实都是主体之间的矛盾。物业公司跟业主之间的矛盾，开发商跟物业公司的矛盾，开发商跟业主的矛盾，业主之间的矛盾，前面三类矛盾我们都有抓手，除非那个主体不存在了，因为毕竟是一个主体，还是对他有威慑力的。但是业主和业主的矛盾是最讨嫌的，往往一个小区，业主形成两派，然后相互之间攻击，可能确实是这一方有意见，他告你，甚至在网上发表一些帖子来攻击你，你说他呢另一方又来，双方各打五十大板就变成群起而攻之。现在真的就是这种情况，所以政府里面的小公务员是不好干的。

所以我这里说的很多问题已经有处理的办法了，但是有很多也是体制的问题，不可能得到有效解决的。政出多门呐。

所以说真的这个问题，说得虚一点，非得要中国整个社会的民主进程到了一个程度，经济发展到了一定程度，然后相应的各种政策体制改革，各方面得到了一定程度。但是我们这么来讲，我们现在比以前好多了，虽然说现在还是很多问题，但是比以前好多了。只不过群众、老百姓那种意识发展太超前了，也不能说太超前，就是他们随着改革开放的推进，公共政策方面的觉醒和对公共服务的需求，达到的高度比我们实际走得步伐要快。所以我们想，目前归纳起来就是这几条，第一物业企业做大做强，提升服务水平，这是最根本的，也是我们的责任范围，这是我们的责任，我们会一如既往地推进下去，至于说业委会这块，我们真的没有办法，如果我们切入太深的话，那就是干预民主，基层民主自治只能有待于整个社会的演进过程。

从政府这块，我们不停地在呼吁，税费啊，财政扶持啊，包括各个部门的联动啊，执法进小区啊，因为这不是我们一个单位，但是现在矛盾纠纷越来越多，市里的领导越来越重视物业管理了，但是实质上市里面又没有给出很好的政策，这么多部门嘛，住建委是肯定协调不了的，需要市里面来协调，然后各个部门坐在一起来解决问题，但是这里面一直没有动向，又是跟我们体制有关联，但凡民生的工程，它是隐性的、长期的一个过程，它不显著，为什么政府说重视但是又没有实质性推动呢，没有政绩。那不像建一个工程，带来的GDP增长，都是显性的，富丽堂皇，音乐厅、图书馆，其实那都没多少用，一般的人谁跑到那里去看书，你还不如解决一些最基本的民生问题。但是一个问题，它又不显，而且还有一个问题，在他的任期当中，往往得不到回报的，因为它需要十几二十年几任领导一直在坚守，但是我们这又是市委书记干一届顶多两届就拍屁股走人了。

所以说我基本上都是围绕这几方主体存在的问题做了一定程度的引申，还是没有完全讲开，那讲开的话，我估计得到明天。但是我基本上把行业目前的困难、问题、现状，包括其他城市有些先进的做法，我都是蜻蜓点水的，也没有完全展开，如果有需要的话，后续还可以进一步地交流，进一步地探讨这些问题。但是我们相信，问题最终会得到解决，但是需要个时间，真的就是这样，中国现在这些社会问题也能解决，但说句实在话，我还是拥护中国共产党的。为什么？你要想想，中国社会13亿人口，这还是保守估计，相当于北美洲的人口加上欧洲的人口，不包括俄罗斯，再包括拉丁美洲、加勒比海地区那些人口，那些国家的社会问题如果加起来，不见得比现在中国的社会问题少。而且我们目前确实存在的问题在于什么呢，发展的时间太短，往往是我们所说的生产力、生产关系，包括生产工具啊、劳动对象啊，还有劳动者，这几项因素中，最活跃的因素太活跃了，生产力的发展太快了。

我们现在的生活跟十年前比，我们都是八零后，那时候，就没有物业管理，那都是单位在管的，C市的第一家公司是1994年成立的，到现在也才20年，20年你看多少家公司，原来C市多大个地方，巴掌大的地方，现在城区面积扩大了多少。所以说这些问题，都是高速发展带来的问题，这个问题还小，更多的是能源、资源的过度开发以及环境污染，类似更大的问题，所以说中国的领导，可能确实发觉物业管理也是大问题，但是跟目前的环境污染相比还是稍微不那么重要一点，所以《环保法》出来了，《物业管理法》还没有出来，《环保法》修订了。所以我觉得现在经济七点几、六点几啊，没问题，发展那么快干嘛，慢慢发展，不要太快，都已经这么大的总量了，GDP全球第二，不要这么快，太快了受不了，我们更多的是来调结构，解决这些问题，要是再这么高速发展下去，受不了的。我们现在就是楼盘开发速度太快了，拔地而起，一路到处都是。

问：到物业这一步，实际上已经到最下游了，国土、规划、建设、房产，所有的问题都积累到物业这了。

答：是的，要是画个链条出来，最后物业就是个口袋，前面的水在走，但是垃圾全都堆在这。

问：所以单靠物业，单靠住建委，解决不了这么多问题。包括房屋质量的问题，我找不到开发商肯定得找物业，老百姓肯定就这样想，他管你是不是开发商，你就得给我管。很多都是一起的，但是现在慢慢在分开了。很多问题，特别是郊区的问题特别多。

答：Y小区有卖菜的，下午两点多。一个老教授，是我到他办公室去见面的，他就是说到小区有卖菜的问题，非常希望我们解决，但是我们也很遗憾地跟他讲，解决不了。

就是我们几个部门联动，也是清查一下，之后又会回来了，因为一方面是有这个需求在这里，城乡结合部，不毛之地。

问：现在业主维权主要的问题在于物业费高、服务质量差，房屋质量和水电、公用设施的维护。

答：水电这块我插一句，C市目前在进行水改并电，水改成抄表到户，电也是抄表到户，就是说业主不再跟物业公司发生关系了，直接跟自来水公司和电力公司。这里面，水电的问题我再说一说，C市电力局没有定价权，定价权不在他们手上。

问：您刚刚提到那些，我觉得有可以突破的地方，但是很难，因为您刚刚讲了很多体制上的问题，慢慢会改变，但是我们解决问题的时候都需要有一个整合的机制，我们现在不谈机构，机构改革要精简，但首先应该有个整合的机制，任何一个问题，像我们现在遇到的所有问题，都需要这样一个机制。都是靠一个部门不可能解决的，比如说社区治理的问题是一个，小区治理问题也是一个，所有问题好像都要涉及。您刚刚讲的里面我印象最深的就是物业公司，在业主委员会成立以后的交接过程中，物业公司把很多东西、公用设施都拿走了，收益啊，居委会办公用房，业主委员会的办公用房，都在他们手中，这部分是产生收益的，所以以前我对物业公司的态度是站在居民的立场上，但今天您讲了之后，他们有他们的难处，如果真的把他们分清了以后（现在也不好分清），一旦政府跳出来说这本来就是老百姓的，那这个矛盾就更大了，马上就激发出来了。

答：这个就涉及物业管理的特殊性，因为对于物业管理企业，不能轻易地对他进行处分，如果是建设企业，停工一天，损失几十上百万，开发商受不了的，物业企业停不了的，让他离开小区一天，你可能受得了，但是离开三天，你绝对受不了。基本的一些事情没人管，所以物业企业是无法勒令他停业的。所以这又是他的一个特殊性，你又不好取消他的资质，你取消了他就无证经营了，而且这里面物业公司真的是无利可图的，还是想做下去的。

因为我这里面讲了这么多，没有讲物业公司的价值，首先在就业方面，作为劳动密集型产业，解决了很多中下层、低收入者的就业问题，另外它分流了很多政府的职责，街道社区，比如说第六次人口普查，上门有很多都是物业公司去的，有什么问题政府也是找他们，比如说文明创建。还比如说出租人口的统计，打击传销啊这方面的，都是物业公司在承担，它是承担了很多政府的职责的。原来很多东西都是政府在管，现在都是物业公司在管。所以说物业公司这块作用发挥好了，真的是效用很大的，在社会和谐，城市的稳定、幸福指数方面都是非常有益的，承担了很重要的角色。所以我们说政府应大力地支持物业的发展。

我们这边有统计，物业服务领域承接了大量上访等问题，住改商的问题，房屋质量的问题，违章搭建的问题等等，最终影响到物业服务的有效性。

问：找不到矛头，所以最终都集中在物业这儿。什么事都找物业，只要一不满意就不交物业费。只有这一种工具。

答：而且这里面它是普遍联系在一起的，物业公司，业主找理由都是很会找的。而物业公司也有这个职责,帮他去协助解决,导致后面的物业管理非常难搞。

问:所以关键我们还要加强法制社会,不管是谁,反对民主也好,不反对民主也好,只有法制才能解决问题。所有的问题不都是因为前面监管不严嘛,国土怎么规划的。

……

附录2

"城市业主群体维权问题"调查(问卷)

尊敬的先生/女士:

您好!我们是"新兴业委会组织和业主运动考察"项目组的访问员。现在正在全国范围进行的抽样访问,非常荣幸地选中您并想听听您的感受。根据有关法律,我们将对您的个人情况和看法严格保密。耽误您一点时间,好吗?谢谢合作。(请将您所想的答案数字涂红即可,多谢配合)

年　月　日

问卷编号:□□□□　　联系电话:　　　小区名称

Q1. 您的性别　　　　1□男　　　　2□女
Q2. 请问您的年龄　　1□18—44　2□45—60　3□60以上
Q3. 您的文化程度　　1□初中及以下　2□中专/高中/中技/职高　3□大专　4□本科　5□研究生及以上
Q4. 您的职业(对照下表)

代码	工作类别	说明
1	退休人员	
2	下岗、失业、待业人员、享受政府救济的贫困人员	
3	体力劳动工人、农民工、保姆等	
4	半技术半体力劳动工人、售货员、列车员，以及其他各类服务人员等	
5	技术工人、个体户或自我雇佣人员（自由职业者）	
6	党政机关和社会团体一般工作人员、一般技术人员、小雇主、小饭馆老板、小杂货店老板、企业一般管理人员、体力劳动者的主管、秘书、中小学教师等	
7	中下级政府官员或其他有行政级别的管理人员、高级技术人员、经理、项目主管人员、技术人员的主管、拥有较少雇工的私营企业主、较小企业的董事、大学教师、主治医生、包工头等	"中下级"为处级和科级党政干部。
8	高级政府官员或其他高级管理人员、大企业的董事（长）、拥有较多雇工的私营企业主、著名注册会计师、著名律师、演员，节目主持人、歌星等	"高级"为政府中的司局级干部以上等

Q5. 您的政治面貌　1□中共党员　2□民主党派　3□共青团员　4□群众或其他

Q6. 您家庭的月均收入属于以下哪一个档次（单位：元）？

1	1500及以下	2	1501—2500	3	2501—3500	4	3501—4500	5	4501—5500
6	5501—7500	7	7501—10000	8	10001—15000	9	15001—20000	10	20001及以上

Q7. 您的住房所在的小区在所住的城市属于　1□低档小区　2□中低档小区　3□中档小区　4□中高档小区　5□高档小区

Q8. 您现在住房房款情况　1□一次性付清或已还清（回答第Q10题）　2□贷款（继续回答Q9）

Q9. 您每月还贷的压力　1□非常小　2□比较小　3□一般　4□

比较大　5□非常大

Q10. 您家庭人均住房面积　1□10m² 以下　2□11—20m²　3□21—30m²　4□31—40m²　5□41m² 以上

Q11. 您在这个小区居住了多久：1□未入住或不足 1 年　2□1—3 年　3□3.01—5 年　4□5.01—10 年　5□10 年以上

Q.12. 是否有必要成立业主委员会来维护业主的权利　1□是　2□否　3□不知道

Q13. 您所在的小区是否有业主委员会：1□有（请继续回答第 Q14—15 题）　2□没有（请从 16 题开始）

Q14. 对下列说法是否同意：（请在符合您意愿的数字上划"√"）

项目	不同意	比较不同意	一般	比较同意	非常同意
1. 业主感情融洽、互相团结	1	2	3	4	5
2. 业主适应业委会共同规则	1	2	3	4	5
3. 业主之间互相熟知和互相帮助（忠诚）	1	2	3	4	5
4. 业主满意业委会的工作，有归属感（认同）	1	2	3	4	5

Q.15 对下列说法是否同意：（请在符合您意愿的数字上划"√"）

项目	不同意	比较不同意	一般	比较同意	非常同意
1. 业委会能与业主经常沟通、公开信息	1	2	3	4	5
2. 您经常参加业主集体活动和重大事件决议等	1	2	3	4	5
3. 业委会规则制度较为完善	1	2	3	4	5
4. 业委会能够理性引导和组织业主	1	2	3	4	5
5. 业委会能够帮助业主维权	1	2	3	4	5
6. 业主的建议、意见和困难总能得到业委会及时回应	1	2	3	4	5

Q16. 您是否业委会成员或者业主活动积极分子　1□是　2□否（从Q20题起回答）

Q17. 成立业主委员会困难程度　1□非常小　2□比较小　3□一般　4□较大　5□非常大

Q18. 成立业委会的原因（可多选）　1□被逼无奈　2□我们有权这样做　3□我们要民主自治　4□政府要求

Q19. 业委会或集体维权面临的困难（可多选）
1□业主人心不齐，参与率低　2□组织能力差　3□没有钱　4□没有时间　5□没有奉献精神　6□没有诉讼资格　7□社区居委会不支持　8□街道办事处或政府部门不支持　9□物业或房产商阻碍

Q.20. 您所在的小区中，以下这些冲突是否严重？

项目	无冲突	冲突不大	一般	冲突比较大	冲突很大
1. 业主同街道办及上级政府部门	1	2	3	4	5
2. 业主同开发商	1	2	3	4	5
3. 业主同物业公司	1	2	3	4	5
4. 业主同居委会	1	2	3	4	5
5. 业主同业委会或业主之间	1	2	3	4	5

Q.21. 您觉得您所在小区以下的冲突是否有激化的可能？

项目	绝对不可能	不大可能	有些可能	可能比较大	可能很大
1. 业主同街道办及上级政府部门	1	2	3	4	5
2. 业主同开发商	1	2	3	4	5
3. 业主同物业公司	1	2	3	4	5
4. 业主同居委会	1	2	3	4	5
5. 业主同业委会或业主之间	1	2	3	4	5

Q.22. 如果有人因为物业或房子问题邀您上访或游行等，您的态度是？

1□劝阻　2□旁观　3□只表示同情但是不参加　4□参加

Q.23. 您遭遇过何种问题或冲突（可多选）

1□房子质量、价格、大小、虚假广告、延期交房等　2□物业费高、服务质量差　3□选聘物业　4□成立业委会受阻　5□公共场所缺乏或被私用、商用　6□公益金、维修基金不透明、难申请　7□周边环境被破坏或被威胁　8□水电、网络、电梯价格、质量、维修问题　9□受到过物业或房产商报复、威胁　10□没有

Q.24. 您遇到房产质量或物业问题与房产商或物业沟通无效时，采取何种方式进行维权（可多选）

1□不交物业费、水电费等　2□网络发帖　3□个人向政府部门投诉　4□向媒体投诉　5□通过业委会交涉　6□集体起诉　7□通过居委会交涉　8□游行示威、堵路

Q.25. 何种情况下，您会采取上访甚至集体游行的方式维权（可多选）？

1□损失很大　2□问题久拖不决　3□有人或业委会组织发动　4□被打、被报复或威胁　5□再怎么也不会　6□政府不管或者与物业、房产商有利益勾连

Q.26 在维护业主权益中，下面说法您如何评价：（请在符合您意愿的数字上划"√"）

项目	无作用	作用不大	一般	作用比较大	作用很大
1. 社区居委会	1	2	3	4	5
2. 业主委员会或业主松散的联盟	1	2	3	4	5
3. 网络或媒体	1	2	3	4	5
4. 街道办及上级政府部门	1	2	3	4	5
5. 业主维权精英	1	2	3	4	5

后　记

这部书稿终于完稿了。严格来讲，本书所得出的结论并没有超出此前的预想。与我的上一本书（《中国五保养老保障研究》，2013年）一样，理论创新并非本书的主要目的——尽管我努力去做到这一点。对中国城市业主维权问题进行一个全国性的调查摸底，分析业主冲突与整合之间的关系，可能是本书最大的目的。

我记得在指导本科生做一些调查研究的时候，有同仁问起：本科生做什么研究?！言下之意，连我们这些读完博士的老师们都做不出理论创新，何况是本科生。我则回答："有用。他们所从事的这些研究，至少可以让他们认识社会；他们这些学理不深的调查，描述性统计也好，故事描述也好，至少可以留下一些可供分析的原材料。"与此相应，我的这部书稿，最大的意义，也许也在于留下一些关于中国城市化进程中"社区阵痛"的"原声"。

如果说，这样的研究到底贡献了什么，我想可以提炼三点：一是，第一次在全国范围进行了问卷调查，对全国业主维权的形势和走向有了一个大致的了解；二是初步回答了"从冲突意识"到"冲突激化认知"再到"冲突激化行动"的影响因素和转化条件；三是，"跳出社区范畴看社区"，初步勾勒了一幅"上下游因素关联"、"历时性共时性因素共振"的业主维权的解释图，形成了以房权维护为核心的社区"房权政治"

轮廓。

不久前，一家香港媒体采访我时，问过一个问题——"你为什么选择业主维权来研究？"我觉得没有太回答好。现在想想，当我们把业主维权仅仅当成一个"研究对象"时，可否明白，生活在城市中国的每个人，其实都难以置身其外。谁都得有个房子住啊，与房子有关的事情，对于大多数中国人而言，关系重大。一旦出现问题，可不就是"不让人省心嘛"？！

套用政治社会学里经常讲的一句话，就是要观察"日常生活的政治"，即不要把政治看的高大上，我们大可以在日常生活中去体验它、观察它；套用政治学里常说的一句话，就是"你不找政治，政治会来找你"，大多业主高高兴兴领了房钥匙，以为可以高高兴兴关起门来过自己的小日子，可是一旦遇到问题、问题又难以解决时，就不能不采取维权行动。

我不想用"抗争"、"运动"之类的"气势汹涌"的名词来概括时下的业主维权问题，这种力量化的概括将业主抽象化了，而且暗含着业主群体对现有体制的一种"反动"或者"反对"，实际上，大多业主采取维权行动不过是"无奈之举"。他们彷徨无助、分散独立，甚至连年累月为此奔波直至失去耐性，最终选择"隐忍着过吧"的态度。基于此，我还一度想把这部书定名为《彷徨的社区》或者《社区的挣扎》等较有感情色彩的名字。想来想去，还是呈现最本源的业主维权态势为好，书名与研究一样，都朴实一点、真实一点、平白一点。

我需要感谢国家社科基金项目和中南大学创新驱动计划项目，如果没有这两个项目的支持，我的这样一项研究可能无法完成，书稿也无从出版。随着社会的进步，尽管社会上对社会科学的理解有了一定的改观，但是认为"文科就是拍脑袋，用不着花钱"的人还大有人在。先不谈理论研究之重要性，社会科学时下流行的实证主义研究，哪个不需要大量的田野调查、问卷调查？！

后　记

我也由衷感谢我的学生们，他们利用寒暑假时期，分赴不同的城市完成问卷调查、案例访谈以及与我一起进行了一些合作研究。他们的工作令我十分满意，通过这些调查研究，他们也得到了很好的成长。现在他们中的多数还在英国南安普敦大学、中国人民大学、复旦大学、南京大学、四川大学、山东大学、中南大学等高校读研、读博，也有的到了上海、厦门等地从事公务员的工作。他们是李咏梅、郭慧玲、曾艳清、姜永熹、刘泽金、蔡遹圣、沈吴越、朱希羽、李舒敏、郎冬雨、吴思、王欢欢、王子彦、邹孟卓、秦诗豪、李俊岐等等。

与此同时，中南大学公共管理学院的彭忠益教授、孟川瑾老师、赵书松老师等还与我一起讨论了研究设计、问卷设计，关心我的研究进展，并提出了很多宝贵的建议，杨涛、林婷婷等硕士研究生协助我进行了部分问卷分析。南开大学万国威副教授通读了这部书稿，并在问卷分析方面进行了很好的修改。我在量化分析方面的尝试，得益于他们的帮助。

感谢不同城市社区的业主和专家对本课题的支持，我在研究过程中不但得到他们的支持，还能感受到他们的坚持与智慧，我在书中对他们有所提及，可能还不完全，但他们有一个共同的名字就是——业主。我还记得，有一次我去一个业主维权的现场去调查，被一个穿黑色衣服、带黑色眼镜的光头壮汉恐吓，旁边的警察非但坐视不管，还要查我身份证、工作证，并且"威胁"我要带我回所里调查，尽管他们只是虚张声势。要不是好心的业主们把我围起来，我还真的不容易走出那个现场。好在，我并没有表现出我的懦弱。当黑衣人怀疑我的身份，让我写下自己的名字时，我镇定地写下了两个字——公民！现在想起来，那个场面的我还挺爷们儿，业主们还真仗义。

尤其要感谢的是北京大学的俞可平老师和复旦大学的唐亚林老师。俞可平老师对学术的执着和国家社会发展的责任心，着实令人敬佩。他在学术事务和社会事务十分忙碌的情况下，仍然爽快地答应为本书写序，足以看出对学生后辈的提携和殷殷期望；唐亚林老师是一个性情中人，对时下中国社会发展和学术研究有着独特的认知,我的这个项目在申请之时,就得到了他的指导,他的建议总是充满智慧和启发性,我甚至觉得有必要让他以写序的形式为我的课题"结个尾"。两位老师为本书所做的序,不但为本书增色良多,甚至是本书的"亮点"所在。

最后感谢中南大学公共管理学院的领导、同事们给我创造一个很好的研究环境,感谢我的家庭对我无条件的支持。特别是张婷女士,对我的研究和近乎工作狂的状态,都能给予充分的包容、体贴和理解。修改这部书稿之时,我几乎是每天晚上10点半才最后一个离开办公楼,回到家中。独留她一个人与岳父母共同筹办我们人生中的大事,事无巨细都由她来处理。有时想起,我还窃喜,怎么有福气找到这样一个女子?再细想来,两个字就会涌动在心中:感动。在完稿之即,我更加体会来自家庭支持的这份幸福。想来,把这部书作为献给她的礼物,定不会讨得她的欢心。我能完结一项持续已久的工作,可能最能令她欣慰了。感谢她,就让幸福慢慢流淌吧。

书至末尾,要说明的是,由于作者能力所限,书中一定会有各种错漏。就请各位多多批评指正了。

吴晓林

于岳麓山下中南大学

2015年12月16日

图书在版编目（CIP）数据

房权政治：中国城市社区的业主维权／吴晓林
著. —北京：中央编译出版社，2016.9
ISBN 978 - 7 - 5117 - 3099 - 2

Ⅰ. ①房…
Ⅱ. ①吴…
Ⅲ. ①城市 - 社区管理 - 研究 - 中国
Ⅳ. ①D669.3

中国版本图书馆 CIP 数据核字（2016）第 217354 号

房权政治：中国城市社区的业主维权

出 版 人	葛海彦
出版统筹	贾宇琰
责任编辑	侯天保
责任印制	尹　珺
出版发行	中央编译出版社
地　　址	北京西城区车公庄大街乙 5 号鸿儒大厦 B 座（100044）
电　　话	（010）52612345（总编室）　　　（010）52612339（编辑室）
	（010）52612316（发行部）　　　（010）52612317（网络销售）
	（010）52612346（馆配部）　　　（010）55626985（读者服务部）
传　　真	（010）66515838
经　　销	全国新华书店
印　　刷	北京时捷印刷有限公司
开　　本	787 毫米×1092 毫米　1/16
字　　数	257 千字
印　　张	19.25
版　　次	2016 年 9 月第 1 版第 1 次印刷
定　　价	68.00 元

网　　址：www.cctphome.com	邮　　箱：cctp@ cctphome.com
新浪微博：@中央编译出版社	微　　信：中央编译出版社（ID：cctphome）
淘宝店铺：中央编译出版社直销店(http://shop108367160.taobao.com) 　（010）52612349	

本社常年法律顾问：北京市吴栾赵阎律师事务所律师　　闫军　　梁勤
凡有印装质量问题，本社负责调换，电话：（010）55626985